JN212134

全国の信仰を集め
千年の歴史を刻む

日向國
生目神社

甲斐嗣朗 著

鉱脈社

目次

第Ⅰ章　生目神社

第Ⅱ章　宇佐八幡宮（宇佐神宮）

第Ⅲ章 宇佐宮領荘園

第Ⅳ章　生目神社と景清 —— 169

第Ⅴ章 生目神社の参道物語 ―― 217

第Ⅵ章 生目神社に参詣した人々 ―― 241

第Ⅶ章　九州・四国にある生目神社

全国の信仰を集め
千年の歴史を刻む

日向國生目神社

第Ⅰ章

生目神社

一．生目と生目神社

1．生目という場所

「生目」と書いて「いきめ」と読む。宮崎県の県庁所在地・宮崎市にある地名で、『角川日本地名大辞典』（45宮崎県）によれば「鎌倉期に見える地名」とある。

ここに、生目神社と呼ばれる由緒ある神社がある。古くから「目の神様」としての信仰を集め、祭事の際には県内外から多くの参拝客が集まった。生目神社が「目の神様」と仰がれるようになった経緯については、あとで触れる。

江戸時代までは「生目八幡宮」と呼ばれていた。八幡宮は応神天皇を主座とする古来からの信仰で、武道の神様でもある。

生目神社の住所を今風に書けば、宮崎県宮崎市大字生目三四五番地である。

宮崎市を貫流する大淀川の下流部左岸に宮崎県庁があり、右岸に生目神社がある。両者に緯度の違いはほとんどない。大淀川を西に渡らなければ、宮崎市の中心市街地から生目神社には行けない。県庁から大淀川を越えて生目神社までの直線距離を測ると、約四・五キロメートル（キロメートル）である。明治四一年（一九〇八）発行の『宮崎県宮崎郡生目村是（そんぜ）』（以下「村是」とする）には、「宮崎町を隔（へだつ）る西およそ一里余」とある。標高は拝殿前

生目村役場（昭和３年４月29日竣工）と役場跡碑（左）

で三五・五メートルである。

生目神社の住所を明治二二年（一八八九）の町村制施行に沿って書けば、宮崎県（江戸時代の表現でいえば「日向国」）宮崎郡生目村大字生目字亀井山となる。生目神社のある高台の西半分を小字地名で亀井山、東半分を迫という。

明治時代の初めまで、神社の周辺には八つの村があった。跡江、小松、浮田、生目、柏原、富吉、長嶺、細江である。この八つの村を町村制施行の際、一つの村に統合するにあたって、新しい村名をどうするかが問題になった。

宮崎県は、生目神社の名が広く知れ渡っていることから、八つのうちの一つにしか過ぎなかった生目村を全体の村名にしたのであった。反対意見もあったが、結局は県の意向が通された。と同時に、旧村名は大字地名として残された。例えば跡江であれば、宮崎県宮崎郡生目村大字跡江、生目なら、宮崎県宮崎郡生目村大字生目である。昭和三八年（一九六三）に宮崎市と合併した今で言えば、宮崎県宮崎市大字生目となる。これで終わりである。あとは地番が続く。

さて、今でこそ、大淀川には多くの橋が架かっているが、明治時代のはじめには橋らしい橋はなかった。明治一三年（一八八〇）四月に大淀川右岸の中村町の医師である福島邦成によって初めての橋橋が架けられたが、八月には大雨で流失した。

明治二一年（一八八八）から昭和二年（一九二七）までの三九年間、宮崎の人々の交通を支えてきた木の橋も橘橋と呼ばれ、頑丈な橋であった。

その後、昭和七年（一九三二）に永久橋としての橘橋が竣工し、昭和五四年に二代目の永久橋として現在の橘橋が完成した。

明治二二年以降の国道は、大淀川を渡るべく橘橋を南に進んで対岸の中村町に出、渡った直後に西に向かい、福島町、大塚村を経由し、大塚村と生目村の境界にある戦場坂を越えて大字浮田に向かった。国道は、橘橋を渡ることで南に大きく迂回していたのである。

橘橋以外には橋がなかったので大淀川の対岸に行くのに一般の交通手段として「渡し」を利用することも多かった。その渡しの場所が、右岸に即して川下から挙げれば、城ケ崎、大塚、下小松、跡江、有田、富吉などであった。

戦場坂（生目中学校卒業アルバムより）

大日本帝国陸地測量部が宮崎市の地形図を発行したのは、明治三七年（一九〇四）と遅かった。その測量が行われたのが同三五年であった。次ページの地図が、このときの地図である。

地図には、生目村の文字が大きく書かれ、その大字である旧八村名が書かれている（筆者が長方形の枠付けをしている）。

明治二二年、町村制施行時には、周辺では次のような変化があった。現在の宮崎市の中心市街地となっ

明治37年発行の国土地理院地形図

ている宮崎郡宮崎町が大淀川左岸に成立し、同じく左岸に宮崎郡大宮村、右岸には宮崎郡大淀村や同郡生目村が成立した。

問題は、左岸にあった東諸県郡倉岡村である。その村に属する有田は大淀川を挟んで右岸にあり、生目村に囲まれていた。江戸時代には倉岡郷といい鹿児島藩直轄領であり、町村制施行のときも有田村を含めて東諸県郡倉岡村として成立した。

倉岡村は、第二次世界大戦後、昭和二六年（一九五一）に宮崎市と合併、有田の小学校や中学校の生徒は、大淀川左岸の倉岡小と大淀川右岸の生目小の、倉岡中（同二七年、瓜生野（うりゅうの）中と合併し北中と改称）と生目中の、どちらでもいいということになり、同三八年（一九六三）に生目村が宮崎市に合併すると、有田の子どもたちは全員が生目小学校・生目中学校に通うことになった。

第二次大戦後になっても橋の数に大きな変化はなく、昭和三二年（一九五七）に、片道一車線の宮崎大橋が完成して初めて、国道は、橘橋を渡らずに中心市街地（山形屋百貨店の角）を西に折れ、高千穂通を通過して、新設の宮崎大橋を渡り、大塚町の西ノ原から、元の旧国道に合流して戦場坂に進み、生目村の中心部である浮田に向かった。

昭和三六年（一九六一）に大淀川支流の本庄川に柳瀬橋が完成し（本流の大淀川に極めて近い位置）、同四七年に渡し船が廃止された。

2. 生目地区の変貌

平部嶠南の『日向地誌』は「生目村」の「道路」について、「隣村往来間道」と題して次のように書くが、

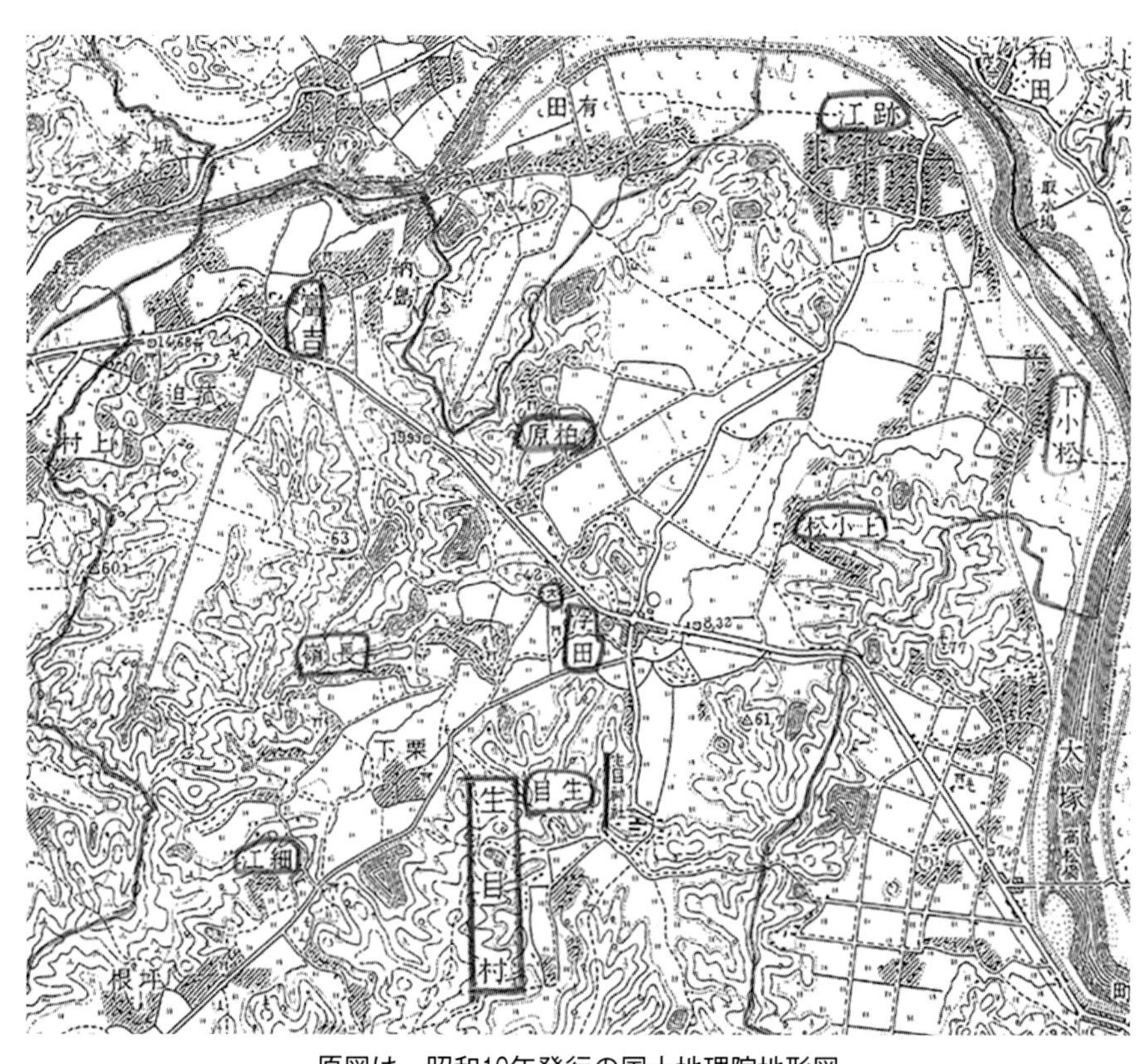

原図は、昭和10年発行の国土地理院地形図

それには生目神社往還も含んでいる（句読点、カッコ等は筆者による）。

西の浮田村界にある味野越より東の大塚村界にある戀ケ迫に至るまでの、長さ凡（およそ）一〇町（一〇九〇メートル）、幅六尺（約一・八メートル）。また生目神社より北に向かい浮田村界までの、長さ一〇町余、幅が六尺で、平坦な路である。宮崎郡北部の諸村からやってくる神社参拝の皆さんはみんなこの路を使うので、これを生目神社往還という。

この「生目神社往還」という道路を、上の地図で示すと、大字「生目」と右書きで書いてあるその右に、縦書きでとても小さく「生目神社」とある。その「生目神社」に接するように南北に走る路が描かれているが、これが生目神社往還である。この往還の右に描かれている田圃（たんぼ）の中の南北に走る道路ではない（ただしこの道は現存する）。

国道と生目神社往還とが交わるあたり、つまり浮田が、昔も今も、生目の中心部である。またそこが、生目神社の出入り口でもあった。

生目神社の境内には、日露戦争や大東亜戦争（太平洋戦争）の慰霊碑もあるが、第二次世界大戦後の長い間、戦火を交えることがなかったという平和な時間を味わった日本は、宮崎も、そして生目も含めて、豊かな暮らしを享受してきた。つまりそれは経済的な豊かさを経験することでもあった。

筆者は、小学校五年生のとき、日豊本線の海側（東側）にある小学校から内陸部の生目神社まで、遠足に行った思い出がある。明治時代の末期に完成したらしいトンネルを通って。そのトンネルは、筆者の現在の住まいのすぐそばにあったが、団地造成でもうなくなった。

その頃はまだ、どこにも、のどかな田園風景が広がっていた。

しかし今や、生目神社周辺の風景にはさまざまな開発の手が伸びている。のちに触れる天下（あもり）大明神の東の崖近くにまで、大塚台団地の造成が昭和四〇年代半ばから進んだし、天下大明神のすぐ南には携帯電話の電波塔が建っている。

生目神社の第二駐車場（後述）手前から北を望むと、国道一〇号「宮崎西バイパス」が高架になって、多くの車が走っている。その遠景には県央部の尾鈴山の尾根筋が緩やかな傾斜で延びている。

生目神社の南～西～北にかけては、県道九号、すなわち宮崎西環状線が延び、跡江に造られた新しい相生橋（平成二七年〈二〇一五〉二月一〇日竣工）で大淀川左岸とつながった。宮崎西環状線は、第三駐車場（後述）から西にも眺められ、隣に見える生目南中学校の西側を通っている。また早朝、生目神社の本殿付近に立つと、林の枝越しに西環状線を走る車の姿が見えるし、その騒音が潮騒のように聞こえてくる。

生目神社の少し西側には東九州自動車道が走り、片道一車線の狭さではあるが北九州までつながった。また、国道一〇号の「宮崎西バイパス」は大字生目で東九州自動車道の「宮崎西ＩＣ」につながった。

宮崎西ＩＣで高速を降りると、「生目の杜運動公園」は、目と鼻の先といっていいほど近い。プロ野球球団のソフトバンクホークスが平成一五年（二〇〇三）一一月から秋季キャンプを実施し、その後春季キャンプも行い始めた。特に春季キャンプは非常に賑わう。

鉄筋コンクリート製の永久橋として完成した橘橋（昭和７年完成）

昭和一〇年発行の地図は、明治三五年（一九〇二）測量で作製された最初の地形図からおよそ三〇年の月日が流れている。大正四年（一九一五）三月に日豊本線の宮崎―清武間が開通し、吉都（きっと）線経由（かつての日豊本線は昭和七年〈一九三二〉までこちらを指していた）で、宮崎が鹿児島市と結ばれた。
一番の変化は、大正一三年（一九二四）に宮崎が「市」になったことである。大淀川左岸の宮崎町、大宮村の二町村と右岸の大淀町が合併し、合計三町村が宮崎市となった。前々ページの地図は昭和一〇年（一九三五）発行であるから、すでに宮崎市は誕生している。
生目村役場は、時々位置を変えて、おもに浮田を中心に存続してきた。当時、戦場坂を越えて宮崎市大塚町から宮崎市生目村に

最新（平成14年）の発行の地形図

入り、生目村の小松―浮田―柏原―富吉へと続く国道一〇号の路線を、仮に「東西に走る幹線道路」とすれば、生目神社から北上し、城ノ下橋を渡って国道と交差し、そのまま北に伸びていって生目村役場を西に見て通り過ぎる道路は「南北に走る幹線道路」であった。この東西と南北に交差する地点である浮田は、生目の心臓部と言っていい。

しかし残念ながら、昭和一〇年発行の地図には、致命的な間違いがある。この交差点を南北に走る道路の「東側に役場の記号が描かれている」が、これは西側でなければならない。

この間違いは、その後発行された地形図にも受け継がれ、昭和二一年・同二九年（新制生目中学校は位置が少しおかしいが「道路の東側に」正しく記入されている）・同三四年発行の地図まで続き、同三八年（一九六三）四月一日に宮崎市に合併されるまで、生目村役場は「道路の東側」に描かれ続けた。

合併後、生目村役場は宮崎市の生目支所となり、支所という地図記号がないので描かれず、この問題は解消した。また、それまで倉岡支所管轄であった右岸の有田地区は生目支所管轄になり、有田地区の児童生徒は生目小・中学校に転校した。それからおよそ六〇年が経過。

令和四年（二〇二二）四月、生目地域センター、生目地区交流センター、生目地区振興会（地域まちづくり事務局）、生目・小松台地区地域包括支援センター、生目地区社会福祉協議会など五組織が、かつての生目公民館跡地に結集した。

このとき、「支所」とされたのは平成一八年（二〇〇六）に宮崎市に合併した佐土原・高岡・田野と平成二二年に同市に合併した清武の四町であり、それ以前に合併していた北（瓜生野・倉岡）・生目・赤江・木花・青島・住吉の各地区は「地域センター」と呼ばれた。

浮田が生目の中心地であったことは、生目中学校の卒業アルバムにも記録されている。

昭和四三年度、同四五年度、同四六年度、同四八年度の卒業アルバムを見たが、そこには「浮田銀座」という言葉が使われ、「戦場坂」（道路の両側が石の高い崖になり、これが生目と大塚の境になっている）の写真もあった。その周辺は今、当時の様子を想像することができないほど変貌している。

二．生目神社の風景

1．駐車場

先に、平部嶠南の『日向地誌』で「生目神社往還」に触れた。

この「生目神社往還」という道路を、昭和一〇年（一九三五）発行の地形図で示すと、大字「生目」と右書きで書いてあるその右に、縦書きで「生目神社」とあり、その「生目神社」に接するように南北に走る路が描かれているが、これが生目神社往還であり、基本的には現在も残っている。

かつての生目支所（二〇二一年四月、元の生目公民館があった場所に移転し、名前も「生目地域センター」と変わった）から国道一〇号旧道をまたいで南下すると、大淀川支流の大谷川に架かる「城ノ下橋」の北手に、鉄筋コンクリート製の大きな鳥居（後述）があった。それが、生目神社への目印であった。

その鳥居をくぐって南下すると、道路は大谷川支流の宮ノ下川に沿って進むが、生目神社の手前で宮ノ下橋を交差し、宮ノ下川は生目神社のある山地を避けて、生目神社の南側に出る。南側に出た宮ノ下川は、その支流である生目川となって、上流の丑山池にたどり着く。地図にはかろうじて描かれている。

生目神社は多くが杉林に囲まれている。この「生目神社往還」の行き着いたところには、現在は、信号機のある交差点がある。交差点の現在の名前はズバリ「生目神社」。

その交差点の南西部が「第三駐車場」である。宮崎交通のバスも時折ここからの出発に備えて待機している。この第三駐車場の入り口山手に、令和元年（二〇一九）一二月に新しく二つの石碑が設置された。これは、先述の撤去された「城ノ下橋」たもとの鳥居の石が使用されている。右手の大きな石灯籠ふうの石碑の中央に描かれているのが生目神社の「社紋」の「左二つ巴」である。

第三駐車場を出ると、道路は左にカーブしながら上昇し、一旦小さな平坦面に着く。そこが「第二駐車場」である。上がってきた道路のままに右折すると、階段付きの歩道と車道が並行して走る上り坂になり、上がり切ったところに「第一駐車場」がある。車が二台しか駐車できない小さな駐車場である。駐車場は、生目神社に近づくにつれ、小さくなっている。

第三駐車場の石碑

第一駐車場の南側には、後述する「宮の馬場」に上がる坂道があって、短いが急な上り坂である。そこを上がり、しばらく西進すると南側に車祓所があって南公園になっている。そこにはトイレがあり、最近できたばかりの亀のユーモラスな像があり、ブルーベリーの木が植えられている。

先の第一駐車場の近くには地元の人が「お大師さま」と呼ぶ小さな祠がある。これは、地元の方が戦後に祀られたもので、今、ブロックが積まれ、その上に小さな祠が建てられた。「御大師さま」というのは弘法大師、すなわち空海のことで、弘法大師は空海の諡号（しごう）である。諡号とは「生前の行いを尊び死後に贈られる称号」（広辞苑）である。

つまり、この小さな祠は仏教の世界なのであるが、生目神社も、ある意味では、神仏習合なのである。今、天下大明神に鎮座する「阿・吽」の二つの仁王像も、かつては生目神社にあったものを、大正時代に移設したものであるようだ。

「御大師さま」から東に進んで行くと、電波塔が見え、その北側に小さな祠が三つ建っていた。「建っていた」と過去形で言うのは、平成三〇年（二〇一八）に台風被害を受けて、仁王様の首が二つとも地面に

①被害のない仁王像

②首が折れた仁王像

③右肩が復元していない仁王像

落ち、祠も二つは取り壊されたからである。ここを天下(あもり)大明神という。

仁王様の、①首が被害を受けていない状態（二〇一五年五月一〇日撮影）、②首が吹き飛んだ状態（二〇一八年一〇月一四日撮影）、③首がつながれたが左の右肩がもとに戻っていない状態（二〇二一年一月一二日撮影）をそれぞれ撮影した。

①	第三駐車場
②	第二駐車場
③	第一駐車場
④	宮の馬場
⑤	一の鳥居
⑥	拝殿前鳥居
⑦	北公園
⑧	高妻安翁功績碑
⑨	参集殿
⑩	神楽殿
⑪	社殿
⑫	社務所・授与所
⑬	芭蕉句碑
⑭	南公園
⑮	車祓所
⑯	亀の像
⑰	トイレ
⑱	分かれ道
⑲	御神水の湧水
⑳	墓地
㉑	生目神社交差点
㉒	生活介護事業所
㉓	喫茶店
㉔	婦人科クリニック

天下大明神の下の長方形の中にある記号（電波塔）と、⑳の番号の右下にある記号（墓）は、国土地理院が定めた地図記号です。

神社風景の全体配置図

2. 狛犬（こまいぬ）

先述のように、第二駐車場と第一駐車場との間は、歩道とこれに並行する車道とがあり、その歩道の一番手前に一対の「狛犬」が置かれている。

狛犬（左右一対）

狛犬のすぐ下の台座には西側にも東側にも「奉納」の文字が刻まれている。車道側（東側。向かって左）の狛犬は、黒く古びているが、西側（向かって右）の狛犬は、全身にカビが覆っていて、白っぽい。双方の湿度の違いが生んだ差であろう。西側には雑草も生い茂っている。

狛犬の裏面には各人の立場と名前が三段にわたって刻まれている（次ページ）。

表中に「見えず」とあるのは、狛犬の台座と地面との間にコンクリートブロックが挟まれていて、この部分の文字が見えないことを示している。また「彫刻」の項に「柿塚節」とあるが、「節」の読みは「みさお」である。この石材店はかつては生目と大塚の境になる戦場坂にあった。戦場坂は明治三七年（一九〇四）発行の地形図で、次のように見いだすことができる。

宮司　高妻和夫　　氏子総代　児玉宗夫　　長友忠義
身分二級禰宜（ねぎ）　児玉朝記　　児玉　清
　佐々木力　　日高嘉平　　見えず
伶人　　児玉藤見　　見えず
　児玉一夫　　松浦武一　　見えず
　児玉昭覚　　奉任館長　　見えず
　児玉　繁　　児玉重美　　見えず
　児玉由盛　　児玉　定　　見えず
長友光政　　班長　　彫刻
大田原秋義　　谷口光夫　　柿塚　節
児玉六男
　昭和三十九年旧正月十五日　竣工
　　施工　久保工務店

その地形図に生目村と大淀村がある。大淀村と書いた上部に「宮崎」と大きな縦書きがあるが、これは宮崎郡という意味である。その「宮」の字の右上に神社の記号がある（手描きで神社の記号を○で囲んでいる）。これが「大塚八幡神社」である。その前に当時の国道が白く幅を持って走り、生目村境に延びている。この村境付近が「戦場坂」といい、今も変わらずにそう呼ばれている。この、福島町から村境に至る一本の直線道路は当時の「計画道路」だったと筆者は考えている。

また、「狛犬」の文中二番目に「身分二級禰宜」とあるのは、神社庁が区分する階級であり、一級と二級がある。宮司や禰宜は職務の内容である。さらに、「伶人」は、特に雅楽で音楽を奏する人のことで、神楽を舞う人のそばで鼓（つづみ）・ひちりき（笛）を吹いたりする人のことである。

この狛犬のある歩道を一番上まで歩き、第一駐車場脇の階段を上がると、そこにも一対の狛犬が置かれているが、これは、個人が寄贈したものである。

上杉千郷著『狛犬事典』によれば、狛犬は、近世以前には「獅子・狛犬」と呼ばれていて、獅子には角がなく、狛犬には角があった。近世以降は、「獅子・狛犬」の一対を「狛犬」と呼ぶようになった。

また、鎮座する神の方から見て「左に開口の獅子、右に閉口の狛犬」を置くようになっている（お参りする者から見れば左右は逆になる）。生目神社の一組の狛犬も左（お参りする者には右）の獅子は口を開き、右（お参りする者には左）の狛犬は口を閉じている。

口を開いているのを「阿（あ）形」、閉じているのを「吽（うん）形」というが、これは仏教の仁王像でいう「阿形」「吽形」と同じである。『広辞苑』によると、仏教では、阿と吽は、万物の初めと終わりを象徴しているという。

3. 鳥居

鳥居は、神社などにおいて神域と人間が住む俗域とを区画する門である。鳥居をくぐることは神域へ入ることを意味している。

さて、まずは鳥居の解説から始めよう（次ページ）。

江戸時代の立石定準という人は『匠家必用記』を著し、そのなかで「鳥居」について次のように述べている（谷田博幸著『鳥居』河出書房新社発行、八六ページから引用）。

> 鳥居ハ神代の神門也。今宮社に用るハ神代の遺風にして、木の鳥居を本式とす。（中略）外に雨覆ある鳥居。或ハ石ずへの鳥居ハ略義にして、式正のことにあらず。又石の鳥居、唐（青銅のこと）の鳥居ハ是又大略義也。心あらん人ハ木にて造り時々造りかへるを本式とす。木ハ檜（ルビは筆者）を用べし余の木を用べからず。

木がいい、木の鳥居が本物である。それも檜の鳥居がいい。石の鳥居も金属の鳥居も、檜の鳥居には及ばない。檜は、神殿などに多く用いられる。

その木の鳥居が、生目村大字浮田にあった。国道一〇号旧道と県道（昔の「生目神社線」）が交わる、その南側の県道に入って一〇メートルもない場所に木の鳥居があった。その木は、果たして檜だったか。

鳥居の型式と系統
―その魅力と基礎知識―

鳥居の型式は一様ではない。戦前期の1943（昭和18）年に『鳥居の研究』を著した根岸栄隆氏は、建造物としての鳥居の細かな差異に着目し、64種類に鳥居を分類している。工法や笠木や島木、貫と呼ばれる縦・横の柱の傾き、長さ、台座や装飾などに着目すれば多くの種に分類ができる。

細かな差異を無視すると、鳥居には建築様式、発生の順序などの上から、「神明鳥居」系統と「明神鳥居」系統という、大きく二つの体系・系統に分けられる。

神明鳥居の系統には、伊勢神宮の唯一神明鳥居をはじめ、各地の神明社にみられる伊勢鳥居、京都の野宮神社に代表されるような黒木鳥居や、東京の靖國神社に代表される靖國鳥居、茨城県の鹿島神宮の鹿島鳥居、京都の宗忠鳥居などがあることが知られる。

また、明神鳥居の系統には、奈良の春日大社に代表される春日鳥居、春日鳥居を原型として変形した唐破風鳥居、三柱鳥居、八幡鳥居、住吉鳥居（住吉角鳥居）、明神鳥居などがある。さらには明神鳥居から変形した両部鳥居、三輪鳥居、台輪鳥居、根巻鳥居、山王鳥居、中山鳥居などがある。

こうしたものを耐久性や地域の特産物などの面から木製（素木、または生木）や石製、鋼管製、陶器・磁器製、プラスティック製など材料・素材などの性質面からも分類すれば、さらに詳細に分かれることとなる。なお、神社に建立されている鳥居は、同一神社であっても明神系統の鳥居と神明系統の鳥居が混在して建立されているケースもあり、同一神社の中で三種類以上の種類の鳥居が建立されているケースもあるため、鳥居だけで御祭神や神社の系統を単純化できないことは注意しておきたい。

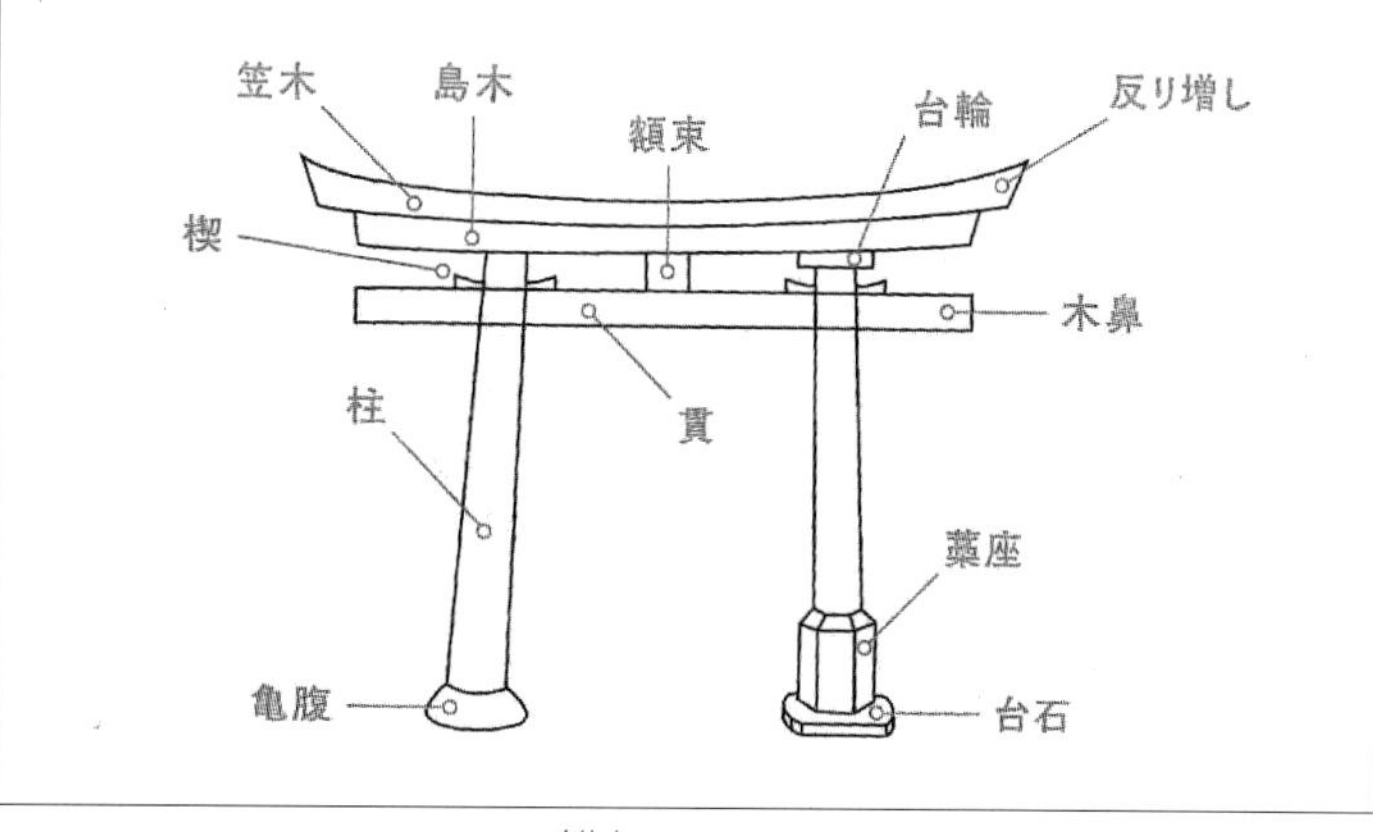

上の文と絵は、藤本頼生編著『鳥居大図鑑』を引用

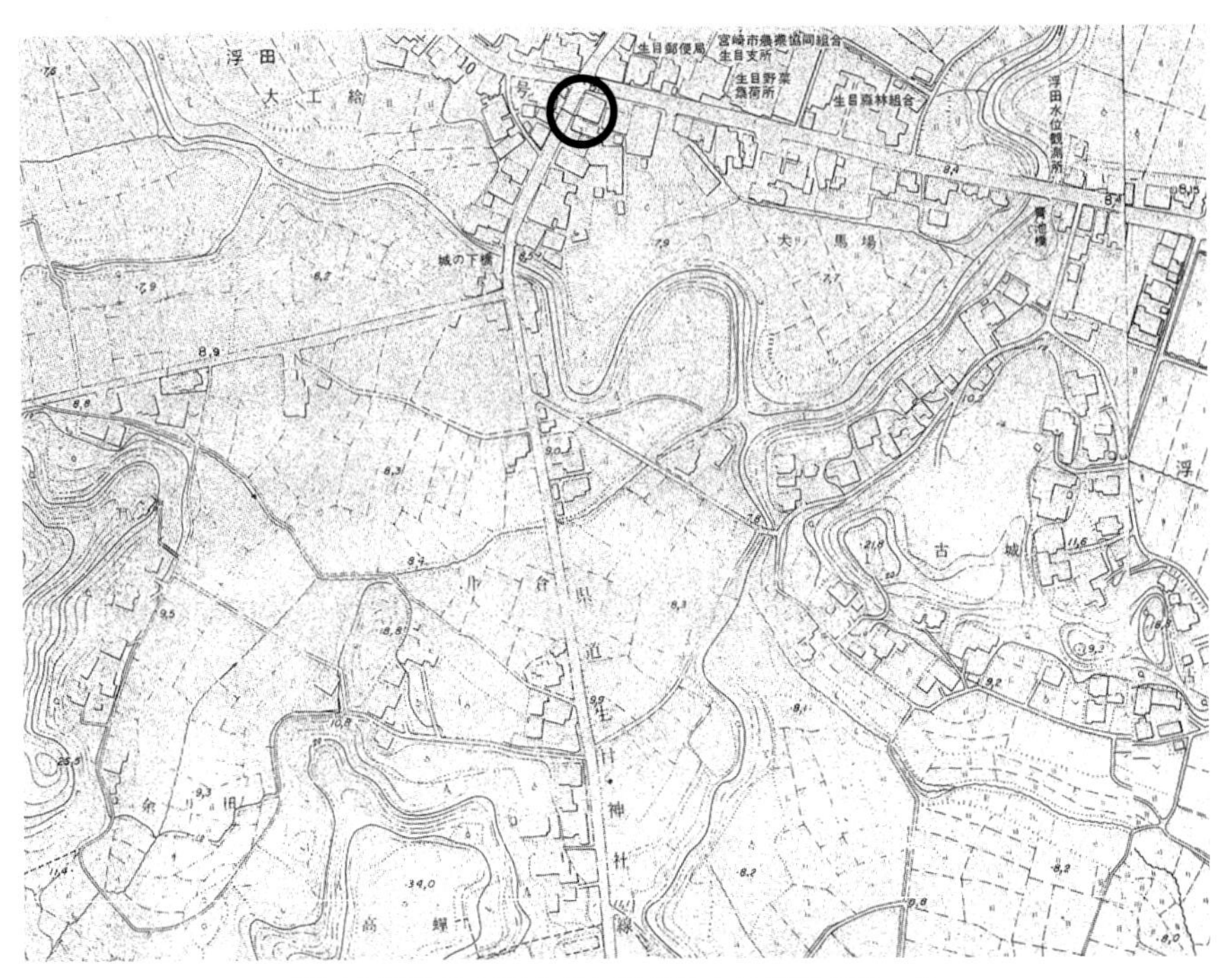

地図上端の○で囲んだところに木の鳥居があった

生目中学校卒業アルバムの「木の鳥居」

昭和51年６月に造られた鉄筋コンクリートの鳥居。向こうに城ノ下橋が見える。

それは、今は存在しない宮崎県住宅供給公社が、大塚台団地造成に取りかかる前に、当時の山林・河川・溜め池・田畑・人家などを描いた地図に描かれている。地図からは開発前の生目と大塚の様子を知ることができる。その頃、大淀川支流の大谷川は至る所で蛇行し、河川改修がこれからという時代であった。その蛇行の様子が、その地図には描かれている。

また、生目中学校の卒業アルバムにも、木製の鳥居が載っている。

もとあった生目支所から南下し、国道一〇号旧道を越えて行くと、大淀川の支流・大谷川に架かる「城ノ下橋」の手前に、鉄筋コンクリートの大きな鳥居があったことは前述したが、これは、道路拡張の障害になるので、それまでの木の橋を廃止する代わりに造ったものである。

鳥居の二本の柱には次のようなことが書かれていた。

西の柱には「昭和五一年六月建之」、東の柱の北面には「施工株式会社志多組」、東の柱の南面には「献納　元生目地区氏子総代会」、「県道拡張工事移転改建」。

しかし、この鉄筋コンクリート造りの鳥居は、生目神社関連の鳥居のうちでは一番最後に作られたのに、腐食が進み、一番最初の二〇一九年に取り壊された。取り壊された鳥居は、姿を変えて残された。それが第三駐車場に設置された新しい石碑である（二六ページ掲載写真参照）。その左手（東側）の石碑の裏に、こう書かれている。

平成から令和への御代替奉祝記念事業の一環として、宮崎市大字浮田に建てられていた鳥居を撤去した際に取り出した額束である。

なお、台座の空洞は鳥居の名残とした額束の下をくぐれるようにしているものである。

令和元年十二月

生目神社宮司　高妻和寛

一の鳥居（宮の馬場の入り口）

この左側の石碑は、右側のものと比べると、高さは約半分ほどしかないが、台座の下部には円形の穴（空洞）が貫通している。この穴は人がくぐり抜けてもいいように作られているが、大人には無理なようだ。

令和六年（二〇二四）現在、生目神社の鳥居は全部で二つある。

「第一駐車場」から「宮の馬場」へ上がる階段を登りきった所に置かれているのが、「一の鳥居」である。これは、昭和二七年（一九五二）に建設された。

もう一つは「拝殿」の前に、一番本格的な鳥居として造られている（次ページ）。仮に「拝殿前鳥居」とする。造立は「昭和九年九月」、建立者は当時の社司であった「高妻勝彦」

拝殿前鳥居（宮の馬場の奥）

である。勝彦は、後述する高妻安の長男である。

生目神社の鳥居の造りを明神（みょうじん）鳥居という。上から順に、五角形の笠木（かさぎ）、台形の島木（しまぎ）といい、この二つは両端が反り上がっている。

この笠木・島木を支えているのが二本の「柱」である。柱は下の間隔が上より広い。これを「転び」という。二本の柱を貫いて抜けている水平な横木が「貫（ぬき）」で、柱と貫を締め付けているのが「くさび」である。くさびは柱に貫入せずに、ただ形として置かれていることもある。

島木と貫の間の空間に置かれる板のような石を「額束（がくづか）」といい、これに神社名などが刻んであれば「神額」という。生目神社の場合、「一の鳥居」には額束があるだけだが、「拝殿前神殿」には「生目神社」と書かれた神額が置かれている。

4. 建造物

① 宮の馬場（みやんばば）

第一駐車場の右手には、「宮の馬場」に上がるための階段がある。三十四段。

階段を上がるとまず「一の鳥居」がある。それをくぐるとその先は砂利が敷かれた道路になっている。この砂利が敷かれた場所が「宮の馬場」である。鳥居をくぐってすぐ、左手から、先述の車の進入路があり、「宮の馬場」は車両通行もできる。馬場の中ほどの南側に「車祓所」が設けてあるので車を通す必要があるのである。また「参集殿」「神楽殿」や社務所に行くにも車を通す必要がある。
神社の祭りがあるときには、第三駐車場から「宮の馬場」まで途切れることなく出店が並ぶ。

宮の馬場

馬場の南側を、東から西に見ると、まず一軒の民家がある。民家の土地は、まずは畑、次に石垣が民家を包んでいる。この壁は長い。

民家の土地が終わると、その西側にはある程度の広さがある南公園になっていて、公園の東側にトイレ、西側に車祓所がある。

このトイレと車祓所の中間に、大きな亀の像が置かれた。令和三年（二〇二一）のことである。

車祓所の西側には、約一メートル幅のコンクリートの細道があり、その細道はすぐに二つに分かれ、まっすぐに進んで山の中に入ることもできるし、また階段を選んで下り、湧き水が出ている場所に降りることもできる。山の方を選ぶと、あちこちに墓地が造られている。

「宮の馬場」の西の一番奥には、店構えをした民家があり、

右に降りていけば（写真右上）、御神水の湧き水に着き（写真右下）、左に上がると墓地がある（写真左）。

かつては「日高旅館」となっていた。現在は「ひので屋」として、祭りがあるときにはお土産屋になって菓子類が並ぶ。しかし、最近はやっていないようだ。

かつては、生目神社の中に民家があった。今の、南公園になっている所にも民家があったし、神楽殿や参集殿になっているところにも土産物を売る民家があった。これらは今は、神社が買い取っている。

「宮の馬場」の北側を見る。先ずは農業を営んでおられる普通の民家。この民家の出入り口も、馬場には面しておらず、第二駐車場の少し南側から急勾配の坂道を上がる。この民家の西側は北公園。

北公園は、次に触れる南公園より面積は広いが、「北公園」という表示がない。北東のすみに社があるが、その周辺にあるのは仏像ばかり。あとは掃除道具の倉庫やその他の置き場所になっている。

その西に、生目神社の宮司である高妻家の家が二軒。その西側に「高妻安翁功績碑」がある。この碑については、次の「石碑」の項で紹介する。

さらにその西に、参集殿、神楽殿に入る道があり、その西側には社務所と授与所がある。

② 生目神社南公園整備記念碑

南公園にはいろいろな建造物がある。それらについては、既に記述しているので、少し重複するが改めて書く。

車祓所は、もちろん新車を購入した人が、その後の交通安全を願って車のお祓いをするのだが、大切な儀式である。

亀の像は最近設置された。亀の表情がユーモラスである。自分の頭を自分の右手に乗せ、その表情はゆったりとしている。その右手は「夢」と書いたボールの上に乗っかっている。像が置かれている厚くて大きな台には「奉献」と書かれている。

トイレは水洗で、清潔に保たれている。

ブルーベリーの木に関する次のような説明がある。「フルーティーみやざき街づくり」事業（宿の日事業）として宮崎市内の街路、公園、観光地に果樹を植栽し、フルーティーな香りいっぱいの街づくりを夢見ています。この神社は眼病の神様です。ブルーベリーの果実は目に効果があります。協力団体のなかに「宮崎女将（おかみ）会」がある。

宮崎女将会は、日南海岸の堀切峠にある「道の駅　フェニックス」でも、ブラジル原産のイペーの樹木を植えた。春先の穏やかな陽のなかで黄色い花が賑やかに咲く。

③　社務所・授与所

社務所と授与所は一つの建物である。社務所はその名のとおり社務を行う場所。授与所は、おみくじやお守りを販売する。なお生目神社の資料となる「旧県社　生目神社御由緒」なる資料も無料で置かれている。この授与所の真向かいに現在の手水舎（ちょうずや）がある。

生目神社では、社務所と授与所の置き場所は、よく変わっている。あとで出てくるが、昭和四七年にも新しくできた社務所・授与所があったが、これは現在「拝殿前鳥居」の北側に古い倉庫として残っている。

④　生目神社由緒板

手水舎の隣にある大きな説明板。生目神社の沿革やエピソードが書かれている。祭神二柱および御相殿三柱とその鎮座地。

祭日については、後述する。

神社の創建に関しては、「元亀、天正の兵火で古書、棟札（むなふだ）等が焼失し尽くし詳（つまびらか）ではないが」と断った上で、「宇佐大鑑（おおかがみ）」を使って、創建が天喜四年（一〇五六）としている。

古書等が焼失したという元亀（一五七〇～七三年）と天正（一五七三～九二年）は連続しており、この通算二十二年の間に、生目神社を巻き込むどんな兵火があったのか、定かではない。

また、御神詠として「かげ清く照らす生目の水鏡　末の世までも曇らざりけり」の一首を挙げている。これは日田郡代（大分県日田市にあった西国九州の幕府直轄地の代官）・池田喜八郎季隆（すえたか）が作ったものであるが、これを御神詠とし、お参りする人々に三回以上唱えてくださいと呼びかけている。

由緒板

この「御由緒」では、季隆の来た年を「元禄二年（一六八九）」としているが、これは間違いで、季隆が日田郡代を務めたのは、享保（きょうほう）二年（一七一七）から同八年（一七二三）までである（『大分県史　近世篇Ⅲ』三七二～三ページ）。

実は、季隆の曾孫・池田岩之丞季秀（すえひで）も日田郡代となって生目神社を訪れ、「流れての世にも名高き水かがみ　うつす姿のかげ清くして」の一首を詠んでいる。

「御由緒」は最後に小さな字で、拝殿、本殿、末社、古老樹について説明している。

拝殿の造営は昭和九年（一九三四）で台湾の檜を使ったことが分かる。本殿の建設は文政一〇年（一八二七）というからもうすぐ二〇〇年になる。

末社として、オガタマノキの巨樹のそばにある八坂神社と、本殿の北にある若宮神社を挙げている。

⑤　手水舎（ちょうずや）

③で記した「社務所・授与所」の真向かいにあるのが、黒い大きな石の手水舎である。直方体の大きな石の上面が、縁の部分を除いてくり抜かれ、くり抜かれたところに水をたたえている。この水を柄杓（ひしゃく）で汲んで、参拝者が自分の手や口を清める。

石の北面には生目神社の社紋「左二つ巴」の図柄。東面には「油津町」と「服部新兵衛」とが刻まれ、南面に「昭和九年五月開設　社司高妻勝彦　石工（いしく）島津伊平」と刻されている。昭和九年は一九三四年である。宮崎郡にある生目神社が、はるか南の日南の業者に注文したというのが凄い。

服部新兵衛は日南市油津の人であるが、服部家は大規模な山林所有者・回船業者で、飫肥杉の弁甲材やブリ漁で巨富を得た飫肥の名家でもある。

それにしても、この巨大な岩塊をどういう方法で運搬し、ここに置いたのだろうかと思うと、その苦労のほどがしのばれる。

⑥ 掲示板

現在の手水舎

手水舎のすぐ西側に「掲示板」がある。二〇二三年九月と一〇月の掲示板には、こう書いてある。

九月は秋の夜の「長月」。読書に親しみ何かを学び生きがいを見つけましょう。また一八日は敬老の日、二十三日は秋分の日。今日あるのは親・先祖のおかげで報恩の気持ちを常日頃忘れないでいたいものです（筆者注・長月は陰暦九月の異称）。

十月は神無月（かんなづき）。秋もたけなわの十月九日はスポーツの日を中心に、運動会、遠足、結婚式、秋祭りと、何かと「出合い」「コミユニケーション」の多い季節です。初対面でも「こんにちは」の一言でお互い近づけるもの、歓んで挨拶いたしましょう。

その左側に「令和5年　本厄年（満年齢表示）」とあって男女別に書かれている。横書きされているものを縦に書く。

男性	女性
60歳（昭和38年生）	36歳（昭和62年生）
41歳（昭和57年生）	32歳（平成3年生）
24歳（平成11年生）	18歳（平成17年生）

⑦ 古い手水舎

現在の手水舎は、現在の授与所の真ん前にある。それ以前のものが、昭和四七年に設置された授与所の裏に置かれている。

見ると、北面に「清祓水（きよめはらいみず）」。西面に「干時天保十年己亥（きがい）九月吉日当国那賀郡本郷　願主　岩切明壽」。天保十年は一八三九年で、日向国那珂郡本郷に住んでいた岩切明壽という人が、寄進したことが分かる。

東面には「奉納手水鉢石者御料（ごりょう）船曳庄安賀野ニ而山取人夫加勢生目村中大宮司高妻近江正」。これを訳すれば次のようになるだろう。

奉納した手水鉢（ちょうずばち）の石は、天保一〇年の頃は幕府領であり、かつては荘園があって船引（船曳）庄と呼ばれていた船引の産である。その船引の安ケ（あんが）

かつての手水舎

野での石運びの仕事を生目村中の人々が加勢した。

現在の宮崎市清武町船引にある黒北地区の清武川左岸は、いわゆる「清武石」の産地として有名。安ケ野は右岸で、その主要な一部である。安ケ野産の石を「安ケ野石」とも呼ぶ。

また、黒北地区を流れる清武川の右岸に黒北発電所があり、これは宮崎県では第一号となった国の登録有形文化財である。安ケ野は同じ右岸のすぐ下流部になる。

九電ハイテック宮崎支社から提供された資料によれば、明治四〇年（一九〇七）七月三日に発電が開始され、今も現役として発電を続けている九州最古の水力発電所である。ドイツのAEG社製の発電機もそのまま使用している。この発電所の発電機を収容するのが石造りの平屋建てで、七・三メートル×九・七メートルの大きさである。屋根は瓦葺きで四面の壁が石である。この石が凝灰岩の「清武石」で、もしかしたら黒北発電所の石も清武石のうちの「安ケ野石」の可能性がある。

文面に戻って、大宮司の名前については、「近江」の後に「守」が抜けているのかもしれない。そうすると「高妻近江守正」となって通りがよい。これは、高妻正さんでいいのだろうか。

ネットで調べた「別子（べっし）で使われた鉱山用語」では、「山取」には「破砕された鉱石や岩石を鉱車に積み込む作業」の意味がある。ここで「別子」とは現在の愛媛県新居浜市別子山であり、旧別子銅山があったところで、現在は「旧別子銅山産業遺跡」が置かれている。

船引の安ケ野には採石場があって、それは江戸時代にはすでによく知られていたということだろう。

⑧ 神楽殿・参集殿

神楽殿は神楽が舞われる場所である。

参集殿は、会議をしたり、神社の雑務を行う場所である。

神楽殿

5. 石碑

① 一の鳥居建設記念碑

先述の「一の鳥居」のそばに、この記念碑がある。「一の鳥居」の起工は昭和二七年三月五日。竣工が同月三〇日。

生目神社の創建が、由緒に書かれているとおりの一〇五六年とすると、昭和二七年は一九五二年で、創建以来ほぼ九〇〇年を迎えることになるので、生目神社は、この「一の鳥居」竣工に合わせて、「九百年祭」と「景清公木像・お伴墓」顕彰も行ったようである。

いったい「景清公木像」とは何であろうか。おそらく景清が木で彫られていたのだろうが、どういうものであったか、詳しくは分からない。「お伴墓」とは生目神社南方の山林の中にある「塚本石塔群」の墓石群のことで、これが景清に従って日向国生目に随行してきた家臣たちの墓であると伝えられている。

この記念碑の下段には、当時の宮司・高妻秀季、村長・森繁春、氏子総代で建設委員長の石川親義などの名がある。

鳥居の竣工を記念して、桜の木一〇〇本が植樹されたが、その後の参道の拡幅で伐採され、現在は階段付近に六本ほどが残っている。

② 生目神社営繕土木工事竣工記念碑

①の「一の鳥居建設記念碑」のすぐ左手に別の古い石碑がある。「生目神社営繕土木工事竣工記念碑」である。この文字が正面の最上段中央に大きく書かれている。

最上段右手には「昭和八年四月一日起工、翌九年十二月十五日竣工」の文字が見え、左手には、この工事の担当者の名前が書かれている。工事設計は東京の二本松孝蔵、工事監督は浮田の熊瀬川末蔵、営繕請負は福岡の手島久吉、大工棟梁が筑後の川嶋茂八と児玉藤市、氏子代表に高妻芳松と横山由弥。営繕工事への参加者は全国に及んでいる。

裏面には「寄附金額及氏名」が刻まれている。上段に九名・下段に一八名の、寄付額、居住地、氏名が書かれている。居住地に、宮崎県西端部の米良（めら）（西米良村）があり、甲斐武教（たけのり）の名がある。米良があり、甲斐の姓がある理由は、西米良の児原（こばる）稲荷神社に飛ぶ。

児原稲荷神社

江戸時代に米良は人吉藩に属していた。児原稲荷神社の社司（宮司のこと）であった甲斐右膳（うぜん）は幕末期に尊皇攘夷運動に傾倒し、長男の大蔵（おおくら）とともに時に神社を離れ活動に打ち込んでいた。しかし、この活動は、幕府の知るところとなり、幕臣に捕らえられ、人吉藩の牢獄につながれ、父子ともどもに獄死した。

神社を継いだのは次男の武智で、先の武教は武智の孫に当たる。右膳には第三子がいて、名を安といった。この安が七歳の頃に、生目神社高妻家の養子になったのである。高妻安は大正七年（一九一八）に亡くなったが、この記念碑に甲斐武教の名が刻まれていることは、生目神社と児原稲荷神社が縁戚関係のつながりを大事にしていたということである。

甲斐武教は、明治四一年（一九〇八）九月一四日、現在の宮崎市宮田町に生まれた。米良ではなく宮崎市内で生まれた理由は、彼の父親の武彦が県立農業試験場に勤務していたからである。もともと児原稲荷神社の社家の家柄であった武教は、県立宮崎中学校、國學院大学神道部に学び、昭和三〇年（一九五五）から三八年まで八年間にわたり西米良村長を、同四〇年から五八年まで約十八年間宮崎神宮宮司を務め、平成三年（一九九一）二月二六日、八二歳の生涯を閉じた。

「甲斐武教は」で始まる右の段落については、「宮崎神宮ホームページ」からの引用である。

右膳の長男・大蔵の読みは「おおくら」である。児原稲荷神社では、「たいぞうと言ったら、それって誰?と言われてしまいます」という神社の話であった。

なお氏名の欄には会社名もある。宮崎市の金丸酒醸会社（江平）、宮崎バス会社（大淀・現在の宮崎交通）である。

③　高妻安翁功績碑

前項でふれたように、高妻家の養子となった安であるが、彼の功績をたたえる石碑が社務所の手前にある。石碑は二つあって、一つが「高妻安翁功績碑」である。この碑の建立は大正七年（一九一八）と碑に書かれているが、月日の記述がない。じつは高妻安はこの年の九月九日に七二歳で亡くなったのである。

この碑の右前に、次の「高妻安翁事蹟」碑があり、そこに翁の輝かしい功績が詳しく記されている。碑文は漢文で書かれているが、ここでは口語訳に直したものを示したい。

高妻翁は名を安という。児湯郡西米良村の児原稲荷神社の祠官であり正五位を授与された甲斐右膳の三男である。年が七歳になったばかりのとき、家を出て生目神社祠官高妻氏の家を継いだ。早くに養父は亡くなり、父の右膳も兄の大蔵もまもなく国難に殉じて亡くなったために、悲しみが続き、ほとんど頼りとする人がいなくなってしまった。しかし彼は気持ちを奮い立たせて、志に励み、苦学し、懸命に努力し、長くないうちに学業は大いに進んだ。長ずるに及んでは、深く父と兄の勤王の遺烈を体し、早くから敬神法本の大義の道を唱えた。

士気をふるわせて社務を整理し、神殿を改築し、道路を開鑿して参詣を便利にした。神社の経営はなかなかうまくいかなかったが、旧観は大いに改まり、神光はさかんとなって、遠くにも近くにも更に及んでいった。また、常に県神職界の幹部となって終始神社に尽くし、善く神職指導所を整え、貢献するところは大いなるものがあった。その一方で、心は公益にも向けられ、早くから学務委員に選ばれ教育の普及を熱心に計画し、また自ら三宜小学校の校長となり、心を砕いて子供の育英に努めた。今や、村の内外で要職に就いている者は、大体がこの学校の出身者である。（※三宜小学校は生目小学校の前身）

明治一九年の始め、農事改良会を起こし、村内の農業の改善を計画し、また、村農会長、日州勧業会評議員、農商務省統計調査委員、郡農会評議員、県農会評議員を歴任した。上の者に善悪を進言するところがよくあった。また、しばしば、県外農事試験場、農科大学、特農産地などを巡察し、採る所があれば、さっそく帰って、実施した。

郷里では率先して範を人々に示した。例を挙げれば、種子改良、塩水選び、肥料配合、正條植え、害虫防除、堆肥舎設置のようなことである。先ず県令が発布されると全部これを行い、人は皆その先

高妻安翁功績碑

見に敬服した。明治四〇年、大日本農会総裁の宮殿下は（高妻安氏に）善行を高く褒めて広く世間に示す意味から名誉賞状を下賜された。四四年になって嫡嗣である高妻勝彦君に神職を譲った。その勝彦君は更にその生涯を公共事業に捧げた。特に時局をよく考えて、組織同心協会や宮崎郡地主会は農村経済の振興策や戦後経営の方途を企画した。

高妻安翁は老齢となり、もう古稀を超えたが、ますます強健で、これまで一度も一日たりとも気を休めるということがなかった。その篤い志や善行はまことに規範となすに足るものである。そういうことなので、郷里の人々は、みなその徳を仰いだ。思うに、翁の功労は独りに止まらず、現在に益するものがあるのである。氏の残された美風や風致は万古不滅のものである。後に続く人々は、何らかのあるべき方策があるはずとして、熱心に奮起している。なんという偉大なことであろう。そういうことで、村民は、お互いに相談して、碑を建てることに努め、永遠に翁の功績を伝えるものである。

以上が碑文全文の口語訳である。

④ 生目神社社務所新築記念

現在の手水舎の南西側後方に、この石碑が建っている。昭和四七年（一九七二）に古い授与所ができたことを記念して建立された。今は、拝殿前鳥居の北横に置かれている。この古い建物に「御礼参・やく祓・自動車祓・御祈願・初詣」という看板があり、「御守札授与所」という看板も残されているが、これは当時の姿で、今は倉庫になっている。

⑤ 日露戦役紀念（碑）

北面の一段目に、「日露」と縦書き、「戦役紀念」は右書き。二段目に本文。本文を紹介する。カタカナ書きをひらがな書きに改めている。

明治卅七年二月宣戦の詔勅ありしより殆ど二年有余の間、我が忠勇義烈なる兵士は海陸に砲煙弾雨の間に転戦し、克く艱苦欠乏に耐へ連戦連捷を以て終局を告げるに至れり。是れ実に我が天皇陛下の御稜威に拠ると雖亦以て忠勇なる軍人の行動と臣民一致の後援の功あずかりて力ありと信ず。時に米国大統領の仲裁により同卅八年十月十六日平和克復に至る。当時出征軍人を掲げ茲に日露戦役の紀念とす。因って生目神社氏子中壱名も戦病傷者なし。

三段目が兵士の紹介。一六人の軍人の階級と氏名を紹介し、最後に「生目神社々司　高妻安」と書き、北面が終わる。

西面に縦書きで、「明治三九年四月創立」とあり、東面と南面には何も書かれていない。

日露戦争は、日本が、韓国（朝鮮半島）と満州（中国東北地域）の支配権をめぐって、帝政ロシアに対し軍事行動を起こしたのが始まりである。戦争は明治三七年（一九〇四）二月に始まり、翌三八年（一九〇五）九月五日にアメリカ合衆国のポーツマスで講和会議が開かれ終結した。したがって本文中にある「同卅八年十月十六日平和克復に至る」という表現は、ちょっと解せない。この間、日本の戦死者は約八万人、傷病者は三八万人であった。幸いなことに生目神社関連の軍人には、戦病傷者もいなかったようである。ちなみに、このときの日本首席全権は宮崎県日南市出身の小村寿太郎であった。

⑥ 大東亜戦争記念碑

北面に縦書きで「記念碑」。北面の東端から西端にかけて「戦没者」と縦書きされ、上段に十四名と、下段に十三名の階級と氏名が書かれ、北面の最後の行で「長崎原爆死　高妻秀夫」と書かれる。西面には「昭和三十三年十二月十七日建之」と書かれている。

裏面である南面は、上部で右書きの「大東亜戦争」、その下に「従軍者名」と書かれている。さらにその下に、縦書きで五段が組まれ、軍人の名前が一段目に一八人、二段目に一八人、三段目に（途中から海軍になって）一五人、四段目に一八人、五段目は二人となっている。

第二次世界大戦が終わって一三年後に建てられたこの石碑は、七一人の名前を残して静かに眠っているかのようである。生目の地からも「長崎原爆死」者が出ていることはもっと大きな声で伝えたいものである。

⑦ 松尾芭蕉の句碑

生目神社の拝殿に向かって右手に、俳句を刻んだ石碑がある。

「此阿當里（このあたり）眼に見ゆるもの皆涼し」という俳句で、作者は松尾芭蕉である。

松尾芭蕉の句碑（右がオモテ、左がウラ）

この句碑を「納涼塚」ともいうようであるが、生目神社の巨木の間を吹き抜ける涼風には、たしかにその趣があるし、「眼に見ゆるもの皆涼し」と詠むと、健康な目が生き生きと働いているさまが歌われて、生目神社にこそふさわしい句であるように思える。

芭蕉はこの句を、江戸時代前期の元禄元年（一六八八）に、美濃国（岐阜県南部）長良川に望む水楼（水辺の高い建物）で詠んでいる。芭蕉の晩年をともに過ごした弟子の各務支考が芭蕉没後の元禄八年に編んだ『笈日記』で、支考はこの地のことを、次のように表現している。よほど風光明媚であったのであろう。

「かの瀟湘の八のながめ・西湖の十のさかひも、涼風一味のうちに思ひためたり。若し、此楼に名をいはむとならば、十八楼ともいはまほしや」。

これは中国の瀟湘八景・西湖十景のことで、たして十八になるから、十八楼なのである。つまりは、この碑が設置された生目神社もまた、「此あたり眼に見ゆるもの皆涼し」なのである。

しかしながら、支考は『笈日記』のなかで、句を「此あたり目にみゆるものは皆涼し」と紹介していて、生目神社の句とは違って「は」が入っているのである。

また、「涼し」にも「涼し」がある。これらをどうするのか。

大補助
延岡社中
高千穂社
佐土原社
下喜田社
江日良社
石持寄進
跡江村
同
當村中
發起
得々庵魚竹
菊池蘭雪
二代目
細井巴石　刻

ただ、芭蕉関係のいろんな著書に目を通しても、「涼し」と「涼し」との違いは、あまり大事な問題としては捉えられてはいない。『芭蕉発句全講　Ⅱ』では、『「水楼」とか「河辺」とか、この句の環境を示す前書があることによって「涼し」は生かされるといえよう』として、風景描写が「涼し」の裏付けになっている、としている。

これに対して、問題は「は」の有無である。『芭蕉発句全講　Ⅱ』では、『「めにみゆるものは」は字余りであるが、「は」がないと中七が軽くなって据りが悪い。この「は」は謂わば必須の措辞（そじ）であって、これを欠く形は信じ難いものとなろう』として、「は」の挿入は欠かすことができないという。

わたしは最初、「は」の存在に気づいていなかった。大事な論点から置いてけぼりを食らうことになっていたのかもしれない。この字を刻んだ「巴石」さんには、何と言えばいいのか。

石碑の正面の右下には「はせを」という文字があり、「芭蕉（ばしょう）」のことである。「は」は「者」、「せ」はそのまま、「を」は「越」と表記され、これを「ばしょう」と読む。

この句を刻んだ大きな石の下に、大小二つの台座があって、その下から二段目の台座に、上掲の記述がある。台座の上下幅は二二センチメートルで、左右幅は一一六センチメートル、上記のように横長になっている。

句会を大きく支えてくれたのは、延岡、高千穂、佐土原、下北方、江平（上記の下喜田および次の江日良は縁起かつぎの当て字であろう）の俳句グループであり、句碑の材料の石は、地元という意味で、跡江村と生目村が分担して寄進した。この芭蕉句碑が建立されたのは明治二年（一八六九）で、このときはまだ市制・町村制の公布と施行は行われていない。

会の発起人には得々庵魚竹（とくとくあんぎょちく）と菊池蘭雪がなり、句碑の文字を刻んだのは細井巴石（はせき）である。

魚竹の名は後述する「宮崎県内の芭蕉句碑」にも出てくるので、詳細はそちらに譲るが、菊池蘭雪は句碑の裏面に「イヨ」と書いてあり、現在の愛媛県である。しかし廃藩置県が断行されたのは明治四年（一八七一）のことであり、生目神社で句碑が建立された同二年には「伊予」国であったのである。

上が細井藤助の法名、左がその辞世の句。

蘭雪は伊予の人であるが、伊予といえば、その松山は江戸中期から俳句が盛んになり、俳句王国と呼ばれるお国柄。そういう歴史を負った俳人だったのであろう。

二代目巴石は、日向国大淀川（旧称赤江川）沿いの城ケ崎（じょうがさき）出身で、俳人であり、石工（いしく）でもあった。その墓石は、城ケ崎俳壇碑群に残り、法名を「赤水軒巴石居士」といい、「月丸くいつもありたし梅柳」という辞世の句も刻まれている。没年は明治三年正月一二日で、享年八〇歳、俗名細井藤助とある。

問題は、芭蕉句碑の裏面である。裏面の最上部に大きな文字が刻まれている。それは、一行三文字が、五行を使って刻まれ、「日向宮／崎生目／八幡宮／寶前翁／□源碑」とある。

最後の□は読めない文字であるが、ある専門家はそれを「壽」（寿）ではないかとされている。とすると、最上部の全体は「日向国宮崎生目八幡宮寶前翁壽源碑」となるが、今度は「寶前翁壽源碑」の意味を解釈するのが難しい。寶前は「神仏の前」ということであるが、寶前翁となると芭蕉を指しているのか。それにしても「壽源」が分かりにくいのである。

その下には、上下二段に分かれ、それぞれに句と俳号が書かれている。俳号の筆頭は芭蕉である。上段には、芭蕉を除く一七名、下段には一八名が作った句が、崩し字で書かれている。結論を先に言えば、この崩し字の解読は、結局できなかった。

例えば、最初に挙げた芭蕉の句で、「此阿多利」（表で使われた「阿当里」ではない）と書いているが、原文ではこれらがすべて「崩し字」で書かれている。つまり、見た目の字形は全く違うのである。

生目神社にある芭蕉句碑の解読は、崩し字に精通している人にしかできず、筆者の能力を超えているので、当然、その道の専門家にお願いするしかなかった。しかし、全面的にお願いすることも、全く頼り切ってしまうことになるので、その解読の困難さを自分自身で分かっていくためにも、いろいろ努力をした。拓本取りの結果があまり芳しくなかったので、自分で拓本の取り直しをしたり（結果はもっと悲惨だった）、二〇年前に取られた拓本を取り寄せたり（宮崎県教職員互助会が保管している生目神社芭蕉句碑の拓本は出来のいいものであった）、同互助会が発行している『ふるさと日向の文学碑』を購入し、関連記事を照会させてもらったりした。

さて、句碑である。二人が一つの和歌を作る形式で詠まれている。たとえば、芭蕉が五七五の「このあたり目に見ゆるものみな涼し」の次に、「春郊」が七七の短句を詠み、これで一つの連歌が形成されている。

上段と下段を合わせて三六人が、一八の連歌を詠んでいるのである。もちろん、芭蕉の没年は元禄七年（一六九四）であり、江戸末期に生きていた春郊が、芭蕉と組んで連歌を作るということは、あり得ない架空の組み合わせなのである。しかし、春郊にとっては、名誉なことだったに違いない。

また、上段の句に見える俳号「亭々」と下段の句に見える俳号「巴石」に関する記述は、『ふるさと日向の文学碑』一八七ページの記述を引用したものであるが、その出典が明示されていないので、ここは孫引きということになるが、お許しいただきたい。

さて、その「亭々」の記述である。かなり細かい説明が加えられている。「亭々とあるのは本名穂鷹久道、代々延岡藩の家老であった。藩の殖産に意を用い、嘉永年間に宇治から製茶師を招いて製茶を奨励し、自宅をはじめ藩士の家の回りにも茶を植えさせ、その産額が飛躍的に増加したという。阪神地方にまで出荷し延岡茶の名を知らしめた。明治三（一八七〇）年六十二歳で没」。この「明治三年没」という記述は、あとの記述と矛盾する。

「巴石」については前述したとおりで、これは墓石という現物が残っているので、確かであろう。「亭々」について別の資料を発見することができた。『延岡郷土史年代表』という本である。その九一ページにこう書かれている。「慶応三年（一八六七）三月、俳人穂鷹亭々が四日に死去した。六十二歳」、補説として「（穂鷹亭々）名は久道、代々延岡藩の家老職であった家に生まれた。俳諧を好み、その句は双烏、駄岳と並び称せられた」。この駄岳も双烏も『日向俳壇史』で紹介されている。

この「亭々」の没年月日については、『日向俳壇史』六八ページからも裏付けがとれる。また、延岡市教育委員会文化課への電話取材でも、この日を教えられた。

そうすると、亭々が穂鷹久道であるとすると、生目神社の芭蕉句碑については、句碑の「建立」が明治二

延岡市北方町に残る魚竹の句

年であって、得々庵魚竹と菊池蘭雪が発起人となった「句会」そのものは、亭々の生前、すなわち江戸時代最後の年号である慶応の三年以前に行われたと解釈するほかない。

また裏面の最後の行には「明治二年己巳盛夏吉辰　東川書」とあり、その下に「東川」の印と「川魚竹印」の刻字がつけ加えられている。

台座に書かれたことと、この裏面の最後の一行に書かれたことを、合わせ見ると、台座の「発起」に名がある「得々庵魚竹」の住まいは「東都」すなわち「東京」で、本名が「東川」となるように思える。次に見るように本名は「山崎東川」である。「明治二年己巳」は西暦で一八六九年で、今から約一五〇年前である。

生目神社を舞台に国内の俳人たちが集まり、先の句を書き込んだ句碑の披露が盛大に行われたのではないか。魚竹の句は「納会や時雨も末の雪交り」。

結論を言えば、裏面に書かれた一八の連歌の正しい読みと解釈は、一部を除き、これを完全に完成させることができなかった。つまり、専門家にお願いすればできる、と思っていた判断は正しくなかったのである。原因の最大の理由が、巴石の崩し字は「くせ」が強いということにあったようである。おそらく、この裏面の連歌の読みとその解釈は今後とも不可能であるように思える。

さて、ここで、宮崎県内の芭蕉句碑について調べてみた。範囲逸脱の感はあるが、お許しいただきたい。生目神社の句碑を含めて県内には九つの芭蕉の句碑がある。建立年、句、場所の順に記していく。

i. 安永九年（一七八〇） 麦の穂や涙に染(そめ)て鳴雲雀(ひばり)
宮崎市浮之城の正光寺跡

ii. 寛政七年（一七九五） 古池や蛙飛び込む水のをと
西都市都於郡(とのこおり)大安寺の下の池の端

iii. 文化七年（一八一〇） 判読不能。芭蕉句のうち「冬籠(ふゆごもり)」の句が六つある。国富町本庄の義門寺(ぎもんじ)内。

iv. 文化八年（一八一一） 初しぐれ猿も小蓑(こみの)をほしげなり
宮崎神宮徴古館(ちょうこかん)の南の「猿蓑」塚

v. 文化一二年（一八一五） 西行の庵(いおり)もあらむ花の庭
延岡市内藤記念館、静思庵の前庭

vi. 文政一二年（一八二九） 旅に病んで夢ハ枯れ野を駆け巡り
宮崎市佐土原町下那珂、久峰観音内

vii. 安政二年（一八五五） 梅が香にのっと日の出る山路哉(かな)
高千穂町天岩戸神社。生目神社の責任者・得々庵魚竹がここにも姿を現す。魚竹の墓は延岡市北方町にある

viii. 明治二年（一八六九） 此阿當里(このあたり)眼に見ゆるもの皆涼し
宮崎市大字生目、生目神社内

ix. 建立年不詳 うたかふな潮(うしお)の花も浦の春
児湯郡高鍋町蚊口浦、鵜戸神社境内

俳聖と仰がれた松尾芭蕉の生まれ故郷は現在の三重県伊賀市である。生年は正保元年（一六四四）、月日

は不明。没年は元禄七年（一六九四）、新暦で言えば一一月二八日。

筆者は平成二三年（二〇一一）春に伊賀市を訪れ、現地でそこが芭蕉のふるさとであることを知った。

旅の本当の目的は、日本三大仇討とされる「伊賀越鍵屋ノ辻の決闘」の現場である現地を見に行くことであったのだった。しかし、芭蕉の魅力も捨てがたいという以上のものがある。

その旅の途次に知った芭蕉の次の句は、芭蕉四五歳のもの。「冬籠りまたよりそはん此はしら」。弟子たちが生家の裏庭に建てた庵「無名庵」で詠んだ。元禄七年（一六九四）八月一五日、芭蕉は新庵披露を兼ねて月見の宴を催し、門人たちを心からもてなした。その庵の跡も今に残されている。

また私鉄伊賀線の「上野市駅」には「忍者市駅」と新しい名前が付いて、伊賀流忍者の里であることを強調していた。その駅の前には芭蕉翁の像が建っていた。

⑧ 境内補修工事記念碑

生目神社の建物の一番奥の南側に末社の八坂神社があり、その南側、敷地の端っこに、東面してこの「境内補修工事記念碑」がある。その面の下半分には次のような碑文が書いてある。

昭和二十四年六月二十日のデラ台風のため境内崩落し社殿危険瀕するや氏子総員及消防団並青年団起して八月十五日より復旧工事に着手し翌年一月十五日竣工す此間の奉仕延人員三千有余石垣四十坪土堤二百坪に及ぶ難工事を完遂せり
茲に氏子民の熱意を記して以て永世に伝える

その裏面である西面に書かれていることは、次のとおり。

宮司　　高妻季秀　　　　委員（五名連記）

禰宜　佐々木近
氏子総代（五名連記）　石工（二名連記）
工事監督（一名）

この記念碑の裏には小さな石灯籠のような奉納物があって、手前のものには「福岡県筑後郡荘嶋町平民仲三五郎」と書かれている。奥には「宮崎郡大宮村大字池内髙橋カヲ」と書かれた石がある。この奉納物は、まるでその存在を「忘れないで」と呼びかけているように、そこにあった。

6．石灯籠

生目神社には、「宮の馬場」東端から拝殿と本殿の間にまで、多くの石灯籠が置かれている。その石灯籠の向きを表す表現方法として、東・西・南・北を使う。灯籠の面を正しく理解してもらうためである。東西南北を使うことは、磁石を使って表現するのと同じである。見ている面が、南であるなら、「南面」とする。幸いに、生目神社の「宮の馬場」は、ほぼ東西に走っている。

石灯籠には、もう一つやっかいなことがある。その各部の名称である。石灯籠の形によって、必要とされる名称があるし、必要でない名称がある。ここでは、生目神社にある石灯籠をもとに話を進めたい。例示するのは、拝殿の北東側に置かれている石灯籠で、芭蕉

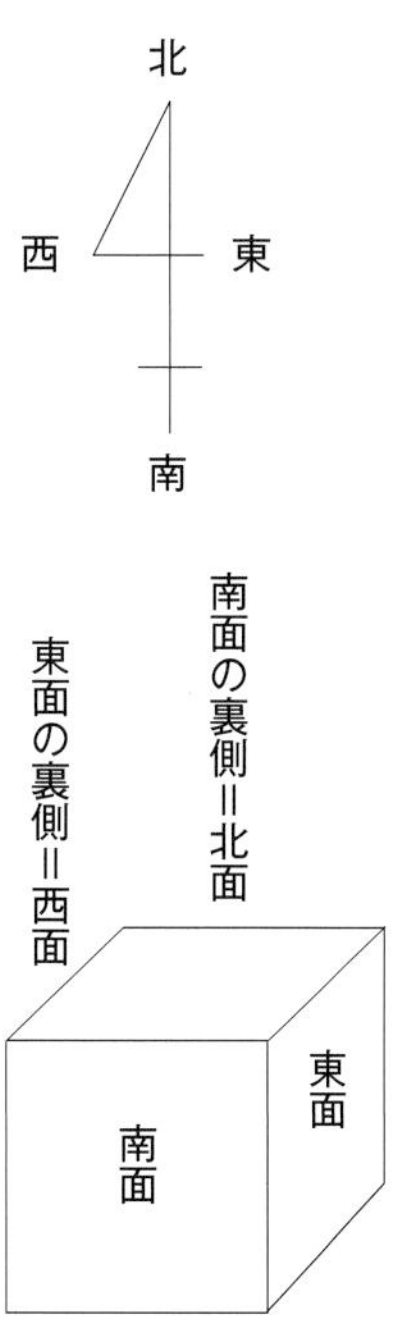

句碑の東にある。

生目神社の石灯籠を見るにあたって、ここに示した各部の名称を使うことにする。その理由は、各部の名称を見ることは石灯籠のてっぺんから最下段までを見ることになるからである。そういう見方をした上で、石灯籠が一対の物として成立しているかどうかを判断できるのである。まず、各部分の説明をする。ここで使うのは『広辞苑』である。ただし、特筆すべき部所がない場合は、その部位の名称も記述しない。

宝珠＝宝物とすべきたま……。「宝珠の玉」＝〔仏〕尖頭で、頭および左右の側から火焔の燃え上がっているさまの玉。（〔仏〕は仏教用語のこと）

笠＝①雨・雪を防いだり日光をさえぎったりするために頭にかぶるもの。②①の形をしたもの。石灯籠・松茸・ランプなどの上部をいう。

火袋＝灯籠の火をともす所。

中台＝〔仏〕中尊を安置する。中尊は、三尊・多数尊の中央の一尊。脇侍などに対していう。阿弥陀三尊中の阿弥陀如来……など。

竿＝卵塔・石灯籠などの柱状の部分。竿石。卵塔とは仏教用語で、六角または八角の台座の上に卵形をした塔身を載せた石塔。

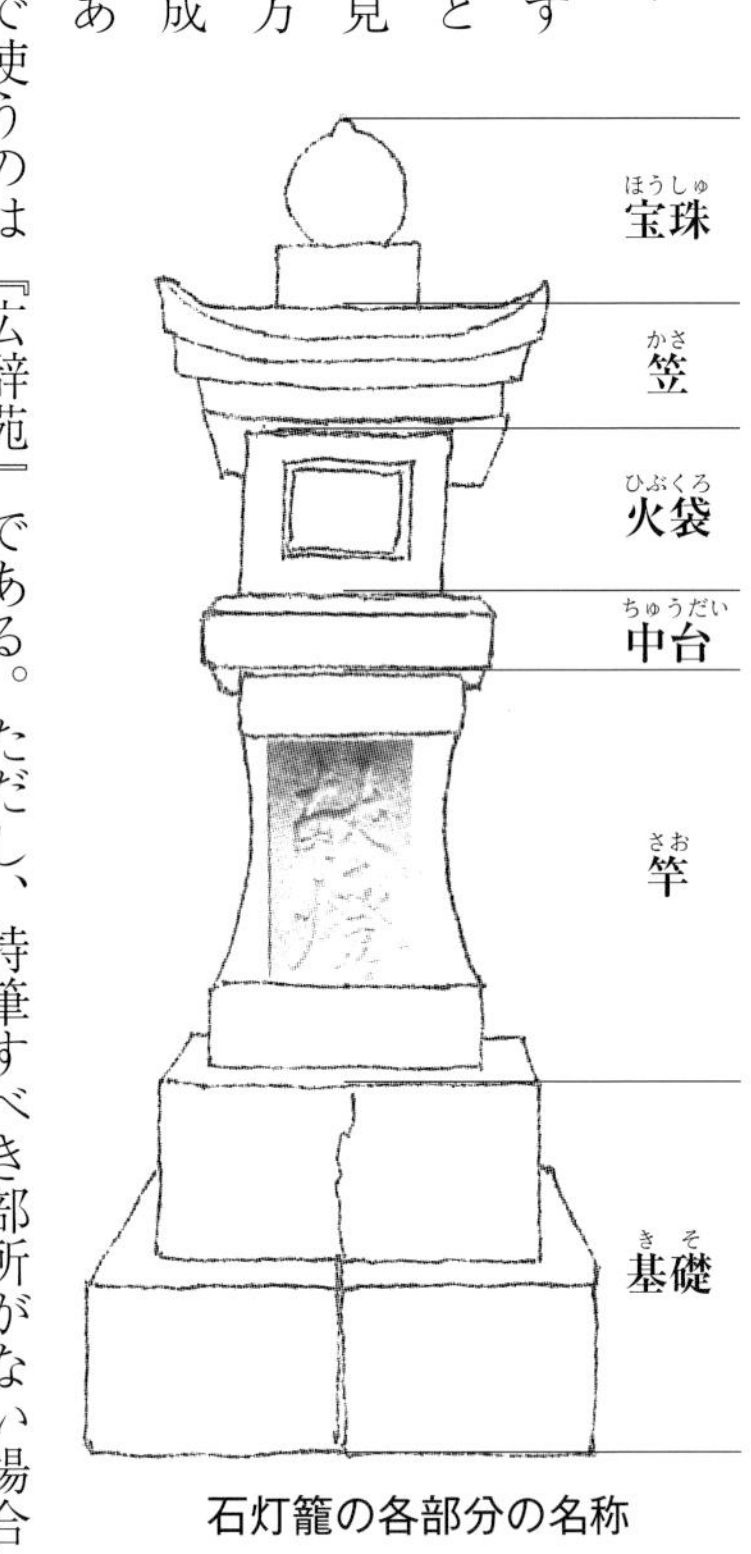

石灯籠の各部分の名称

基礎＝石灯籠の土台の部分。土台は二段、三段とあるが、土台だけで一メートルのものもある。

こうしてみてくると、石灯籠の各部の説明に使われているのは、仏教用語が多い。生目神社は神社である。寺ではない。神社に置かれている石灯籠というのは、一種の神仏混淆（こんこう）あるいは神仏習合である。明治政府の神仏分離令がこれを破壊したのであるが、神社には昔も今も石灯籠が静かに置かれている。『広辞苑』は石灯籠についてこう説明する。「石造の灯籠。社寺の前にすえて灯火をともし、また庭において風趣を添える」。

以下の「右手」「左手」の判断は、拝殿・本殿に向かっての右と左である。

生目神社における「石灯籠」は全部で一九か所ある。

「宮の馬場」（便宜的に「通路」と呼ぶ）から「拝殿」周辺に進み、「幣殿」の下までに一七か所ある。ここに①から⑰の番号を付けている。また、第一駐車場から南に進んだ先のT字路入り口に2か所。ここに⑱、⑲の番号を付けている。

それらの全部に触れることは退屈なので、以下の番号のものだけに絞る。それは、①・④・⑩・⑪・⑫・⑮・⑯である。

①　「通路」の中央付近、二段の階段がある所（歩道部分）に、この石燈籠がある。

火袋　三日月が彫られているが、彫り残した側の欠損が大きく、月の形は崩れている。

石灯籠①

竿　i南面に「奉寄進八幡宮石灯籠立願成就攸」。意味は「八幡宮へ石灯籠を寄進申し上げます。願いが成就しますことを」であろう。
ii その右脇に「元禄八乙亥(きのとい)年」、左脇に「三月吉祥日」。元禄八年は一六九五年。
iii 竿の下方には四人の願主の氏名
「□毛作右丞門頼次」、「高妻伊予守正房」
「□□□□□□□」、「□□惣三郎□□」

竿の東面には、毛筆でのちに書き加えたと思われる、黒い「肥前長崎」という文字が書かれている。これが真実であるとするなら、肥前国長崎の四人が日向国生目にやってきて願を立てたということになる。

④ 車祓所の北西角に立っている石灯籠。

笠　生目神社の社紋「左二つ巴」がある。

火袋　東面に月、西面は日、南面は壁、北面はすき間。

竿　北面に「奉寄進」とあるはずだが、参拝客がこの面にさわったらしく、かろうじて「奉」の文字だけが残っている。西面には「文政七年」(一八二四)。南面(通路面の裏側)の文字も、参拝客の手によってすり減っていて、文字があったのか、なかったのかさえ、分からない。

基礎　二段。

手前のが六角形の石灯籠。
奥は⑬の石灯籠

⑩⑪

宝珠 重厚感があり、丸みのある作りである。

笠 全体的に丸み、厚み、反りを感じさせる。

火袋 六角形で、それぞれの穴から向こうの穴や壁を見通すことができる。また穴の下方には四種類の絵が描かれている。動物もあるが、何が描かれているか判定が難しい。

中台 六角形のエレガントな仕上がりである。

竿 ここでは竿が、上と下の二つの部分からなっていて、合わせて一つの竿なのであろう。竿が二つに分かれる例はほかにない。上の竿の東面には「献」、下の竿には「燈」と書かれている。竿の裏側の西面にも上下があり、上には「大正六年」とかろうじて読める。下には左から順に「大阪市」、読めない四つの漢字と「村崎半次郎」と書いてある。

基礎 三段であるが、上から順に一段目は幾何学的な装飾を施した円形、二段目は六角形の石、三段目はコケに覆われた高さの低い四角形。

⑫ 拝殿に向かって右側の石灯籠（右の写真の奥にあるのは、拝殿の左側にある⑬の石灯籠である。⑫と⑬は一対

であるから、⑫の説明は⑬と同じである）

基礎　慣例を破って「基礎」を最初に置く。この石灯籠には基礎だけで四段ある。一番下には幅・奥行ともに一六〇センチメートルの基礎の基礎のような石組みが置かれ、その上に、上に行くほど小さくなっていく石段が三段。

宝珠　生目神社で一番大きい石灯籠。

笠　生目神社で一番大きい石灯籠。

火袋　北面に「日」、南面に「月」。東面・西面には、ガラスを内側にはめ込みそのガラスを外側から格子状に押さえ込んだ石（石の外枠の中に縦三本横三本の石を組み込んで十六個の空間を作る）。

中台　生目神社で一番大きい。

竿　東面に「御神燈」の文字。南面に御神詠、「かげ清く照らす生目の水鏡　末の世までも曇らざりけり」。西面に「昭和六二年五月吉日」。この日付の左脇に「高妻雄治郎・布佐子・花嶋マスヨ」の名前を並列で挙げ、最後に「建之」で結んでいる。なお、西面に書かれた年月日・氏名・建之の文字は、その彫られた部分に赤色の塗料が塗ってあって、目立つ。

八歳の女の子が願主となった石灯籠

⑮　「絵馬掛け」の左側の石灯籠

竿　南面に「奉納」、東面に「願主　立

石重子　八才」、西面に「熊本市妙体寺五番地　立石岩治」とある。北面には何も書かれていない。

このとき、八歳の重子ちゃんは、親と一緒に生目八幡宮にお詣りしたのでろうか。微笑みのこぼれる疑問ではある。いつの出来事であるか年月日が書いてないので疑問は一層ひろがる。

「絵馬掛け」の場所からさらに西に進むと次の石灯籠が出てくる。まずは「せきの神」にあがる六段の階段の左側に、次の石灯籠が出てくる。

⑯　**竿**　東面に縦書きで「奉納御神燈」、北面に「明治十二年卯六月廿八日」、南面に次の言葉が書かれている。「当區大塚村」「願主」「日高萬壽世」。

「卯」は「うさぎ」であり、明治十二年は卯年である。

先の「萬壽世」の「世」は「七」かもしれない。

基礎　二段であるが、そのうち上段の下部の四方に空間があり、その空間は全部繋がっている。③の基礎と同じである。

生目神社に祀られた石灯籠のうち、年号の分かる範囲でいえば、①の元禄八年（一六九五）が最も古い。次いで④の文政七年（一八二四）。さらに⑥の安政二年（一八五五年）。また、近いもので、明治や大正・昭和のものもある。

すでに江戸時代前期の元禄八年に石灯籠が寄進されていることは、もうその頃には生目八幡宮はかなり有名になっていたということであろう。もちろん「目の神様」として。

ここで、生目八幡宮で石灯籠を作るということについて考えてみたい。遠くから生目八幡宮にやってきて石灯籠を作り、それを残して帰っていく、という一連の流れはどのようにして行われたのか。

重い石を、自分の出身地から運び込むことはできない。自分自身が生目まで来ることが精一杯であるから。すると、石灯籠は現地で作るとすると、現地の業者に依頼するしかない。現に、芭蕉句碑を刻んだのは、城ヶ崎の石工の「二代目　細井巴石」であった。宮崎のあちこちに石工と呼ばれる人々がいた。石工への需要は墓石などもある。

国外から日向国生目にやってきて（⑩⑪の例のように、遠くから来た人の中には大阪の人もいた）、石灯籠作成を依頼し、出来上がるまで宿で過ごす。その間に、湧き水である「神水」の治療を続ける。生目では、旅先に出て、そんな生活のしかたがあったのだろう。

7. 古木

①　オガタマノキ（黄心樹）

生目神社の拝殿や本殿を取り囲んで巨木・大木がいくつかある。

本殿の南側、末社・八坂神社の前にはオガタマノキがあり、これは昭和四八年三月一二日に宮崎市指定天然記念物になった。目の高さの幹回り三・二メートル、樹高一七・五メートル。木のてっぺん部分では東西一五メートルの広がりを持つ。暖地に育つ常緑高木で、春先に白く小さな花を咲かせ、芳香を放つ。漢字では黄心樹とも

オガタマノキ

書く。『日本の樹木』（山と渓谷社）一九八ページで、「神社によく植え、神前に供える」とし、「和名は招霊（おきたま）が転訛したもの」という。ここで和名とは「オガタマ」のことである。
　オガタマノキの葉や花は、高いところにあるので手が届かないが、地面に落ちた花を見ると、「白色で基部は紅紫色を帯び」ていて、「花弁と萼片は……合わせて一二個ある」らしい。堂々とそびえて立つオガタマノキの巨木の根元に舞い落ちた小さな花弁の可憐さには、意外なものだという思いがわく。
　生目神社では、この木について、招霊樹であり、幹周三・五メートル、樹高二〇メートルとしている。

② クスノキ（楠）

本殿の北側にある末社・若宮神社の隣にはクスノキがあり、これも昭和四八年三月一二日に宮崎市指定天然記念物になった。目の高さの幹回り八・六五メートル、大きいところでは一一メートルある。樹高二五メートル。根回りの大きさに驚かされる。根は周りを囲んでいる石垣を貫いて飛び出し、そこからまた土中に食い込んでいる。このクスノキの樹齢は千年ともいわれる。

　一般的にクスノキは、暖地に育ち、オガタマノキとともに神社にはよく植えられる木である。その幹・根・葉から樟脳（しょうのう）をとり、防虫・防臭剤あるいはカンフル剤（人間の呼吸・循環の興奮剤としてよく使われた歴史がある）にも用いられた。

生目神社のクスノキは明治三年（一八七〇）に一度伐られそうになったことがある。そのことを伝える石碑がこのクスノキの根元に置かれ、碑にはこう書かれている。

クスノキ

茲(ここ)ニ明治三年二月日藩庁宮崎局令(れい)シテ諸神社
境内(けいだい)ノ楠材ヲ伐採ス該社境即両樹アリ氏子等
御神慮ヲ恐レテ上表ス官乃(すなわ)チ價玄米三石八斗
ヲ償(つぐな)ハシメテ允許(いんきょ)ス因(よっ)テ碑銘ヲ刻シ以テ永世ニ傳フ焉
干時明治四年辛未(しんび)二月二十六日

社司　高妻六兵衛
庄屋　宮永三千治
年寄　長友栄四郎
同　児玉伊三次
同　横山壽太
氏子総代　児玉重茂
同　児玉和助
同　谷口熊次郎
村中

このとき、無事で済んだので、一五〇年以上の時が過ぎ、今の姿がある。

③ イチョウ（銀杏）

また拝殿の手前には、「みやざきの巨木百選」に選ばれたイチョウがある。伝承樹齢四〇〇年、幹回り六・五五メートル、樹高二五メートルで、宮崎県が巨木と認定したのは平成四年（一九九二）三月のことである。落葉高木で、葉は秋には紅葉し、実はギンナンとなり食用にする。イチョウも神社に多い樹木であるが、街路樹としても植えられる。生目神社では、紅葉期（晩秋から初冬）の夜、ライトの光を当てて、イチョウの木を浮かび上がらせている。根元やその周辺に落ちた無数の紅葉がきらめき、異次元の空間を作り出している。

イチョウ

イチイガシ

④ イチイガシほか

このほか本殿・拝殿の周辺には、イチイガシ、杉の木も見られる。いずれも巨木であり、その圧倒的な大きさが見る者に迫る。生目神社がこうした巨木・大木を有していることから、宮崎市は平成一六年（二〇〇四）三月二六日に「緑の保全地区」

に指定した。

イチイガシは「しばしば社寺の境内に植えられる」（『日本の樹木』一四四ページ）とあるが、寿命は長いようだ。高さ三〇メートルにはなるというから、地面から葉の姿はなかなか確認が難しいが、葉の上半部には鋸歯（きょし）（ギザギザ）がある。

目掛けの松

⑤ 目掛けの松

本殿の裏には「目掛けの松」という松の木があった。下北方の景清廟（それとも名田神社）から投げた景清の目の玉が生目神社の松の枝に引っかかった、という伝説がもとになっている。その話に基づいての「目掛けの松」であったが、最近は若い松の木が育っている。地元の人の話では、松食い虫で何度か被害を受けているということであった。

8. 御神水

生目神社の周辺には、あちこちに湧き水がある。それは第三駐車場から第二、第一駐車場へとつづく参道を歩くことでも目にすることができる。第三から第二にいく道路の左下に溜池が見えるが、これは湧き水を農業用に貯（た）めたものである。第二から第一に行くときも左手に鯉が泳いでいる池がある。

岡の上の砂利道である「宮の馬場」を挟んで、生目神社の社務所の前に「ひのでや」というお土産屋さんがある。その脇の小道に入ると、下に降りる階段があって、九五段降りた所に湧き水が流れ出している所がある。

写真を見ていただきたい。上の写真の範囲を広く取ったのが、下の写真である。下の写真の水場の上にある黒い部分は、実は木の根っこである。その木と貯まり水に、注連縄が飾ってあるのである。この木はクスノキで、クスと水は同じ空間を共有しているのである。そして、この水が、生目神社の祭りの際に販売される「御神水」になる。昔から眼病に効くと言われていた水である。その湧水口には、黒い大きな穴があり、その穴を、岩盤と絡まったクスノキの木の太い根っこが囲んでいる。その穴の奥から水が流れ出ているのである。

その周辺には小さな「祠（ほこら）」があり、「石碑」が二つあり、小さな石仏を置いた祭壇がある。神社なのに石仏があるのである。

祠には上棟式の棟札があり、その棟札に祠の建立者の住所、氏名が書かれている。最近のものらしく、

御神水の木「クスノキ」

上の写真の右下を拡大

祠が建てられたのは「平成一八年一二月一〇日大安吉日」の日である。中は板敷きになって奥の位置に神棚が作られている。祠の前面には注連縄（しめなわ）が掛かっている。

祠に接するように置かれた石碑の南面には三行に分けて「天下□□」「奉納経供養塚」「国家安□」、東面「文久二年」（一八六二）、西面「二月廿一日」「行年七十九」「当村□□」。当村の□□さんが、実際に経典を神社に納めて、それを供養するためにこの石碑を建てたのであろうか。あるいは経典ではなく、代わりに米とかお金を納めたのであろうか。

その下には土に埋もれたような石碑もあって、南面に「奉献」。東面「明治二一年旧正月」。西面「大字浮田」「願主　比江島□□」。

さらに「生目神社大麻（おおぬさ）」と書いた札が置かれている小さな祭壇。大麻は「おおぬさ」あるいは「たいま」とも読むが、麻薬のことではない。「たいま」といえば、「伊勢神宮および諸社から授与するお札」（広辞苑）のことである。一個のコンクリートブロックの上に小さな石仏が置かれ、三方を木の板で囲み、波形スレートの屋根がかぶせている。簡素である。そんなものが湧水地の周りに置かれていると、そこが小さな聖地のように思えてくる。

最近は湧水口から湧き出る水の量が減っているので、ポンプで汲み上げて「御神水」を採取しているという。購入した「御神水」には「御神水の使い方」という説明文があって、「直接手に取り目を洗うか、又は脱脂綿等に含ませて目の周りやまぶたにつけてください。しみる場合は使用しないでください」、「なるべく冷蔵庫で保管し、二～三カ月で使い切ってください」、「飲用ではありませんが、もし飲む場合は一度沸騰させてから飲んでください」などが書かれている。

もう何十年も前に生目神社は水質検査を行った。その結果、高いホウ酸濃度が検出されたという。ただ、現在の医学ではホウ酸への評価は以前ほど高くないらしい。とは言っても、目薬にはまだ今もなお使われている。

湧水口まで降りてきた階段をさらに降りていくと、あまり幅広くはない東西方向に延びた道路に出る。これはのちに生目神社参道で出てくる「新道」の一部である。

9. 生目神社の社殿

① 本殿

生目神社　本殿

本殿とは、神社で神霊を安置する社殿で、神社で最も重要なところである。生目神社の本殿は、文政一〇年（一八二七）の造営で、もうすぐ二百周年を迎える。

生目神社の場合、先述のように、主祭神が品陀和気尊（ほむだわけのみこと）（応神天皇（おうじん））と藤原（平）景清の二柱で、これに御相殿の三柱が祀られ、本殿にはこの五柱が祀られている。

拝殿からこの本殿へ行けるような構造にはなっているが、本殿の心臓部には普通の人間は入れない。つまりは、外から見るしかないのである。

本殿は、柱間（円柱）が正面三間、側面二間で、四周を浜縁の回廊が取り囲み、その下部にも同じ構造（正面三間、側面二間。浜縁）がある。本殿の屋根の作りは、入母屋造りで平入の形式。屋根は銅板葺き、両端には「千木（ちぎ）」があり、丸い「堅魚木（かつおぎ）」が屋根線に五本置かれている。

本殿に上がる階段は九段の段木で構成され、その五段目の両端に龍と瑞雲とを絡ませた雲龍巻柱が配置されている。一段目には中央に鏡が置かれ、この鏡は拝殿でお参りする際の人々を写している。

② 幣殿

生目神社の幣殿（左）から本殿へ

『広辞苑』では「幣帛（へいはく）を奉奠（ほうてん）する社殿」であり、「拝殿と本殿との間にある」と説明。また「幣帛」とは「神に奉献する物の総称」で、「みてぐら、にきて、ぬさ」の語句を挙げる。「みてぐら」を「神に奉る物の総称」、「にきて」を「神に供える麻の布の称」、「ぬさ」を「麻・木綿・帛または紙などでつくって神に祈る時に供え、また祓えにささげ持つもの」とする。

拝殿と本殿との中間的な位置にあって、拝殿にいる人々が本殿の祭神に祈りを捧げるとき、幣殿は幣や鏡をそなえ祈りを深めていく役割を果たしているのではないか。生目神社の場合、一番前に白い幣（ぬさ）、その奥に金幣（きんぺい）（てっぺんに四角い金の飾り物がある）があり、さらに奥に鏡がある。そして九つの階段があり、その五段目に雲龍巻柱がある。どこまでが幣殿で、どこからが本殿か、定めがたい。

③ 拝殿

神社にお参りするとき、まず拝殿の前に立つ。拝殿は、参詣者が礼拝を行うための神社の前殿で、拝殿の後ろに、幣殿と本殿がある。

生目神社　拝殿の唐破風

　拝殿の賽銭箱の手前には大きな鈴があり、鈴から一本の紐が下がっている。紐を揺すって鈴を鳴らし、それからお賽銭を入れる。そして二礼・二拍手・一礼をして、お願い事をする。この鈴を「本坪鈴（ほんつぼすず）」といい、紐を「鈴緒（すずお）」という。

　拝殿の屋根の造りを「流造（ながれづくり）」というが、木造なので「流造木造」。拝殿は昭和九年（一九三四）に造営されたが、木は台湾の桧（ひのき）材が使われている。戦艦で運ばれたというが、当時、台湾は日本の植民地であり、日本と同じ営林署が設けられたので、そういうことも可能だったのである。

　正面入り口側の屋根が長く延びていて、側面から見ると前と後ろで屋根の長さが違う。建物の本体部分を「身舎（もや）」といい、長く延びた部分を「向拝（ごはい）」という。以上は流造の一般的な説明であるが、生目神社の場合、かなり複雑になっている。

向拝に当たる部分に「唐破風」が乗せられているのである。拝殿正面の中央で盛り上がった屋根を「唐破風」という。「唐」の字が当てられているので中国風と思われやすいが、実は純国産の様式である。その盛り上がった破風の中央の下に木の装飾物があり、これを懸魚という。生目神社の懸魚が何を表現しているのかは判然としない。この懸魚のすぐ上に生目神社の社紋が銅板に描かれている。

唐破風のてっぺんに置いてあるのが「鬼板」で、鬼瓦の代わりに用いる。生目神社の場合、鬼板は銅板で包まれている。

「身舎」の柱は円柱（丸柱）であるが、「向拝」は方柱（角柱）である。

「向拝」を支える四本の方柱を、正面を中心にすると左右に二本ずつである。方柱の大きさは一辺が三〇センチメートル。方柱は真四角ではなく、四隅が四センチメートルの幅で面が取られている（削られている）。それが礎石の上に載せられている。

この四本の方柱の上部を横に貫く「虹梁」と呼ばれる木がある。四本の方柱のうち両端の柱二本には「虹梁」の延長のように見える「木鼻」という装飾を施した短い飛び出しがある。

「身舎」の円柱は横並びに六本。その手前に「向拝」の方柱（正方形の柱）四本が横並びに。円柱は、正面を中心にすると、左右に三本ずつ。円柱の直径は三〇センチメートル強。正面の幅は、左右三本の円柱がつくる幅より少し広い。

したがって、合計六本の円柱の三番目と四番目の真正面に、方柱四本の両端がある。この前後二本の柱に「海老虹梁」が掛かり、方柱の外に「木鼻」が掛かっている。

拝殿の中を見ると、賽銭箱の位置も含め真四角の石材を敷き詰めた空間があり、その中央両脇から階段があって登ると板の間になる。板の間の右手に太鼓が一つ。

拝殿と本殿の間には階段があって拝殿から本殿に行ける。手前の階段には大幣（おおぬさ）があり、奥の階段には丸い鏡があって、参詣者を映し出す。鏡は祭神の依り代である。奥の階段には左右一対の雲龍柱（うんりゅうばしら）の下の部分が見える。

④ 末社

末社とは「本社に付属する小さい神社」（広辞苑）であり、摂社よりも小さな扱いになる。その末社が生目神社には三つある。

i　本殿の北、クスノキのそばにに「若宮神社」がある。

ここの祭神は応神天皇の子である仁徳天皇である。古事記によれば、一三〇歳で死亡した応神天皇は一〇人の妃を持ち、その二番目の妃から生まれた三人の子のうち二番目の大雀命（おおさざきのみこと）が後継者となり仁徳天皇となった。

仁徳天皇は、高い山に登り四方を見て言った。「国内に烟（けむり）が立っていない。国中がみな貧しく困窮している。したがって今から三年間、人民の課役をことごとく免除する」。古事記が伝える仁徳天皇像である。

ii　本殿の南にはオガタマノキのそばに「八坂神社」がある。

祭神はスサノオノミコト。古事記によれば、イザナギノミコトが「筑紫の日向の橘の小門の阿波岐原」で行った禊祓（みそぎはらい）で最後に生まれた三貴子（天照大御神・月読命・建速須佐乃男命）のうちの一人である。京都にある八坂神社もスサノオノミコトを祀っている。別に祇園さんとも呼ばれ、全国にもたくさんの八坂神社がある。

iii　せきの神

「咳の神」とすれば分かりやすいようにも思える。この願いをする人は「竹筒を持ってきて息を吹き込んで締めておく」。すると、それが風邪や喘息が治るようにとの願掛けになるという。

10．生目神社の文化財

①　お面

平成三〇年（二〇一八）一〇月三一日、生目神社の二つの木造神王面が国指定重要文化財に選ばれた。指定に当たっての評価にはこう書いてある。

「木造神王面は南九州で最も古い宝治二年（一二四八）の銘をもち、大型の迫力に富んだ造形であることが注目されています。また、制作事情に八幡神との関わりが想定されることから、中世の地域信仰のあり方を示すものとして、我が国の絵画・彫刻

木造神王面（宝治2年銘）

木造神王面（天文５年銘）

史上特に意義のある資料であるとの評価も得ています。なお、附けたりとして天文五年銘の神王面も指定されています」。

さらに、「『八幡神の遺宝』中の「南九州の八幡信仰」では、「宝治二年銘神面」として、木造の面であること、大きさは縦五〇・三センチメートル、横三〇・二センチメートルであること、宝治二年（一二四八）五月に彫られたものであること」、などの宮崎・生目神社のデータを挙げ、次いで一六八ページでこう述べる。

> 生目神社は、旧称を生目八幡宮と言い、日向の生目様と呼ばれ、眼病の神として名高い。生目神社が鎮座する宇佐八幡宮領浮田荘の鎮守として、同荘が開発された天喜五（一〇五七）年頃、宇佐八幡から勧請されたのではないかと推測されている。
>
> この面は縦が五〇センチメートルを越える大型の神面で、細面の特徴的な風貌である。大きく見開いた眼、太い眉、高い鼻、唇の両脇からはみ出す牙などが印象的である。頭髪、眉、眼、鼻、鼻髭、顎髭は墨書きで表現している。目尻から上下の方向に皺が描かれ、顎も二つに割れている。内面は、鑿痕を残し、両端には貫通した穴が認められる。どこかに掛けるために使用された穴と思われる。実際に人間がかぶって使用するには巨大過ぎるので、当神社にも弥五郎どんのような大人人形を牽引する行事がかつてあったのかも知れない。

内面の右端に「土持右衛門尉田部通綱」、左端に「宝治二年五月□日」の墨書が残る。土持氏は古代から中世にかけて日向国内で勢力があった在地領主で、通綱は「田部姓土持氏系図」（「土持文書」三〇号、『宮崎県史　史料編　中世1』）にもその名が見える人物である。

また「天文五年銘神面」には、木造、縦六二・一センチメートル、横四四・一センチメートル、天文五年（一五三六）十月、宮崎・生目神社として、一六九ページで同様の説明をしている。

宝治二（一二四八）年の神面より更に縦横とも一〇センチメートルずつ大きな面である。額・眉間・目尻・頬に深い皺を表現し、口元は半開きで、噛み合わされた上下の歯と上下の牙が各二本ずつ見える。鼻と上唇の間にある人中のラインを強調し、大きな目をかっと見開き、見る者を威圧する迫力ある面である。

内面は鑿（のみ）による調整痕が残り、鼻から口元にかけて墨書がある。宝治二年の神面と同様に、人間がかぶって使用するには巨大過ぎるので、弥五郎どん祭のように、大人（おおひと）人形にこの面を付けて、それを牽引する行事がかつてあったのかもしれない。

墨書は、「生目八幡宮／奉寄進大台面／石塚図書助／藤原朝臣祐政／子孫繁盛納品也／以如件／天文五年丙申十月（花押）敬白」とあり、石塚祐政が子孫繁盛を願って、この面を寄進したことが分かる。石塚氏は伊東氏の一流で、浮田荘石塚（現・宮崎市浮田）に住したことから、その地名を名字とした。どちらの面も、祭に用いられていたのであろう。

② 神楽

生目神社の神楽は平成二四年（二〇一二）二月二七日に宮崎市指定無形民俗文化財に指定され、さらに令和四年（二〇二二）には宮崎県指定無形民俗文化財にも指定された。

三月一五日に近い土曜日に、日中から夜まで「半夜神楽（はんよかぐら）」が奉納される。三三番で構成されているが、直面（面を付けずに舞う）もあれば着面もある。以下に、神楽の番付と番付名を表にして示す。○は直面、●は着面。

生目神楽の特徴は、テンポがはやくて、荒々しく、五穀豊穣・家内安全を願って舞われる。

以下の表に示した「番付名」は、『宮崎の神楽』（山口保明著）に拠ったものであり、『宮崎の神楽と特殊神事』（宮崎県神社庁）とは、番付名を異にするものがある。両者で番付名が一致するのは左の表の13番「神武」まで。

番付	面	番付名	舞人数
1	○	神酒舞	一人舞
2	●	鬼神	一人舞（こども）
3	○	一人剣	一人舞
4	●	三笠	一人舞
5	○	二人剣	二人舞
6	●	金山	一人舞
7	●	氏舞	一人舞
8	○	三人剣（とこしこ）	三人舞
9	●	方社	一人舞
10	●	里人	一人舞
11	●	稲荷山	一人舞
12	●	陰陽	一人舞
13	●	神武	一人舞
14	●	太鼓舞	一人舞
15	○	二刀	一人舞
16	●	三笠荒神	一人舞
17	○	将軍	二人舞
18	○	薙刀舞	一人舞
19	●	太玉	一人舞
20	○	岩通し	三人舞
21	○	杉登	二人舞
22	●	地割	一人舞
23	○	四人神示	四人舞
24	○	花舞	二人舞
25	●	七鬼神	七人舞
26	●	芝荒神	一人舞
27	○	杵舞	三人舞
28	○	蛇切り	四人舞
29	○	田植舞	二人舞
30	○	繰下ろし	二人舞
31	●	鬮開	一人舞
32	●	田ノ神	二人舞
33	○	神送り	一人舞＝神官

『宮崎の神楽と特殊神事』にもとづく「神楽」の奉納の様子は次のとおりで、はっきりしないことが多い。

番付	番付名	奉納の有無	番付	番付名	奉納の有無
1	神酒舞	奉納あり	18	太玉命舞	奉納あり
2	鬼人舞	奉納あり	19	岩通し	奉納あり
3	一人剣	奉納あり	20	四人剣	奉納あり
4	三笠	奉納あり	21	柴荒神舞	奉納あり
5	二人剣	奉納あり	22	杵舞	奉納あり
6	金山	奉納あり	23	田の神	奉納あり
7	氏舞	奉納あり	24	神送り	奉納あり
8	三人剣	奉納あり	25	太鼓舞	奉納なし
9	方社舞	奉納あり	26	杉登	奉納なし
10	里人	奉納あり	27	地割	奉納なし
11	稲荷山	奉納あり	28	花舞	奉納なし
12	陰陽	奉納あり	29	七鬼神	奉納なし
13	神武	奉納あり	30	蛇切り	奉納なし
14	二刀舞	奉納あり	31	田植え舞	奉納なし
15	三笠荒神	奉納あり	32	繰下し	奉納なし
16	将軍	奉納あり	33	ビャク開	奉納なし
17	薙刀舞	奉納あり			

生目神社には「生目神社神楽保存会」という組織がある。会長役は太田原政行さんが務め、宮司・禰宜も含め約二〇名ほどで活動している。保存会には現在三人の高校生もいる。

普段の活動は第二金曜日が練習日であり、三月の本神楽が近づくと練習が多くなる。しかし、これは数年前のことなので、今は違っているかもしれない。

③　祭日

生目神社の祭日は毎年恒例で行われる。祭日の名称、その行われる日を挙げると、次のようになる。

「生目神社御由緒」に書かれている祭日は、次のとおりである。

縁日祭　　旧正月一五日　一六日　一七日に近い土曜日、日曜日、月曜日に催される。年で一番賑わい、参拝者はひきも切らず日に万を超える。
祈年祭　　二月一七日
里神楽祭　三月一五日に近い前後の土曜日。日中より夜まで、里神楽が奉納される。
例祭、新嘗祭　氏子献納の果実蔬菜の品評会、せり市が催される。
月次祭（つきなみ）　毎月一日・一五日

生目神社は宗教法人として営まれている。以下は『広辞苑』に書かれている宗教法人の解説。

「宗教法人により法人として登記したもの。三人以上の責任役員を置き、その中の一人が代表役員として法人を代表」。

この規定が、生目神社の運営の根底にある。生目地区に五班があり、五班それぞれから、総代長一人、総代四名、計五名の役員が選ばれる。その役員が、神社の年間計画を定める。例えば、祭日について、その過年度の事業報告、次年度の事業計画を記し、これを承認して、印鑑を押す。

以下の四つの祭に関する説明も『広辞苑』からの引用である。

祈年祭は、別に「としごいのまつり」ともいい、「毎年陰暦二月四日、神祇官および諸国の役所で五穀の豊穣、天皇の安泰、国家の安寧を祈請した祭事」である。

例祭は、「例年または隔年などの決まった日に行う祭。神社の大祭中、最も重要な祭礼」である。

新嘗祭（にいなめさい）。「天皇が新穀を天神地祇にすすめ、これを食する祭儀。古くは陰暦一一月の中の卯の日に行われ、祭日の一つとされたが、現制ではこの日を「勤労感謝の日」として国民の祝日に加えた。天皇の即位後に初めて行うものを大嘗祭という」。

月次祭。「つきなみのまつり」とも。（本来毎月行われるべきものを略したからという）古代から毎年陰暦六月・一二月の一一日に神祇官（じんぎかん）で行われた祭事。伊勢神宮を初め三〇四座の祭神に幣帛（へいはく）を奉り、天皇および国家の安泰を祈請した。もと、当日の夜は天皇が神饌（しんせん）を供え、神と共食した。明治初年復興。伊勢神宮の内宮（ないくう）・外宮（げくう）でも同月に行われている。

最後に縁日祭（縁日大祭）について。

今年（二〇二四年）は、縁日祭（縁日大祭）を見ることにした。

筆者宅から神社までは五分もしない距離にあるのだが、渋滞を心配して妻に送ってもらった。それは正解だった。

行くと、朝だというのにすでにたくさんの出店が軒を並べ、道行く参拝客に声を掛けていた。どの店もこぢんまりとした造りだが華やかさがあって、祭りの雰囲気を醸し出していた。それは宮崎の人ばかりではないようだった。福岡から見えて商売をしている人もいるし、来たのは鹿児島からだが本社は土佐（高知県）という人もいた。お店の列は第二駐車場から第一駐車場、さらには一番上の馬場にまで及んでいた。全部で六〇軒から七〇軒は来ているのではないか、というのが、知り合いの神社の役員さんの話だった。

参拝客の列は、その馬場に並ぶ人々の数の多さにも現れていて、普段の様子ではない。

ここには、正月もそうであるように別の世界が出現している。そうすると、見慣れた神社の風景までが別の世界を作っていた。小雨まじりだったせいもあるが、見慣れたイチョウ、スギ、イチイガシなどの

縁日祭で賑わう出店

縁日祭での儀式

縁日祭での神楽

木々も暗い彩りで風景の中に沈み込んでいた。

社殿の中では、神事の祈りが行われ、正装に身を包んだ人々を取り囲むように、「生目神社」という文字とその社紋「左二つ巴」を描いた白装束に身を固めた人々や、御神水を販売する女性たちがたたずんでいた。

そのあと、午後には一時間ほどの「神楽」があった。一時間と時間が限られているため、その舞台に立つ演者は、大人から小学生まで多彩であった。また、演目や演じ方にも微妙な違いがあった。同じ踊りでも手や足の振る舞いが微妙に異なっていて、そこに踊り手の性格が表れていた。なかなか深い味わいがあるものだと、思わずうなってしまった。

夜も縁日祭の行事はあったのだが、年齢を考えて、遠慮した。

神楽の演目も一日あたり三曲と限られていて、舞われた神楽の演目は、「鬼人舞」、「一人剣」、「柴荒神」、「将軍」、「三笠荒神」などであった。これらの演目は、この項の冒頭にも挙げている。

第Ⅱ章

宇佐八幡宮（宇佐神宮）

一・八幡神の起こり

1.『八幡愚童訓　乙』を読む

宮崎市大字生目には、生目神社、柏原神社、長嶺神社、細江神社、富吉神社があり、同市大塚町にも大塚八幡神社があるが、これらは全て大分県宇佐市の宇佐神宮に祀られている八幡神が勧請されて成立した神社である。宮崎県内には他にも多くの八幡神社があるが、それらも宇佐神宮の八幡神を勧請したものである。

全国では約四万余に及ぶ八幡神社があり、その総本宮が宇佐八幡宮（宇佐神宮）であり、三重県の伊勢神宮に次ぐ第二の宗廟とされている。この宇佐八幡宮が第二の宗廟であるという認識は、すでに平安中期以降に広まっていたという。

それでは「八幡神」とはいったい何なのであろうか。

『寺社縁起』（岩波書店・日本思想大系）所収の『八幡愚童訓　乙』（二一一ページ）には、次のように八幡神の顕現が書かれている。『八幡愚童訓　乙』の成立は、正安三年（一三〇一）～嘉元二年（一三〇四）と推定されているから、鎌倉時代（一一九二～一三三三）の末期である。鎌倉時代の始まりには諸説があるが、ここでは源頼朝が征夷大将軍になった一一九二年をとった。文中のルビは原文のまま。ただし、大神の比義については注釈を付け、「オオミワのヒギとよむのであろう」としている。

蓮台寺の山の麓、菱潟(ひしがた)の池の辺に鍛冶する翁におわしけり、件の在所を御庵(ごあむ)と名付けて今にあり。其相貌はなはだ異形(いぎょう)なるによて、大神の比義、五穀をたち三年の間給仕して、第卅代欽明天皇十二年正月に御幣をたて、祈請して申さく、「年来籠居(こもりい)て仕奉(つかえたてまつる)事は、其形（頭が八つ）唯人にあらざるによて也。もし神ならば吾前にあらわれ給ふべし」とて、懇(こん)念をいたす時、翁忽(たちまち)に失(うせ)て、三歳計(ばかり)の小児と成て、竹の葉の上に立給(たまい)ての給(たまわ)く、「吾は日本の人王十六代の誉田の天皇也。護国霊験威力神通大自在王菩薩」と告給て、御すがたかくれて、後、百王鎮護第二の宗廟といはれ給ふ者也

きわめて神秘的な描写である。

冒頭の蓮台寺について『寺社縁起』所収の「六郷開山仁聞(にんもん)大菩薩本紀」（三一三ページ）の註釈で、「後冷泉天皇（筆者注・在位一〇四五～六八。平安中期の天皇）の勅願寺、太宰帥(だざいのそち)源資通(すけみち)の建立。弥勒寺とともに栄えた。今は廃寺」としている。

蓮台寺は、宇佐八幡宮の東方に建立された寺である。弥勒寺は宇佐八幡宮の境内に建立された神宮寺であった。

欽明天皇三二年は、西暦では五七一年である。『扶桑略記』（吉川弘文館等・昭和七年発行）欽明天皇三二年に次の記述がある。同書の三一ページ四行目からである。

「豊前国宇佐郡厩峯菱潟池之間。有鍛冶翁。甚奇異也。因之大神。比義絶穀。三年籠居。即捧御幣祈言。若汝神者。我前可顕。即現三歳小児（以下略す）」

この二行を要約する。

「豊前国宇佐郡の馬城峯と菱潟池の間に鍛冶をする老人がいた。その老人は非常に奇異な姿なので、大神比義は穀物を三年間絶ち、籠もっていた。最後に、御幣を捧げて祈って老人に申し上げた。もし、あなたが神であるのなら私の前に現れるべきです。すると三歳の小児が現れた。」

つまり、大神比義が欽明天皇三二年（五七一）に経験した出来事は、鎌倉時代末期に書かれた『八幡愚童訓　乙』に受け継がれ、八幡神の「護国霊験威力神通大自在王菩薩」としての誕生が説かれているのである。

大神比義は、この体験から八幡神を祀るようになった。

それからおよそ一四〇年後の七一二年に（七〇八年説あり）、初めての八幡神の社殿である鷹居社が造立され、八幡大神が祀られた。鷹居社の跡地は、現在は鷹居神社として宇佐神官の近くに現存する。

誉田の天皇とは、品陀和気命であり、つまりは応神天皇である。記紀（『古事記』と『日本書紀』）では、応神天皇は仲哀天皇を父、神功皇后を母とするが、神功皇后が仲哀天皇の死後に統治者となったことから、これを第一五代天皇と数え、応神天皇を「人王一六代」としているのである。現在の数え方では応神天皇は第一五代である。

さらに、『八幡愚童訓　乙』一一三ページによれば、八幡神の「八」は、仏教の八正道（修行の基本となる実践徳目、すなわち正見・正思惟・正語・正業・正命・正精進・正念・正定）から来ており、頭が八つという姿も八正道からきている。「幡」は八正道を八色によって標示する幡の意味であるという。

三歳の小児は「護国霊験威力神通大自在王菩薩」、つまり「菩薩」を名乗って顕現したのである。菩薩とは、仏教で「さとりを求めて修行する人」（広辞苑）という意味を持つ言葉である。そこから、「八幡大菩薩」という言葉も生まれた。すなわち、八幡も大菩薩も仏教に根拠を持つ言葉であるから、応神天皇は顕現の初めから神仏習合の姿としてこの世に現れてきているのである。

2．応神天皇陵古墳の一部を眺め、誉田八幡宮をお詣りする

大阪府羽曳野(はびきの)市にある古市(ふるいち)駅の北側に応神天皇陵古墳があり、その南側に誉田(こんだ)八幡宮がある。令和五年（二〇二三）一〇月二三日に初めてそこを訪れた。

大坂府堺市にある仁徳天皇陵のことは、日本最大の前方後円墳としてその存在を知っていたが、その東隣の羽曳野市に、仁徳天皇の親になる（記紀の記述）応神天皇の陵があることは全く知らなかったのである。両者はともに「百舌鳥(もず)・古市古墳群」として令和元年七月に世界遺産に登録された。

初めて降り立つ古市駅であったが、一週間の荷物を入れたバッグを預けることからつまずいた。そのたびに近くにいる人に尋ねては対処していったが、観光案内所がすぐ近くにあるのに気づき、そこでいろいろと質問することができた。旅の後、我が家に帰ってから思うことは、「後悔先にたたず」であるが、応神天皇陵古墳を一周する「貸し自転車屋」さんはなかったのかということである。ともかく、古墳は大きいのである。

墳丘の長さは四二五メートル、後円部の直径は二五〇メートル、前方部の幅が三〇〇メートルで、これを一周すると相当な距離になる。旅行者が徒歩で移動するのは疲れる。結局一周することはできず、陵古墳の南に位置する誉(こん)田(だ)八幡宮に行くことにした。「こんだ」の読みに間違いはない。その住所は大阪府羽曳野市誉田三丁目四―八である。

そこは静かなたたずまいに包まれていた。拝殿は南北に横長く配置され、本殿はその裏にある。一般の参拝者がお詣りできるのは拝殿である。

拝殿の前は広い境内になっていて、そこに鳥居が立っていた。それに付随するかのように「下衆」と書いた石碑があった。「衆」の崩し字が読めなかったので、神社の方に聞くと「衆」だという。「皆さん、これから先は、もし何かに載っているのであれば下りなさい」という意味だった。

神社への出入り口は二か所にある。南側には南大門があり、東側の門は東高野(こうや)街道に面している。

この東高野街道は、京都と高野山（和歌山県）を結ぶ古道で、石清水(いわしみず)八幡宮（京都府八幡(やわた)市）から始まり、大阪府内を、洞(ほら)ヶ峠（京都府八幡市と大阪府枚方(ひらかた)市の境にある峠。標高七〇メートル）、生駒山西麓と南下し、河内長野に至る街道をいう。河内長野からは西高野街道と合流し、高野街道と名を変える。

西高野街道は、あの大阪府堺市にある百舌鳥の大仙陵古墳（仁徳天皇陵古墳）から南下して東高野街道と合流するのである。古代の一大絵巻である。目指すは、一路、高野山。西高野街道は、旧境港（現堺市栄橋町一丁付近）が起点で、瀬戸内海地方など西国からの高野山詣でで賑わった。

「平安時代の終わり頃から高野聖の高野山参りが盛んになり、多くの人々が行き交うことになったのである」（枚方市資料）。

誉田八幡宮の祭神は、応神天皇（誉田別命）・仲哀天皇・神功皇后と住吉三神である。住吉三神とは、底(そこ)筒男命(つつのおのみこと)・仲筒男命(なかつつのおのみこと)・表筒男命(うわつつのおのみこと)のことで、「航海の神」、「和歌の神」とされる。

二、宇佐神宮の成り立ち

1. 現在の風景

原始蓮

広い面積を持つ宇佐神宮の境内にはさまざまな場所がある。

国道一〇号に沿って広い駐車場があり、そこから表参道に入ると、右手には土産物店、飲食店などいろんな店が軒を並べている。宇佐神宮の入り口には大きな鳥居が建っていて、鳥居の笠木は黒っぽい屋根風になっている。鳥居をくぐり抜けると寄藻（よりも）川が細く流れ、「神橋」という橋が架けられている。

神橋を渡ると南方向に一直線の表参道がつづく。右手には初沢（はつさわ）池（いけ）があり、その後ろに宝物館があって、これはなかなか瀟洒（しょうしゃ）な造りである。

初沢池には原始蓮（はす）が育っている。生駒山の西麓（大阪府）で絶滅の危機にあった原始蓮が保護育成され、昭和四五年（一九七〇）に大阪府の天然記念物に指定されたが、三年後に東大阪市の個人

菱形池

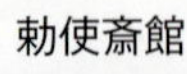

能舞台

手水舎

が宇佐神宮に寄贈したものらしい。

　宝物館の先には参集殿があり、宇佐神宮庁がある。神宮庁は宇佐神宮の事務所といったところである。神宮庁の後ろには厳かな雰囲気の勅使斉館がある。その名のとおり、勅使がここで接遇を受ける。

　神宮庁の向かいには手水舎（ちょうずや）が置かれている。重さ二四トンという巨大な御影石である。そこから、上宮→若宮神社→外宮→手水舎のように回りなさいという指示が書かれている。表参道が尽きると、左に上がる階段があり、大きな八幡鳥居をくぐり、西大門に着く。西大門の中に入ると、そこが上宮である。

　八幡神が顕現したという「菱形池」が上宮の北側の低地にある。池に浮かぶ菱の実のように凹凸の出入りがある池である。池の中には能楽殿（のうがく）があるから、ここで能が上演されることもあるのだろう。

頓　宮

菱形池の北東部に「頓宮」がある。宇佐神宮の祭りの一つに、三日間の夏越し大祭があり、その初日に八幡神のご神体は境内にある「頓宮」に神輿で移動し、最終日に本殿に戻る。頓宮は「かりみや」、「行宮」ということであるが、いわば夏の別荘ともいうべき神殿である。

また、宇佐神宮の西端部には、屋根と壁を設けた朱塗りの「呉橋」がある。寄藻川に架かる橋である。勅使が来たときに渡る橋で、呉橋が利用されるときには床にカーペットが敷かれる。また、この橋の西方には一直線の勅使街道が駅館川に向かって延びている。

伝承であるが、古事記・日本書紀に出てくる「足一騰宮」跡が呉橋そばの小高い丘にあり、現在は、豪華な石塔が建っている。

「足一騰宮」は、『古事記』には、次のように書かれている。いわゆる神武東征のくだりである。カムヤマトイワレビコ（神武天皇のこと）が「日向より発たして筑紫に幸行でましき。故、豊国の宇沙に到りましし時、その土人、名は宇沙都比古、宇沙都比賣の二人、足一騰宮を作りて、大御饗献りき。」

「足一騰宮」跡のすぐそばに、宇佐八幡宮の神宮寺であった弥勒寺の跡地がある。弥勒寺が廃止されたのは、慶応年間（一八六五〜）から明治初期にかけて猛威を振るった廃仏毀釈の影響である。跡地には、建物の基礎として置かれたのであろう、大きな平板な石がそのままに残されている。

先の頓宮の東側には、御食川（下流で寄藻川に合流する）を挟んで大尾山があるが、ここには、後述する和気清麻呂を祀る護皇神社があり、「和気公之碑」と刻んだ大きな石碑が道脇に建っている。この石碑か

鷹居社

小山田社

らさらに上がると大尾（おお）神社がある。和気清麻呂が、神託を得るためにやってきたころ、八幡神は、宇佐神宮にではなく、この大尾神社に鎮座していたのである。その大尾神社に八幡神が鎮座していた期間は、天平神護二年（七六六）から延暦元年（七八二）の間で、一六年間であった。

2. 宇佐神宮の前史

先述の鷹居社は、宇佐市を流れる駅館川の右岸にあり、周辺は公園化されて「おおいた百年の森　鷹居の森」と呼んでいる。ここへは、国道一〇号沿いに鳥居があり、北に入る道がある。なお、鷹居社からさらに奥に入ったところに高い塔があり、そのてっぺんに鷹を描いているが、これは鷹居社とは関係なく、昭和天皇がまだ皇太子であったころ、宇佐を舞台に軍事演習があり、そのときに建てられたものである。

八幡神が次に移った社殿を小山田社という。この遷移は霊亀二年（七一六）である。現在の宇佐神宮の西南西約二キロメートルほどの山中で、宇佐市小向野（こむくの）という地区である。小山田社は、鷹居社と違って何の説明板も置かれていない質素な神社だが、現存する。

そして神亀二年（七二五）正月に、現在の社地・亀山（小椋山・小倉山）に移されて宇佐神宮が創建された。

この年に、近くの日足（ひあし）（宇地名）に弥勒禅院が建立され、南無会（なむえ）（宇地名）に薬師勝恩寺（創建年不詳）が建立されて、その両寺が天平一〇年（七三八）に宇佐神宮の境内に移され統合されて、弥勒寺となった。神仏習合の姿は宇佐神宮の創建以来、連綿と続いている。

3. 宇佐神宮の上宮と外宮

宇佐八幡宮の祭神は八幡大神（おおかみ）（応神天皇）であり、この神は一之御殿に祀られている。

その後、天平三年（七三一）（天平四年説あり）には、比売（ひめ）大神が二之御殿に祀られた。比売大神は、御許山の大元（おおもと）神社に祀られている三女神のことで、『古事記』に出てくるタキリビメ（別名オキツシマヒメ）、イチキシマヒメ（別名サヨリビメ）、タギツヒメである。

三女神は、天照大神と須佐之男命が交わした誓約（うけい）の際、アマテラスがスサノオの持っていた剣を折って、咬み、吹き出した息吹の狭霧（さぎり）から生まれたので、スサノオの子とされる。ただし、日本書紀では、三女神が生まれてくる順番が違い、祀られる場所が違い、三女神をアマテラスの子とする説も立てている。

比売大神が二之御殿に祀られてからおよそ百年後の弘仁一四年（八二三）、三之御殿に神功皇后が祀られる。先にも見たが、記紀では、神功皇后は応神天皇の母親とされる人物である。

また、先の三女神を祀っている神社が他にもある。

福岡県宗像市の宗像大社である。玄界灘の沖ノ島にある沖津宮、そこから宗像に近い大島の中津宮、宗像の田島の辺津宮（へつみや）で、三女神が祀られている。沖津宮にはタゴリヒメノミコトが祀られ、中津宮にはタギツヒメノミコトが、辺津宮にはイチキシマヒメノミコトが祀られた。これを「宗像三女神」という。

日本三景のうち「安芸の宮島」といわれる宮島の厳島神社（広島県廿日市市。国宝。世界遺産）でも、この「宗像三女神」が祀られている。イチキシマヒメノミコト、タゴリヒメノミコト、タギツヒメノミコトである。この三女神は、湾内の多くの建造物の中で最も大きい本社本殿に一緒に祀られている。有名な海中の大鳥居は海に向かっている。各神社の三女神の名前は微妙に異なっている。

平清盛は厳島神社を篤く信仰したが、源平の戦いに敗れた平家の落人が各地に逃れ、宮崎県椎葉村にも椎葉厳島神社がある。ただし、祭神はイチキシマヒメノミコトとスサノオノミコトである。

宇佐神宮には上宮（本宮）と外宮があり、上宮でも外宮でも、左から順に一之御殿、二之御殿、三之御殿になっている。参拝者は向かって左から順番に階段を上がって拝礼するが、そこは向拝、すなわち礼拝所である。ここでの礼拝の方法は、二礼、四拍手、一礼で、独特である。

二之御殿の前だけに南中楼門（勅使門）がある。勅使や皇族が通る門であり、ここには勅使や宮司が祝詞をあげ拝礼する申殿が置かれている。二之御殿が、一、三、に比べ立派に見えるのはこのためである。

一之御殿、二之御殿、三之御殿が横に並ぶ宇佐神宮の上宮の本殿は、昭和二七年（一九五二）に国宝に指定された。

切妻屋根の棟を横に造り合わせて（隣り合わせにして）、横から見れば屋根の線がM字型に見える造りを八幡造というが、造り合わせの軒先には金の雨樋があり、造り合わせの下は廊下である。これで一つの本殿であり、こういう本殿が東西に三つ並んで建てられている。この本殿は外側から見ることはできない。

平成二四年から二七年（二〇一二～一五）にかけて約四億二四〇〇万円をかけて本殿の保存修理が行われ、合計六つの総桧皮葺の屋根の張り替えが行われた。

外宮の創建は弘仁年間（八一〇～八二四）とされるが、本宮の三之御殿に神功皇后が祀られたのが弘仁一

宇佐八幡宮

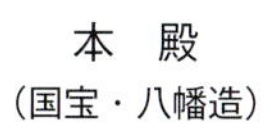

本　殿
（国宝・八幡造）

外　宮

四年（八二三）であるので、それ以降のことであろう。

また外宮は、古くは御炊殿（みかしきどの）と呼ばれ、神前に供える食事を炊く竈（かま）殿があり、農業・漁業を含む一般産業の発展を守る神として祀られた。上宮と同じように皇室始め、国民の崇敬も篤く、宇佐地方では「外宮参らにゃ片参り」と称された、という。

4．宇佐神宮の元宮（もとみや）

御許山　大元神社

大元神社の裏は立入禁止

①　御許山（おもとさん）の大元（おおもと）神社

御許山（標高六四七メートル）は、宇佐神宮の東南約六キロメートルにある山で、御許も大元も、宇佐神宮の大元、奥の院という意味を持つ。御許山の九合目に大元神社があり、山頂部は立入禁止になっている。山頂部に巨岩が三つあり、それぞれに三女神が降臨したとされている。宇佐神宮では月に一度大元神社に神職を派遣して、月次祭（つきなみさい）を行っている。

この御許山の山容を眺める場所が、

上宮の南側にある。そこの壁に山が見通せる空間が作られていて「大元神社遙拝所」の案内がある。御許山が見えるのである。

② 中津市の薦（こも）神社

薦神社の神門

福岡県に近い大分県中津市大貞にも「宇佐八幡宮の祖宮」とされる薦神社（大貞八幡宮ともいう）がある。正面に朱塗りの巨大な門があるが、元和八年（一六二二）細川忠興（妻は、明智光秀の娘ガラシャ）によって再建されたこの神門は、昭和六三年（一九八八）に国指定重要文化財となった。平成七年（一九九五）には神門の解体修理が行われた。神門の先に拝殿がある。この拝殿も同九年から修理が行われた。

薦神社の祭神は、神社内にある大きな三角池（みすみ）である。鳥居が三角池の中に造られている。池が内宮であり、社殿が外宮（げぐう）である。昭和五一年（一九七六）に三角池と薦神社が大分県の史跡に、同五五年には三角池の水生・湿地植物群落が同県の天然記念物に指定されている。三角池に自生する真薦から六年ごとに薦枕が作られ、新しい薦枕は宇佐神宮の上宮に納められる。

5. 薦枕と行幸会（ぎょうこうえ）・放生会（ほうじょうえ）

七二〇年に大隅（今の鹿児島県東部）と日向（今の宮崎県）の、隼人が反乱を起こしたとき、これを制圧す

百体神社

凶首塚

るために豊前（今の福岡県東部および大分県北部）の軍勢が八幡神を奉じて参戦することになった。八幡神のご神体は宮柱であったが、それを運ぶことは困難で、代わりに三角池の真薦（イネ科の多年草）で薦枕をつくり、これを神の依り代としたのである。

このことをきっかけに宇佐神宮で始まったのが放生会であり行幸会であった。宇佐神宮の行幸会のさい、古い薦枕の代わりに新しい薦枕をつくり、宇佐八幡宮の上宮に納める習わしがその頃からあった。

『八幡宇佐宮御託宣集』霊巻五に次の文がある。「此の薦を御枕と為して、百王守護の誓を発し、此の池を御座と為して、衆生罪業の垢を灌ぐ。八幡遊化の宝所にして、八功徳水の浄土なり」。「八功徳水」とは、八つの功徳を具えている水であり、極楽浄土にある八功徳水に満ちているという（広辞苑）。

行幸会は、しかし、昭和四六年（一九七一）を最後に、今は行われていない。

放生会は仲秋祭と名称を変え、現在も続き、和間の浜で寄藻川河口の浮殿にお参りしたあと、蜷貝の放流を行う。

三、宇佐八幡宮の古代史

1. 放生会

三角池

この項は、『八幡神御出現根本の地　大貞八幡宮薦神社』（薦神社発行）を参照している。

宇佐神宮では毎月のように祭りが行われている。ここでは、その始まりが最も早いと考えられる放生会について触れる。これに関しては先に薦神社の項で触れているが再述する。

七二〇年（養老四）、大隅・日向で起こった隼人の反乱を制圧するために、豊前の軍隊が八幡神を奉じて参戦することになった。しかし、八幡神のご神体は宮柱であったために、これを神輿で運ぶことは困難であった。

時の神官であった大神諸男は思い悩んだ末に三角池にたどり着いた。すると雲の中から声が聞こえてきた。「我れ昔、この薦を枕となし百王守護の誓いを起こしき」。これを聞いて諸男は三角池の真薦で作った枕（薦枕）を神の依り代とし、八幡神を奉じて戦場に赴いた。

三年かかって反乱は鎮圧され、ご神体も七二三年（養老七）に帰還した。隼人の一〇〇人の首が持ち帰られ、宇佐神宮の近くの「凶首塚」に葬った。塚の近くには「百太夫殿」（現在の百体神社）を造立し、隼人の霊を祀った。しかし、隼人殺戮のたたりなのか、豊前では多くの病災が続いた。この出来事は、八幡神がまだ小山田社に祀られていたころのことである。

八幡神が現在の宇佐八幡宮へ遷座した（七二五年）のち、天平一六年（七四四）にわが国初めての放生会が催された。放生会はもともと仏教の教えに始まっている。その「不殺生の思想に基づき、捕らえられた生類を山野や池沼に放ちやる儀式」（広辞苑）である。日本で初めての放生会を行ったのが、寺ではなく、神社である宇佐八幡宮であった。

浮殿

和間神社

宇佐八幡宮の西から北にかけて流れている寄藻川の河口（周防灘に注ぐ）左岸の和間の浜で日本で初めての放生会が行われた。ご神体が和間の浜に赴き、海上で、隼人の霊を慰めるべく蜷や貝を海に放つのである。この儀式には勅使も派遣された。

現在、寄藻川左岸の河口近くに和

間神社があり、川の上に突き出して「浮殿（うきでん）」が造られている。二〇〇年くらい前には、この辺りまでが海だったという。

放生会も現在は仲秋祭と名を変え、その初日にご神体が浮殿に神幸（しんこう）し、最終日に神社に戻る。仲秋祭は例年一〇月の第二月曜日を含む土・日・月の三日間開催されている。

以下は、元和のころ（一六一五～二四、江戸時代初期）、放生会再興の際の記録のようであるが、放生会の展開の一部を紹介する。

放生会は、八月一日から始まり、八月一五日に終わる。この間毎晩、細男舞（くわしおのまい）を舞う。傀儡子（くぐつ）（操り人形）の舞である。中津市の古要神社では、今も、三年に一度、傀儡子の舞と傀儡子の相撲が奉納されている。その人形は細川忠興が作らせたものであるという。この神社の傀儡子六〇体（お舞人形と相撲人形など）が昭和三一年（一九五六）に国指定重要有形民俗文化財になった。

最終日一五日に十番相撲が行われ、日向国と豊後国の戦いが済むと、最後に八幡神は上宮にもどる。

2. 奈良東大寺への行幸

和銅三年（七一〇）、朝廷は中国の長安の都を模した平城京をつくり、ここに遷都した。同五年には太安万侶が『古事記』を撰上し、翌六年には朝廷は諸国に『風土記』の編纂を命じ、養老四年（七二〇）には舎人親王が『日本書紀』を撰上した。文化的機運が高まっていたのである。

神亀二年（七二五）に亀山の一之御殿に八幡神が祀られたあと、天平四年（七三二）には二之御殿に比咩大神が祀られた。同一三年、聖武天皇は国分寺・国分尼寺建立の詔（みことのり）を発し、同一五年には近江（おうみ）（滋賀県）の紫（し）

香楽宮において盧舎那仏金銅像（大仏）造立の詔を発し、現地で工事が始まった。大仏建立の予定地は、その後二度変わったあと、現在地（奈良市）に落ち着いた。天平勝宝元年（七四九）に大仏鋳造は完了した。

このとき、八幡大神と比咩神は（神功皇后はまだ祀られていなかった）、神輿に乗せられて、現在の大分県宇佐から奈良に向かった。このときの新殿を梨原宮といい、八幡大神と比咩神はここに祀られ、これを東大寺鎮守八幡宮と称した。

しかしながら、梨原宮がどこなのかは現在確定されていない。鎌倉時代の建長二年（一二五〇）に、東大寺鎮守八幡宮は現在地に移り、手向山八幡宮（東大寺のすぐ東に位置）と呼ばれるようになった。その建立のいきさつから「東大寺の鎮守」と称されるが、神仏習合の姿でもある。宇佐八幡宮からの分社第一号である。その後、天平勝宝四年（七五二）に東大寺大仏開眼供養が行われたが、八幡神も比咩神もこれに臨んだ。このころの二柱の神は、宇佐を空けることが多かったのである。

3．宇佐八幡宮神託事件

奈良東大寺の大仏開眼供養が行われたとき、女帝である孝謙天皇（在位七四九～五八）もこれに参加した。孝謙天皇は天平宝字二年（七五八）に譲位し、淳仁天皇（在位七五八～六四）が即位した。淳仁天皇を推したのは藤原仲麻呂であった。

仲麻呂は恵美押勝と改名し、太政大臣に昇進するが、孝謙上皇が僧・道鏡を重用するに及び、天平宝字八年（七六四）に挙兵して道鏡を除こうとした。しかし押勝は近江で憤死、道鏡は大臣禅師となった。

淳仁天皇は廃され、淡路に配流されて、翌年の天平神護元年（七六五）に死亡した。この配流とともに、

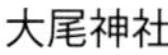
大尾神社

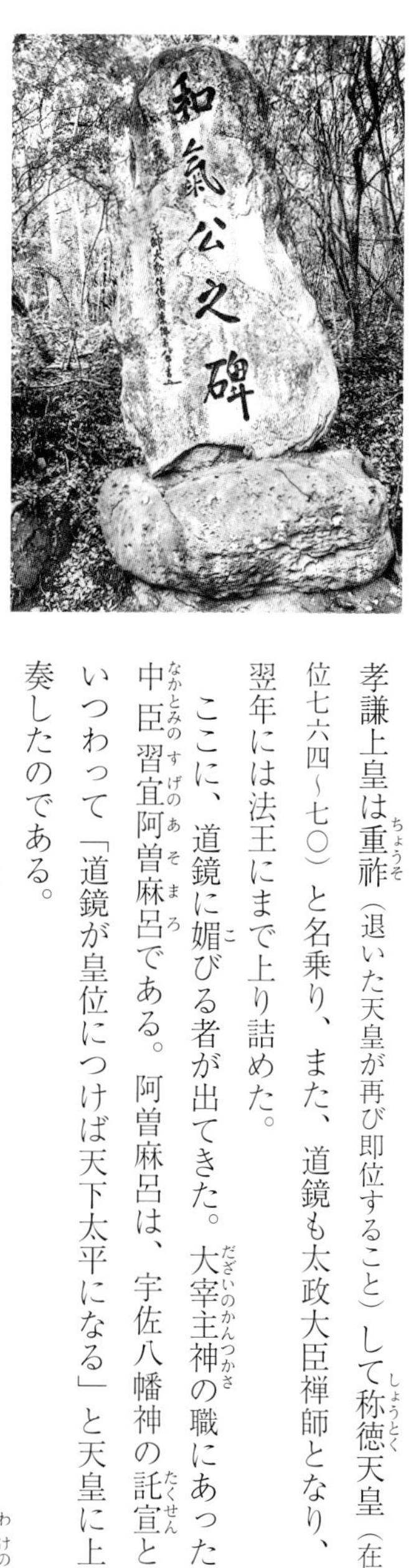

和氣清麻呂公の石碑

孝謙上皇は重祚（退いた天皇が再び即位すること）して称徳天皇（在位七六四〜七〇）と名乗り、また、道鏡も太政大臣禅師となり、翌年には法王にまで上り詰めた。

ここに、道鏡に媚びる者が出てきた。大宰主神の職にあった中臣習宜阿曽麻呂である。阿曽麻呂は、宇佐八幡神の託宣といつわって「道鏡が皇位につけば天下太平になる」と天皇に上奏したのである。

そのことを確認するために宇佐八幡宮に派遣されたのが和気清麻呂であった。そこで八幡神から告げられたのは「わが国は開闢よりこのかた、君臣の分は定まり、臣をもって君とすることはありえない。天つ日嗣にはかならず皇儲をたてよ。無道の人はすみやかに除け」であった。

清麻呂が奈良の都に帰って、このように復命すると、道鏡は激怒し、清麻呂の官職を解き、大隅（今の鹿児島県東部）に配流した。神護景雲三年（七六九）のことであった。しかし称徳天皇は道鏡を皇位に就けることを断念した。翌年、称徳天皇が没すると、光仁天皇が即位し（在位七七〇〜八一）、道鏡は下野（栃木県）に、阿曽麻呂は種子島に流され、一方、清麻呂は都に呼び戻され、宝亀二年（七七一）豊前守に任ぜられた。

和気清麻呂は和気朝臣（あそん）を称するようになり、光仁天皇、桓武（かんむ）天皇に仕（つか）え、平安京の建設に尽力した。

宇佐神宮の東側にある大尾（おお）山に「和気公之碑」や「護皇（ごおう）神社」があり、「大尾神社」がある。

ちなみに、天武天皇（在位六七三～八六）は「八色（やくさ）の姓（かばね）」を設け、朝臣はその二番目に位置づけられた姓である。また光仁天皇の皇后は、百済王族の血を引く高野新笠（たかののにいがさ）であり、桓武天皇の母である。さらに、宇佐八幡宮への勅使は、代々、和気の一族が遣わされるのが恒例となり、「宇佐の和気使（わけづかい）」と呼ばれた。

4. 全国に広がる八幡神社

以上のような経過を経て、あるいは以下のように、日本の各地に宇佐八幡宮を勧請した新しい神社が誕生していって、宇佐八幡宮は国家鎮護の役割をますます強めていく。

① 石清水（いわしみず）八幡宮

「石」と書いて「いわ」と読む。ここも初めての訪問で、令和五年（二〇二三）一〇月二七日のことである。

その石清水八幡宮は、京都府八幡（やわた）市高坊の男山（おとこやま）（標高一四三メートル）の山頂にある。ここにもケーブルがあって、山頂に参拝客を運ぶが、その勾配は緩やかであり、かつ短い。高野山のケーブルと比べると楽なものである。

貞観（じょうがん）元年（八五九）、奈良・大安寺の僧侶・行教（ぎょうきょう）が宇佐八幡宮を分霊して、男山の山頂に石清水八幡宮を建立した。

宇佐神宮では、神亀二年（七二五）に一之御殿に八幡大神（誉田別尊（ほんだわけのみこと））が祀られ、天平三年（七三一）に二之御殿に比咩（ひめ）大神が祀られ、それから約百年後の弘仁一四年（八二三）に三之御殿に大帯姫尊（おおたらしひめみこと）（神功皇后）

が祀られた。ただ、比咩大神が祀られた時期については異論もある。石清水八幡宮が貞観元年（八五九）に創建されたときに、石清水八幡宮は最初から三神がそろっていた。

当然に、石清水八幡宮の祭神は、宇佐神宮と同じである。また、創建されてから初めての放生会が貞観五年（八六三）には挙行されている。

平安の都に建立されたこの寺には、朝廷の崇敬が厚く、天皇の行幸（ぎょうこう）や上皇の御幸（みゆき）が何度も行われた。天元元年（九七八）の円融天皇の行幸以来、七〇回以上の行幸があり、上皇の御幸も永延元年（九八七）以来、一七〇回以上に及んでいる。参道や本殿の周囲には数多くの「永代常夜灯」が建ち並び、その一つ一つが豪勢である。境内の一番奥に位置する「御本社」は寛永一一年（一六三四）に造営された。第三代将軍徳川家光の時代である。

石清水八幡宮

平成二七年（二〇一五）一〇月一七日の新聞報道（毎日新聞）によると、この「御本社」が新しい国宝に指定されるという（翌年、国宝に指定された）。

また、境内の一角にはエジソン記念碑がある。エジソンが発明した白熱電球のフィラメントに使用したのが、この地の竹であった由来によるものらしい。

石清水八幡宮にお詣りしたのは一〇月末だったが、境内には「祝　七五三詣」の文字があちこちで見受けられ、実際に、七五三詣で来たらしい家族ともめぐりあった。

また『宮崎県史 通史編 古代2』五三四ページには、「大淀川下流域南部から児湯郡の一ツ瀬川流域を中心に、八条女院領がひろがるが、ここでは、石清水の八幡神が勧請されている」として、宮崎県（日向国）への影響も述べている。

② 筥崎宮（はこざきぐう）

福岡市東区箱崎一丁目二二−一にあり、宇佐、岩清水とともに日本三大八幡宮として知られ、また鎌倉時代以降は武神として武家の信仰も集めた。楼門には醍醐天皇（在位八九七〜九三〇）の「敵國降伏」の宸翰（しんかん）（天皇の直筆）があり、「伏敵門」として有名である。この楼門は、安土桃山時代の武将、小早川隆景によって文禄三年（一五九四）に造営された。本殿と拝殿は、室町末期の武将、大内義隆が天文一五年（一五四六）に再建したものである。

八幡神（応神天皇）を主祭神とし、神功皇后（応神天皇の母）、玉依姫（神武天皇の母）は御相殿である。筥崎宮の「一の鳥居」は、黒田藩主黒田長政によって慶長一四年（一六〇九）に建立された。

鶴岡八幡宮

③ 鶴岡八幡宮（つるがおかはちまんぐう）

鎌倉の鶴岡八幡宮を創建したのは源頼義（よりよし）であった。頼義は、前九年の役（一〇六二年）で奥州を鎮定した際に、ひそかに石清水八幡宮の分霊を勧請し、康平六年（一〇六三）に、由比郷鶴岡に祀った。

頼義没後の永保元年（一〇八一）には頼義の長男、義家（八幡太郎義家）が修復を加えた。これを治承四年（一一八〇）に現在地（小林郷北山）に移転したのが源頼朝である。

頼朝は平氏を滅亡させ、建久三年（一一九二）に征夷大将軍となった。頼朝は、治承五年（一一八一）以降、元日に鶴岡八幡宮に参詣することを恒例としていた（『吾妻鑑四』一四〇ページ）。

鶴岡八幡宮の現住所は鎌倉市雪ノ下二－一－三一である。祭神は応神天皇・比売大神・神功皇后の三柱。創祀の始めから、鶴岡八幡宮は源氏一族の精神的支柱であったし、東国の守護神として、武家政権の崇敬を受けてきた。

函館八幡宮

④ 函館八幡宮

二〇一五年八月下旬、次のような体験をした。北海道の札幌からレンタカーで南下し、途中、洞爺湖のカルデラを見、郵便局長が観察を続けたという昭和新山を見た。さらに南下し、ロープウエイに乗って函館山からの夜景を楽しみ、最終日に函館八幡宮や五稜郭を見て回ったのである。

北海道に八幡神社があることにまず驚いた。位置は函館市谷地頭町二－五という所で、前日に行った函館山の南東に位置する。

伝承ではあるが、文安二年（一四四五）に領主の河野政通が城の守護神としたという。室町時代のことである。

祭神は品陀和気命（応神天皇）、住吉大神、金刀比羅大神の三柱。住吉大神は海上交通の安全を守護する神であり、金刀比羅大神は海難守護の神であるから、いずれも海とのつながりが深い。函館は、海の町であり、トンボロ（陸繋砂州）の町である。

「神威」と書いた青銅製の額束を持つ「三の鳥居」があり、それを過ぎて階段を登ったら拝殿がある。拝殿の脇に横長のお知らせが書いてあり、こう書かれている。「函館八幡宮御祭神千七百年式年大祭」。これに添えて「現在地御遷座一三〇年」とある。八幡宮が現在地に移ったのは明治一三年（一八八〇）であるから、これを建てた平成二二年（二〇一〇）はちょうど一三〇周年になるのである。

しかし、応神天皇一七〇〇年式年大祭の「一七〇〇年」は、どこから来ているのか、筆者には分からない。

5. 六郷満山

大分県宇佐市の東、同じく別府湾の北に位置し、瀬戸内海に突き出た円形の半島が国東半島である。この半島は、かつて豊後国国東（国埼）郡と呼ばれ、そこに六つの郷があった。安岐、武蔵、国東（国前）、伊美、来縄、田染である。この六郷に奈良時代末期から平安時代初期にかけて、宇佐八幡宮の境外寺院として二八か寺が建立された。六郷山とは、国東の山々に点在した天台系山岳寺院の総称で、二八か寺とその末寺を含めた六五か寺を、六郷満山ともいう。

寺の多くは、仁聞が開いたとされるが、実際に六郷満山の寺々を開いたのは、英彦山（福岡県と大分県との県境にある山。標高一二〇〇メートル）で修行を重ねた法蓮・華厳・躰能・覚満という四人の僧侶であった。ここに、宇佐八幡信仰と天台宗修験道が結びつき、複雑な宗教体系のもとで発達した。

一二世紀半ばには、五八〇人を超える寺院に住む僧らが衆議によって全山のことを決定する満山衆議体制を作り上げ、三山（本山、中山、末山）の組織を持つ寺院になった。この体制は平安末期に全盛を極めた。学問場である本山が八か寺、修練場である中山が一〇か寺、布教場である末山が一〇か寺で、これらの寺々が国東半島に散在していた。

四人のうちの法蓮については、『続日本紀二』の養老五年（七二一）六月に、次のように記載してある。

「沙門法蓮は、心、禅枝に住み、行、法梁に居り。尤も医術に精くして、民の苦しみを済ひ治む。善きかな、かくのごとき人。何ぞ褒め賞まざらむ」とのたまいて、その僧の三等以上の親に宇佐君の姓を賜ふ。

この法蓮が中心となって小高い丘（亀山・小椋山・小倉山）の上に、宇佐神宮を建立した。奈良時代のはじめ、神亀二年（七二五）のことだった。また、法蓮の功績を称えて「宇佐」姓を三等以内の親族に与え、辛嶋氏・大神氏・宇佐氏の三氏が宇佐八幡宮の宮司を務めたのである。

六郷満山のうち、行ったことのある寺などを紹介したい。

① 両子寺

天台宗別格本山あるいは六郷満山総持院の別称を持つ両子寺は、大分県国東市安岐町両子にある。国東半島の中心部に両子山（標高七二一メートル）が位置し、両子寺はその中腹にある。両子山から放射状に延びる谷々があり、それを六つの地域に分け六郷とした。両子寺は六郷満山の全山を統括してきた。

両子寺発行の資料によると、養老二年（七一八）仁聞菩薩が開基。六郷満山の中山本寺で、山岳修行の

両子寺仁王像

根本道場である。両子寺は平安から鎌倉時代に栄え、のち衰頽したが、江戸時代のはじめ僧順慶によって再興された。

石の階段の上がり口には、なかなかに風格を備えた一対の仁王像が建っている。そのすぐ上に「財前国夫歌碑」の歌碑がある。財前さんは地元の方であるという。「嬉しきとき悲しきときにわが對ふ両子嶺ばかり親しきはなし」。

この石段を上がりきると護摩堂があり、大聖不動明王が祀られている。さらに上がると大講堂があり、阿弥陀如来像がある。両子寺は、平成三〇年（二〇一八）に開創一三〇〇年を迎えた。

② 富貴寺（ふきじ）

現在の豊後高田市大字蕗（ふき）には富貴寺がある。富貴寺は天台宗の寺であったが、もと阿弥陀寺と称し、養老二年（七一八）仁聞の開創と伝えられる。

定朝作の阿弥陀如来像を安置する平等院鳳凰堂（永承七年〈一〇五二〉藤原頼通が創建）および平泉中尊寺（長治二年〈一一〇五〉藤原清衡が創建）の金色の阿弥陀堂と並び称されるのが、この富貴寺の大堂（方形造りの本堂）である。九州では唯一現存する平安建築として昭和二七年（一九五二）国宝に指定された。

入り口山門の柱には「宇佐神宮六郷満山霊場」と書かれ、六郷満山が宇佐神宮と深い関わりがあることが示されている。この山門の両側にも仁王像が置かれている。

③ 真木大堂

真木大堂は、六郷満山六五か寺のうちの本山本寺の一つで、三六坊の霊場を有し最大の寺院であった馬城山伝乗寺のことである。豊後高田市田染真木一七九六にある。

養老年間（奈良時代の七一七〜二四）に仁聞菩薩の開基とされる。約七〇〇年前に火災で焼失したが、現存する九体の仏像は難を逃れて残った。大正七年（一九一八）に国宝に指定され、昭和四年（一九二九）に

富貴寺大堂

真木本堂すなわち馬城山伝乗寺

仏像の大修理が行われ、昭和二五年（一九五〇）に重要文化財に指定された。

伝乗寺の各寺坊にあった本尊を、現在の真木大堂に集めて整備したものである。

④ **熊野磨崖仏**

六郷満山の拠点の一つであった胎蔵寺から山道を約三〇〇米ほど登ると、鬼が一夜で築いたと伝えられる自然石の乱積石段（自然石をそのまま積み上げたように作られた階段）になり、これを登ると大きな岸壁に刻まれた二体の石仏にたどり着く。石仏は、大日如来と不動明王で、これを熊野磨崖仏という。

熊野磨崖仏

宇佐八幡の化身とされる仁聞菩薩が作ったといわれる。

熊野磨崖仏は、その造立が平安時代末期と推定されているが、昭和三〇年（一九五五）に国指定史跡に、同三九年に国指定重要文化財にそれぞれ指定された。

⑤ **田染荘小崎の農村景観**

次の第三章に「宇佐大鏡」なる古文書が出てくるが、その中に「本御庄十八箇所」という項目があり、そこに「田染庄」が出てくる。その農村風景が「国重要文化的景観」に指定されているのである。指定されているのは「景観」である。

その価値を説明するパンフッレットがあるので、そこから引用する。

「古代、国東半島は六つの郷から形成され、そのうち半島の西側にあたる田染郷には一一世紀前半に田染荘の村落及び農地が開発されました。その後、田染荘は宇佐神宮の「本御庄(ほんみしょう)十八箇所」と呼ばれる荘園のひとつとして重視され、田染氏を名乗る神官の子孫が代々支配するようになります。

小崎地区は小崎川中流域にあたり、史料・絵図に残る村落名・荘官屋敷名と現地に遺存する地名・水路等との照合により、一四世紀前半~一五世紀における耕地・村落の基本形態が現在の土地利用形態にほぼ継承されていることが知られています」。

そして別の項目で「田染荘小崎は訪れる人々すべてのふるさとです」と述べている。

全国的には現在六五の「重要文化的景観」が指定を受けているが、例えば九州では、宮崎県日南市の「坂元棚田」、熊本県の七つの町村の「阿蘇の文化的景観」、長崎県の「長崎市外海の石積集落景観」などがある。後世に伝えるべき景観として選ばれているのである。

第Ⅲ章　宇佐宮領荘園

宇佐神宮は、宇佐だけでなく、宇佐以外の土地にも、自らの領地を所有していた。それが宇佐宮社領である。言い換えれば、宇佐宮領「荘園」である。

荘園は、古くは奈良時代に発生し、戦国時代まで存続した天皇家・貴族・寺社および武家による土地所有である。平安中期には、地方豪族による寺社への寄進が行われるようになり全国的に広まっていった。荘園には、不輸（ふゆ）（租税を免除される）や不入（ふにゅう）（荘園への立ち入りを禁止する）の特権が、国家権力の介入を排除するものとして認められるようになった。

また一方で、荘園の所有者、つまり貴族や寺社は、荘園に対して米や絹などのほか、各地の特産物を納めさせていた。

日向国、現在の宮崎県にも、宇佐宮領庄園があり、宇佐宮とは平安時代中期から深い交わりがあった。日向国の八幡は、八幡神を信仰しながら五穀豊穣を祈り、宇佐宮へ米や絹その他の産物を税として納めては、宇佐宮を支えてきたのである。

『宮崎県史 史料編 中世2』の一六五ページに「到津（いとうづ）文書」なる史料が掲載されている。文書の内容は「八幡宇佐宮神領（しんりょう）大鏡」（以下「宇佐大鏡」とする）といい、宇佐宮が神領として所有していた土地に関する事柄が「御神領次第事」として詳細に記録されている。

その第一番目に記述されているのが、次に掲載する「御封田（みふうでん）」の見出しである。

一・三国七郡御封

御封とは、封戸の敬称で、封戸とは「皇族や一定以上の官にある臣下が朝廷から賜った民戸」であるから、朝廷すなわち時の天皇から宇佐宮がいただいた民戸をいうことになる。それを「宇佐大鏡」は次のように描く。

その前に、数字の一が壹、二が貳、三が参、四が肆、五が伍、六が陸、一〇が拾、二〇が廿、百が佰などと表記されているが、現在の表記に改めている。「烟」はかまどの「けむり」という意味で「戸」に変換できる。一戸の家から上がる一条の「けむり」である。また地名の読みも現代風に改めている。

豊前国四一〇烟	上毛郡	一〇〇戸	
	下毛郡	一〇〇戸	大家郷・野仲郷
	宇佐郡	二一〇戸	封戸・向野・高家・辛嶋の各郷
豊後国一一五烟	本封	一〇〇戸	大野郡五〇烟（緒方庄）
	加封	一五戸	国崎郡六五烟　安岐・武蔵・来縄の各郷
日向国一一五烟	本封	一〇〇戸	児湯郡五〇烟（宮崎□）（□は庄か？）
	加封	一五戸	臼杵郡六五烟

ここで、宇佐郡の一〇戸、国崎郡と臼杵郡の各一五戸が加封である。三郡で四〇戸。

三国とは、ここに示した豊前国・豊後国・日向国の三国。

七郡が、豊前国の上毛郡・下毛郡・宇佐郡の三郡と、豊後国の大野郡・国崎郡の二郡と、日向国の児湯郡・臼杵郡の二郡、合計で七郡である。

この三国七郡に対し、豊前国に四一〇戸・豊後国に一一五戸・日向国に一一五戸、合計六四〇戸が朝廷から与えられた。天平一二年（七四〇）のことである。

実はこの年に、九州の太宰府で決起した藤原広嗣（ひろつぐ）の反乱が鎮圧されたとして、聖武天皇から宇佐八幡宮へ寄進されたのであった。

続けて、天平一八年（七四六）には、聖武天皇の病気平癒祈願に効があったとして、八幡大神（はちまんおおかみ）を三位に叙し、封戸四〇〇戸、位田二〇町が寄進された。宇佐神宮と聖武天皇との関わりは深い。

このあと、天平勝宝二年（七五〇）に、八幡大神に封戸八〇〇戸・位田八〇町が、比咩神（ひめかみ）には封戸六〇〇戸・位田六〇町が寄進された。この年の寄進は、孝謙天皇によるもので、陸奥国で前年に大仏鋳造用の金が発見され献上されたことに起因している。

また、宇佐宮の二之御殿に祀られた比咩神（ひめかみ）への寄進は初めてのことである。

その後、宇佐宮は政争に巻き込まれ、天平勝宝七年（七五五）、それまで朝廷から頂いた封戸と位田の全てを朝廷に返納した。

そして天平神護（てんぴょうじんご）二年（七六六）に比咩神に対し封戸六〇〇戸が回復されて、その回復分六〇〇戸について四〇戸が加封されているのである。回復された四〇戸の配分は、回復前と同じである。

「宇佐大鏡」は「三国七郡御封」の項の最後にこう書く。「封千四百十戸内八百十戸辞給、已大神分　六百戸二季祭□留　已比咩神分□　所謂三國七郡御封是也」

細部にわたっては分からない部分もあるが、これを口語文に直すと、大まかには、

「封戸一四一〇戸のうち、八一〇戸は八幡大神分、六〇〇戸は比咩神分　いわゆる三国七郡御封というのが、これである」。

宇佐神宮が比咩神を二之御殿に祀ったのは天平五年（七三三）のことで、「三国七郡御封」の時代は奈良時代である。

八幡大神に封戸八〇〇戸が復するのは延暦一七年（七九八）であったが、同一三年を平安時代の始まりとすれば、これは平安時代端緒の出来事である。

神功皇后が第三之御殿に祀られたのは、それからおよそ一〇〇年後の弘仁三年（八一二）で、平安時代初期である。

二、十箇郷三箇庄

奈良時代の「三国七郡御封」は、平安中期には「十箇郷三箇庄」と変化した。

豊前国の宇佐郡に封戸・向野・高家・辛嶋・（葛原）の五郷。ここで「ふべ」という読みが発生したことについては、専門家でもよくわからないという。

豊前国の下毛郡に大家・野仲の二郷。

豊前国は、現在の福岡県東部と大分県北部にあたる。大まかに言えば、現在の福岡県の門司・小倉・行橋・田川市・豊前市、大分県の中津市・宇佐市などである。

豊後国の国崎郡に来縄・安岐・武蔵の三郷。

豊後国は、大分県のうち豊前国を除いた部分で、国東半島を含み、その南側の部分。豊後高田市・国東市・杵築市・別府市・日田市・大分市・由布市・豊後大野市・臼杵市・津久見市・佐伯市など。

合計で十箇郷。この十箇郷がそれぞれに、田を持ち、佃、用作を持つ、つまり荘園を持つ。

「佃」を辞書はこう位置づける。

「荘園領主が直接に経営する田。種子・農具などを領主が負担し、全収穫を取得。のち地頭その他荘官の佃を生じた」（広辞苑）。

「用作」は、

「中世における庄田（荘園の田地）の一形態。多くの場合『正作』と同様、領主直営地と判断される。

九州地方に多く見られ……特に宇佐宮領中核所領を中心に、用作と佃が併存する」（国史大辞典）。

「十箇郷」のうち宇佐郡の葛原郷は注記に「辛嶋内也」とあり、辛嶋郷から派生したものであることがわかる。

また、宇佐八幡宮の所在する宇佐郡の四郷を特に「内封四郷」といった（この場合、宇佐郡の葛原郷は辛嶋郷に含まれる）。宇佐神宮の存在する宇佐郡はやはり中心に置かれるのである。

「十箇郷三箇庄」のうちの三箇庄は、

（豊後国大野郡の）緒方庄、（日向国宮崎郡の）宮崎庄、（日向国臼杵郡の）臼杵庄である。

日向国の二箇庄は、宇佐宮からは僻遠の地。日向国の宮崎庄と臼杵庄については、その田数（三十三丁(ちょう)九反と一九丁九反一〇代）と調殿(つきどの)（田数の内数として七丁二反と三丁卅）だけが書かれている。

しかし緒方庄については詳しい。こうである。ここで「丁」は「町」のこと。

田数二百四十丁　御封田百二十丁　正上分以稲千二百束　封租ハ各年
佃十八丁九反　段別獲稲卅五束
余田百十丁號治田、任見作(げんさく)定田　丁別三石所當也

緒方庄に関する記述を三行にわけて書いたが、書かれていることは、緒方庄の田の面積とそのうちの御封田の面積、およびそれへの税、佃の面積とそれへの税、余田の面積と見作田への課税のことである。

これを、豊後大野市資料館から送られた資料および他の資料（「日本国語大辞典」13、「国史大辞典」5、7、9、14）を参考に読むと、次のように解釈できるであろう。

田数は二四〇町、御封田（神に捧げるための耕作田）が一二〇町、その正上分（年貢）が稲一二〇〇束。封租（御封田にかかる税）は年に一回。

佃（荘園領主の直営田）は一八町九反であるが、その町当たりの獲稲は三五束。

余田（荘園に本来認められている田地以外の田で、百姓の新開田によるもの）は一一〇町で、一般には治田（百姓が私的に開発・耕作する小規模田）という。それが見作定田（課税の対象となる基本耕地。公田とも言われた）であれば、これには町当たり三石の年貢が課される。

奈良時代の「三国七郡御封」が平安中期の「十箇郷三箇庄」と大きく異なっているところは、「十箇郷三箇庄」には佃や用作がある（日向国では調殿）として、荘園化が一層進んでいることであろう。

この荘園の本質的変化が、『延岡市史』（昭和五六年版・一七四ページ）で、著者の石川恒太郎が唱えた「人から土地への経済の移動」であろう。著者はこう述べる。

「さて前に記した如く『宇佐大鏡』に、封人の代として田畠を寄進したとあることは注目すべき現象であって、人に代ゆるに土地を以てしたことは、奈良朝には人すなわち奴隷を多く有する者が財産の多い者で、いわゆる奴隷を財産とする奴隷経済の時代であったが、平安朝には土地を多く有する者が財産の多い者となり、いわゆる土地経済へ移行したので、人を有するより土地への欲望が増した、め右の如く、封人の代として土地を寄進すること、なり、庄園が増加したものである」。

この具体例を挙げる。『宇佐大鏡』（宮崎県史　史料編　中世２　一九二ページ）に示されている臼杵郡臼杵庄（庄園）の成立をみる。

「件庄田者、国司菅原朝臣義資任、治暦二年封民廿人之代、臼杵郡内北郷荒野差四至、進宮立券之間、所開作也」。

この一文を口語訳すれば、

「例の庄田は、国司が菅原朝臣義資に任じられていたころ、すなわち治暦二年に、封民二〇人を送り込む代わりに、臼杵郡内北郷の荒野の四方に境界を定めて、神領として立券し開作した所である」。治暦二年は一〇六六年で、平安時代中期である。

日向国の庄園は、ほとんどがここで紹介したような方法で成立している。

宮崎県西都市に調殿という地名があり、読みは「つきどの」である。『角川日本地名大辞典宮崎県』四九八ページでは「神を祀る斉殿」の意（日向郷土事典）、「宇佐宮の貢物を納める倉庫」の意（宮崎県の歴史）、と二説を紹介し、「児湯郡内、宇佐八幡宮領」としている。斉殿であれ倉庫であれ、七町とか三町とかの広い面積は必要とは思われないので、ほかの利用も行われたのではないか。この段落については、一部「孫引き」があるが、ご容赦いただきたい。

その調殿が西都市に地区名として現存し、その一角に調殿神社（西都市大字調殿三二八番地）もある。祭神は天児屋根命であるが、平安時代中期に豊前の宇佐八幡宮の神領荘園となり、年貢を収蔵する倉庫を「調殿」と称したことからそれが地名となったものであろう。当時の宇佐宮領には、豊前の本社八幡を勧請するきまりがあり、当社も「調殿八幡宮」と称した。……明治四年（一八七一）、調殿神社と改称し現在に至る。

この段落は、同神社内にある「由緒」からの引用である。

ところで、調殿神社は、応神天皇（品陀和気尊）を祀ってはいないが、宇佐神宮の荘園であったことから八幡宮を名乗ったのであろう。

先述した『宇佐大鏡』一九二ページでは、こう記述している。臼杵庄の「御封田」が六九町九反一〇代とされ、次に「本封」一九町九反一〇代とあって、この「御封田」から「本封」を引くと五〇町となり、これが臼杵庄の起請定田面積なのである。

結局、日向国における御封田は、宮崎庄と臼杵庄の二か所である。御封田は、国家に対しては不輸租田として課税を免除されるが、宇佐宮にとっては貢納物（済物）を徴収する対象地であった。

また八幡大神分も、豊前・豊後・筑前・筑後・肥前五か国の「本御庄十八箇所」になっていくのである。

三、本御庄（ほんみしょう）十八箇所

「宇佐大鏡」で「十箇郷三箇庄」に続いて出てくるのがこの「本御庄十八箇所」である。豊前国に六か所、豊後国に二か所、築前国に二か所、筑後国に三か所、肥前国に四か所である。この合計である五国の一七郷が八幡大神に寄進されたのである。

その合計が一七にしかならない理由は、筑後国の小河（おがわ）庄にあるようである。『宇佐大鏡』には、その小河庄のなかに含まれる庄として三深庄が挙げられ、これを数えれば一八になる。

この五国・一八箇所の本御庄は、すべて宇佐宮領で、宇佐神宮の神事諸般に奉仕した。

豊前国で一番目に出てくる新開庄の説明には、「当庄者根本神領（とうしょうはこんぽんしんりょう）」として、宇佐宮領の庄園として根本をなすことが強調されている。

同じく豊前国の「到津庄（いとうづのしょう）」には「規矩（きく）郡内散在御封田」として、「散在御封田」という言葉が頻繁に現れ、そういう散在した庄園を、公田あるいは国衙領（こくがりょう）（国の領土）などと交換して一つの庄園にまとめることが行われた。これを「相博立券（そうはくりっけん）」という。「相博」は田地の交換という意味である。

この項で、豊前国の二番目に出てくる「角田庄（すだのしょう）」は、本書「第Ⅶ章　九州・四国にある生目神社」の㉜にも出てくる。

また、第二章の最後に出てくる「田染荘小崎（たしぶのしょうおさき）の農村景観」との関連で言えば、「本御庄十八箇所」の一つとして、豊後国「田染庄」が出てくる。しかし残念ながら、田染の田数は空欄になり、「佃一丁、用作

四丁一段」の記述だけが見える。
また、ここには日向国はない。

四．起請田（きしょうでん）

日向国内の宇佐宮領の田地は、宇佐宮検田使が一元的に管理していた。検田所から派遣される検田使は「宮使（みやのつかい）」と呼ばれるように格式の高い存在であり、その検田使の役割は「見作定田数（げんさくじょうでん）の確定」であった。見作定田とは、実際に耕作されている田のことで、これが税や貢納物の計算の基礎になる。毎年実際に耕作が行われる田地を確認し、その面積に応じて貢納物の収納を行うのである。自然災害で収穫が減った田を損田というが、見作定田から損田を引いた田を得田（とくでん）といい、この得田が課税対象になった。

宇佐宮が検田使を派遣して毎年行っていたこの検田方式は莫大な労力と経費が必要である。これは、検田を行う側にも受ける側にも負担が大きかった。そこで登場したのが「起請田制」である。

毎年の検田はやめて荘園や別符ごとに固定した起請田の田数を登録し、それに一律の基準額をかけて課税するのである。起請とは神仏への誓いである。自分の行為・言説に偽りはない旨を記して田数を報告する。各地の荘園や別符が宇佐宮に対し、「神仏にかけて嘘・いつわりがないことを誓います」として、この方式が始まった。

「宇佐大鏡」の「散在常見名田（つねみみょうでん）」中「日向国」の終盤で（『宮崎県史 史料編 中世2』一九九ページ）、起請田制が始まったのは、大宮司・宇佐公順（きみより）の時代であったことが書かれている。つまり、「大宮司公順之任、定起請田、町別所當四石　見米二石　軽色二疋　所弁済也」である。

また、『八幡信仰史の研究』（中野幡能著・吉川弘文館・昭和五一年発行）その上巻二七四ページを見れば、公順の大宮司職の任期は、応徳二年（一〇八五）から保安四年（一一二三）であるから、平安時代の中期から後期にかけての三八年間である。

新しい課税の仕方は、起請田一町につき四石の米であった。この四石の内訳は、二石が実際の米（これを当時は重色といった。米二石は二〇斗）、残り二石が絹（これを軽色といった）二疋であった。一疋は布二反のことで、したがって布四反、つまり絹四反を負担するのである。米二石と絹四反が、荘園・別符にとってどれほどの負担であったかは、分からない。この宇佐宮への貢納物の納入は、のちに触れる。

五．常見名田

「宇佐大鏡」で最も文章の分量が多いのが、この項である。今まで見てきた「三国七郡御封」・「十箇郷三箇庄」・「本御庄十八箇所」の三項目で、約三ページしかないのに、「常見名田」だけで、およそ一四ページに及んでいる。

ここで取り上げられた国は、西海道（九州）の豊前、豊後、筑前、肥前、筑後、肥後、日向、の七国である。

このうち、豊前国で取り上げられた郡は、上毛（こうげ）・下毛（しもげ）・宇佐・築城（ついき）・規矩（きく）・京都（みやこ）・田河（たがわ）の七郡。「宇佐大鏡」には豊前国七郡の田数、国半不輸（はんふゆ）の時の加地子（かじし）起請田の面積などが記されている。

加地子とは、「国衙（こくが）や荘園領主のとる本年貢に対して、その下で私領主や名主などの地主的中間層がとる追加の地代」（広辞苑）。

国半不輸とは、租（そ）（田の収穫の約三パーセント）以外の、庸（よう）（一〇日間の労働あるいは成人男子に米や布）・調（ちょう）（土地の産物）・雑役（ぞうやく）の全部が宇佐宮の収入となり、租は正税（しょうぜい）として国衙（こくが）（国）の収入となることをいう。

ところが、平安時代後期になると、国司が正税徴収権を放棄して宇佐宮に寄進することが多くなった。つまり宇佐宮は租庸調雑役の全部を収入とすることができたのである。宇佐宮にとってこんなに好ましいことはない。こうして宇佐宮庄園が増えていくが、国司は時にはこれを行わないことがあった。宇佐宮にとっては好ましくないことであるから、宇佐宮はこれを「国司の妨」と呼んだ。

「宇佐大鏡」には、上毛郡の田数を三〇〇町、下毛郡七〇〇町、宇佐郡を二〇〇余町とするが、杵築郡・規矩郡・京都郡・田河郡の田数は書かれていない。それでも加地子起請田の面積はもれなく書かれている。それには次のような事情があった。

「宇佐大鏡」に書かれた常見名田に関する漢文を、その口語訳で示す。

> くだんの常見名田と称するものは、多くが私的に開田され治田（開墾田）とされたものであるか、もしくは誰かの領主が寄進したものも少しあった。半不輸の土地では、毎年、国の検田使が立ち入り調査をし、起請田が六五〇町と言えば、官物（租税）として町別准絹二疋、余田（領主直轄地）であれば官物（租税）として（町別）准絹八疋を国庫に弁済するほかは、一切他の役目を停止し、ひとえに神役（宇佐宮）に勤仕する。

これでみると、余田には起請田の四倍の税がかかる。そこで加地子起請田の田数がもれなく書かれたのである。

「常見名田」に記された七国のうち「日向国」は最後に登場する。豊前、豊後、筑前、肥前、筑後、肥後の六国に関しては、本稿での記述を省略し、項を改めて、日向国だけの様子を見ていく。

六. 日向国の本庄（ほんしょう）と別符

まず、「宇佐大鏡」に書かれた順に、「宇佐大鏡」の記述に沿って、日向国の本庄（ほんしょう）、国司名（開発者名）、封民の代、庄園の成立年を挙げていく（別符は含まない）。日向国にはこのころ五郡があった。臼杵、児湯、那珂、宮崎、諸縣である。ただ、ここでは、五郡の一つである「児湯郡」が見られない。理由は分からない。

本庄		国司名	封民の代	成立年（元号・西暦）
臼杵庄		菅原義資	二〇人の代	治暦二年（一〇六六）
富田庄	*臼杵郡内	海　為隆	一五人の代	永承年中（一〇四六～五三）
宮崎庄		海　為隆	二三人の代	永承年中（一〇四六～五三）
浮田庄	*宮崎郡内	菅野政義	三四人の代	天喜五年（一〇五七）
諸縣庄		菅野政義	八〇人の代	天喜五年（一〇五七）

本庄	A 御封田面積（町）	B 本庄成立時の起請田面積（町）	C＝A＋B 合計面積（町）
臼杵庄	一九・九二	五〇	六九・九二
富田庄		四四	四四
宮崎庄	七七	一〇六	一八三
諸県庄		一七六	一七六
浮田庄		一一二	一一二
那珂庄		一〇〇	一〇〇
田嶋庄		三九	三九
新名爪別府		六〇	六〇
合計	九六・九二	六八七	七八三・九二

ここで、新名爪別符を本庄と同じ扱いにしているのは、それが本庄から分立して成立した別符ではなく、「公領」内に別符を立てた唯一の例として成立しているからであるという。新名爪別符の範囲は、現在の宮崎市新名爪、芳士のあたりである。そこに今、現に、新名爪八幡宮という神社が残されている。

右の表を見れば、平安時代中期には、宇佐八幡宮は、日向国に御封田・起請田合わせて七八三・九二町の荘園を所有していたことがわかる。

さらに、浮田庄を除く六つの本庄について個別に見ていきたい。浮田庄については、そのあとで見ていく。

1. 臼杵庄（県庄）

承平年中（九三一～三八）に源順が編集したといわれる『和名類聚抄』（「日本最初の分類体の漢和辞書『広辞苑』）、以下『和名抄』とする）に、日向国の郡名と郷名が記され、郡名には、臼杵、児湯、那珂、宮埼、諸縣の五郡が示され、そのうち臼杵郡内の郷名として、氷上郷、智保郷、英多郷、刈田郷の四つが挙げられている。この「五郡」名は現在まで続いている古い名称であることが分かるが、かえって狭い範囲となる「郷名」の方が現在地を特定することが難しい。ここは、『和名類聚抄郷名考證　増訂版』（池邊彌著・吉川弘文館発行）（六六五～六六八ページ）に拠った。

細微にわたることはさけるが、右の英多郷が現在の延岡市と大体において一致する。その「英多」の表記は、のちに「県」に変わった。

臼杵庄の総社的役割を担っていたのは現延岡市岡富の今山八幡宮である。今山八幡宮は、その由緒によれば天平勝宝二年（七五〇）あるいは同三年に創建されたとしている。臼杵庄の成立は一〇六六年と、三〇〇年ものちのこととなったが、今山八幡宮は臼杵庄の総鎮守としての性格が強まったものと思われる。

今山八幡宮の祭神は、品陀和気命（応神天皇）、息長帯姫命（神功皇后）、玉依姫命、伊邪那美命など一二神で、岡富に位置していることから、かつては岡富八幡宮あるいは今山八幡神社ともいわれた。なお、今山八幡宮の参拝も、宇佐神宮と同じで二礼四拍手一礼である。

2．富田庄

律令制度のもとでは、臼杵郡刈田郷に属した富田庄は、現在の門川町から日向市にかけての一帯である。門川町役場の東を南北に走る日豊本線を越えて、役場の北に位置する高台に門川神社がある。この門川神社は旧名を大将軍神社といい、同村内（当時）にあった一一の神社を明治三年（一八七〇）一二月に合祀して名称を門川神社としたのである。合祀された神社の代表格が枝八幡神社であり、そこが品陀和気命、息長帯姫神を祀っていたことから、門川神社が八幡神とされる所以である。現在は、農耕神、牛馬の無病息災、防火を祈念する神社である。

ここで、紛らわしい問題がある。

じつは宮崎県には富田と呼ばれるところがほかにもある。新富町富田である。昭和五四年（一九七九）の宮崎国体夏季大会で漕艇競技の会場となった「富田浜漕艇場」がある、あの富田である。

ここに富田八幡神社があり、しかもその案内板に「宇佐神宮領」であり、その創建を承平六年（九三六）としている。同様のことは、『宮崎県の地名』（平凡社　二六二ページ）「富田八幡神社」にもみられ、「豊前宇佐宮の分霊を奉祀し」と記述している。

しかし、大正一四年（一九二五）・宮崎県内務部発行の『宮崎縣史跡調査報告　児湯編』にはそのようなことは書かれていないし、また『宮崎県史 通史編 古代2』五三六ページには、新富町の富田八幡神社は「皇室領八条女院領」であり、宇佐神宮領荘園ではないとしている。

また、同書五三四ページでは「大淀川下流域南部から児湯郡の一ツ瀬川流域を中心に、八条女院領がひろがるが、ここでは石清水（いわしみず）の八幡神が勧請されている」とある。石清水八幡宮の創建が貞観元年（八五九）、富田八幡神社の創建について先の案内板は九三六年としているから、ここでの矛盾はない。

3．宮崎庄

宮崎庄は、大淀川下流部の左岸である。その域内に分立された別符や神社をみると、南方（みなみかた）の奈古神社、下北方（しもきたかた）の名田（みょうで）神社、先の新名爪八幡宮、爪生野八幡神社などがある。宮崎庄の総社的役割を担っていたのは奈古神社である。

現在の宮崎西環状線の池内南交差点を北に進むと、右手に小高い山が見える。この山頂に奈古神社がある。いまは寂（さび）れた空気が流れているような所であるが、かつては延岡藩主が代参する神社であり、古くは近隣四村二町の産土神（うぶすながみ）でもあった。四村二町とは、南方村、池内村、上北方村、下北方村、花ケ島町、江平町のことである。

祭神は、天津日高日子番瓊瓊杵命（あまつひこひこほににぎのみこと）、日子波限建鵜葺草葺不合命（ひこなぎさたけうがやふきあえずのみこと）、神倭伊波禮毘古命（かむやまといわれびこのみこと）の三柱である。

祭神である三柱の神には、八幡神たる応神天皇の名がない。それなのに、なぜ八幡神社なのか。神社の案内板にはこう書かれている。

「奈古神社は古く権現と称され、その後神武天皇を宇佐八幡と崇めたことから奈古八幡宮の勅号を得た。」

しかし、この部分を『日向地誌』でみると、

「古（いにしえ）は権現の名称なりしが其後の天皇を宇佐八幡と崇め奉れば神武天皇を権現と称し奉るは如何と奏（そう）聞（もん）ありしにぞ八幡の勅号を賜（たまわ）りしとぞ」

と書かれていて、ここには、「その後神武天皇を」と「其後の天皇を」という違いがあることが分かる。

また、「其後の天皇を宇佐八幡と崇めた」というのは応神天皇のことを言っているのであろう。「その後」のあとに「の」の文字を入れるか、入れないかで、意味が全く違ったものになる。そこで初代天皇で

奈古神社

名田神社

新名爪八幡宮

ある「神武天皇を権現として奉ってもいいのか」という話になり、時の天皇が「八幡の勅号を」与えたということになるのだろう。

『日向地誌』のこの記述は、宮崎県が昭和二年（一九二七）に発行した『宮崎県史蹟調査 宮崎編』と同じである。

さて、話は変わるが、『宮崎県史 史料編 中世Ⅰ』の七八ページ以降に「奈古神社文書」が収められている。その八五ページに「鎮西下知状写」なる文書が示されている。

「日向国宮崎庄鎮守奈古神社大宮司頼清申、新名爪別符 預所元氏九月十五日饗膳并相撲役対捍事」

要約する。

「日向国宮崎庄の鎮守を務める奈古神社の大宮司頼清に申す。新名爪別符の預所・元氏が（毎年）九月十五日（の祭りのときの）饗宴や相撲の大役を行わないことについて」

この文書の差出人は、編集者の注から、北条英時すなわち赤橋英時（？～一三三三）であることが分かるが、鎮西探題となって博多に赴任した人物である。文書の内容は穏やかではないが、ここで注目したいのは「日向国宮崎庄鎮守」を務めているのが「奈古神社大宮司」であるということが、明確に書かれているということである。つまり、「宮崎庄の総社的役割を担っていたのは奈古神社」なのである。

4. 諸縣（諸県）庄

諸県庄は、天喜五年（一〇五七）に荒野に東西南北の境界を決め、神領として立券して開発したものであることを『宇佐大鏡』（『宮崎県史 史料編 中世2』一九四ページ）が述べている。平安時代中期の終わりごろである。すでにこの頃から起請田面積は大きく一七六町に及んだ。

現在の国富町本庄がその中心地で、この一帯の台地やそれを取り巻く沖積平野（川沿いの低い平野）が含まれる。国富町三名にある衾田八幡宮、八幡にある八幡神社、八代の伊佐生あたりまで広がる。

「宇佐大鏡」には、収納使分の名田として「諸縣庄内」の伊佐生、冨松、衾田という地名を挙げているだけであるが、「建久図田帳」の時代である鎌倉時代になると、宇佐宮領の起請田四五〇町を挙げるほか、衾田別府三〇町、伊佐保別府三〇町としてその田地面積も挙げている。諸県庄の田地面積の増大は著しい。

なお、「冨松」の現在地は確認されていない。

5. 那珂庄

現在の宮崎市佐土原町の東上那珂、西上那珂、下那珂や、宮崎市新名爪、島之内、広原を指す。

つまり、永保三年（一〇八三）に成立した那珂庄を含め、寛治七年（一〇九三）に成立した田嶋庄や、治暦二年（一〇六六）に成立した新名爪別符を含む。那珂庄の起請田面積は一〇〇町。これが、「建久図田帳」のころには二〇〇町に増えた。

かつては、宮崎市の宮崎八幡宮（宮崎県庁の東）、
宮崎市吉村町の八幡神社（宮崎市文化の森公園の東）、
宮崎市村角の高屋神社（村角公民館の北）、
江田神社（市民の森付近）も、那珂郡に入れられていた。

宮崎市立住吉中学校の校門のそばにある島之内八幡神社もかつては広原八幡と呼ばれ、那珂庄に含まれ

宮崎八幡宮

吉村八幡神社

高屋神社

ていた。

もともと那珂郡の範囲は思いのほか広かった。明治二二年（一八八九）の市町村制施行にともない、那珂郡は北那珂郡と南那珂郡とに分かれた。北那珂郡は、檍、赤江、木花、青島、住吉、佐土原、那珂、広瀬の八村で、南那珂郡は、日南市（油津、飫肥、吾田、酒谷、旧南郷町、旧北郷町など）と、串間市で形成されていた。

6. 田嶋庄

田嶋庄は寛治七年（一〇九三）に成立した。現在の宮崎市佐土原町上田島（かみたじま）・下田島の区域で、起請田面積は三九町。「建久図田帳」の成立のころ（建久八年〈一一九七〉）には九〇町に増えた。上田島には巨田神社、大光寺、佐土原城跡がある。

巨田神社は、寛治七年に郷土の鎮守社として建立され、その本殿は、中世様式の「三間社流れ」という技法で作られ、国の重要文化財に指定され、併せて本殿の棟札も国の重要文化財になっている。

巨田神社の、道路から境内に入ってすぐにある建物は拝殿である。そのうしろに本殿がある。一般的に本殿は階段を中継ぎにしたりして拝殿にくっついていることもあるが、本殿が拝殿と離れて別に造られていることもある。巨田神社の場合は後者である。

拝殿は古びて屋根には草も生えているが、主要な木が朱塗りになっている本殿は、その屋根に特長がある。屋根の形が切妻造（本を半分に分け伏せた形）であるが、その前側の一方が庇となって長く伸びている。その下に正面三間分の板壁がある。これが「三間社流れ」で、国の重要文化財になっている。

巨田神社には国の重要文化財がもう一つあって、それが本殿の二四枚の「棟札」である。なかには、建立棟札と考えられている文安五年（一四四八）のものもあって、本殿の改修が中世、江戸期、昭和五六年とに行われたことが分かるという。

南北朝時代の建武二年（一三三五）の創建と伝えられる大光寺にも、寺宝とされている「木造騎獅文殊菩薩」などが国の重要文化財に指定されている。

獅子に乗った文殊菩薩が四人の侍者を従えているという図の全部が彫り物でできているのである。

これらの幾つかの本庄のもとに、日向国には一〇の別符（新名爪別符を含め）が誕生した。その別符の名称、成立年、起請田面積、庄・別符に創建された神社名を次の表で示す。

庄・別府の名称	庄・別府の成立年	起請田面積	創建された神社
臼杵庄	一〇六六（治暦二）		今山八幡宮
岡富別符	治暦二年のあと	二八	安賀多神社
富田庄	一〇四六〜五三（永承年中）	四四	門川神社
宮崎庄	一〇四六〜五三（永承年中）		奈古神社
渡別符	国司海為隆（永承の後か）	五九・七四	宮崎八幡宮
竹崎別符	国司海為隆（永承の後か）	二〇	吉村八幡神社
村角別符	国司海為隆（永承の後か）	三〇	高屋神社
浮田庄	一〇五七（天喜五年）		生目神社
柏原別符	一〇九六（嘉保二年）	一七・六四	柏原神社
長峯別符	不詳	一五	長峯神社
細江別符	不詳だが長峯と同時期か	三三	細江神社
那珂庄	一〇八三（永保三）		島之内八幡神社
苽生野別符	一〇九九（康和元）	五〇	瓜生野神社
新名爪別符	一〇六六（治暦二）	六〇	新名爪八幡宮
浮田庄	一〇五七（天喜五年）		生目神社（前出）
大墓別符	一〇九九（康和元）	二五	大墓（大塚）神社
新名爪別符を除く起請田面積合計（町）　二七八・三八			

7．その他の宇佐宮領

また、日向国の宇佐宮領には、こうした荘園や別府とは別に、次のようなものも含まれていた。浮免と名田である。

○ 浮免

右記の荘園から分立した別符とは別に、日向国には、浮免と呼ばれた宇佐宮領があった。

浮免は、公田が宇佐宮領となったもので、実際の田地が指定されずに面積として指定されるので、たとえば田に作・不作があってもそれに影響されることがない。日向国には臼杵郡に長井浮免一六町があった。現在の東九州自動車道ＩＣ近くの「道の駅北川はゆま」の周辺である。

○ 名田

正確には上宮及収納使名田という。宇佐神宮の上宮あるいは上宮から派遣された収納使（年貢の徴収に当たる役人）が所有した名田のことである。その例が次の三か所である。

①諸県庄に伊佐尾、富松、衾田があり、現在の国富町に伊佐生があり、衾田神社がある。冨松の現在地は不明。伊佐尾・富松・衾田を三つの名、三名といい、現在の地名の起こりとされる。建久八年（一一九七）の「建久図田帳」では、「宇佐大鏡」になかった伊佐保（伊佐尾）別符三〇町、衾田別符三〇町が、開作されている。

②宮崎庄に名田。宮崎市下北方に名田神社がある（後出）。その祭神は生目神社の主祭神と全く同じで、誉田別尊と藤原景清である。

宇佐宮領の比較（宇佐宮領と建久図田帳の比較・単位はすべて町）

庄名・別府名	宇佐大鏡	建久図田帳
臼杵庄（のち県庄）	六九・九	一三〇
岡富別府	二八	八〇
富田庄	四四	八〇
		多奴木田（たぬき） 一〇
兒湯郡		調殿 一六
宮崎庄	一八三	三〇〇
渡　別府	五九・七	五〇
竹崎別府	二〇	四五
村角（鷹居のこと）別府	三〇	四〇
大墓（大塚）別府		二〇
諸縣庄	一七六	四五〇
袋田別府		三〇
伊佐保別府		三〇
浮田庄	一一二	三〇〇
柏原別府	二六・八	＊記入なし
長峯別府	一五	一七
細江別府	三三	二五
那珂庄	一〇〇	＊記入なし
瓜生野別府	五〇	一〇〇
新名爪別府	六〇	八〇
		＊広原庄 一〇〇
（那珂郡）田嶋庄	三九	九〇
合計	一〇四六・四	一九九三

③浮田庄に絹富（きぬとみ）。絹富の現在地は不明。

かくして、宇佐神宮が、国司の許可を取って、荒野等の開発を行い、それが宇佐宮領の荘園となっていく。庄や別符が増えるほど、宇佐神宮は荘園面積を拡大していくことができる。

さらに一つ一つの荘園も、その後に規模を拡大し、発足時に一一二町だった浮田庄の荘園面積は、建久八年（一一九七）成立の「建久図田帳」では三〇〇町にまで広がっている。

『日本歴史大事典』（小学館・二〇〇〇年）は「建久図田帳」について、次のように説明をする。「一一九七年（建久八）九州で一斉に作製された大田文の総称」とする。そこで、同じ事典で「大田文」を見ると「国ごとにつくられた荘・郷等の所領名・田積・領主等を記載した文書」とある。

その、「日向国図田帳」の復刻版が、手許にある。「日向国図田帳」には誤記が多く、各庄名・別府の田積を合算しても、「図田帳」が示す合計数一九一三町にはならないし、郡名の間違いも多い。それらを無視して、前ページの表を作っている。
「建久図田帳」の補足説明をする。
「建久図田帳」では、兒湯郡が一回だけ登場する。宇佐宮領の「調殿一六町」である。
調殿は、現在もその地名を西都市に残している（一二九ページに前述している）。
また、「記入なし」が二か所ある。「宇佐大鏡」にはあった「柏原別府」と「那珂庄」の田の面積が、建久図田帳にはないのである。

いずれにせよ、「建久図田帳」に示された、日向国の総田地面積八〇六四町のうち、その内訳となるものを全部網羅すると、①寺領二三八町、②社領二一〇六町、③八条女院御領国富庄一五〇二町、④前済院御領二七八町、⑤殿下御領島津庄三八三七町、となる。

しかし、①+②+③+④+⑤=七九六一町となり、先の総数と合わない。そうなると、総田地面積に間違いがあるのか、個々に間違いがあるのか、全く分からない。

ちなみに、③の八条女院とは、鳥羽上皇の皇女暲子内親王、④の前済院とは高倉院の皇女範子内親王、⑤の殿下御領とは摂政関白家たる近衛氏領、のことである。

ところで、『日向國史』（昭和四～五年刊行のものを昭和四八年に再刊した）上巻のなかで、編者の喜田貞吉や日高重孝は慨嘆する（同著五五二ページ）。つまり、「建久図田帳」が編纂された鎌倉初期において、日向の田代（たしろ）面積八一六二町のうち、八一三七町までは悉く（ことごと）（荘園のような）私領となり、

「公領は僅（わずか）に臼杵郡に於て右松保（みぎまつほ）（西都市右松村。保は村のこと。当時は国衙領（こくが）（公領））ただ二十五町のみなりきとは、豈（あに）驚くべき数にあらずや。而して其の斯くの如き現象を呈するに至りしものは、實に平

安朝四百年間に漸次馴致せられたる所なりとす」

また荘園・別符となった場所には、八幡神が勧請されて、新しい八幡神社が誕生する。八幡神社が全国に四万余社以上あるというのも、うなずける話である。

ところで、日向国に存在した荘園は、ここで触れる宇佐八幡宮の所有する荘園以外にもたくさんあった。例えば、はじめ宇佐八幡宮の神宮寺であった弥勒寺は日向国内に三つ（日向市塩見、同市富高、宮崎市清武町船引）の荘園を所有していた。そのほか太宰府の安楽寺領、西都市の都万宮領、八条女院（鳥羽上皇の皇女・暲子内親王）領、近衛氏領などがあるが、これらについては、弥勒寺庄園を除き、ここでは記述しない。

七．浮田荘から生まれた別符

さて、本庄や別符は、具体的には、どのようにつくられていくのだろうか。「宇佐大鏡」に記載された「浮田庄」でそれを見ていく。口語体に要約して示す。

「この浮田庄は、日向国の国司に任じていた菅原政義のころ、天喜五年（一〇五七）に、封民三四人の代わりに、宮崎郡内の荒野に東西南北の四至（境界）を定め、大政官の許可状を発行してもらう手続きを取って、神領として開作したものである」

1．柏原神社・長峯神社・細江神社

浮田庄全体を鎮守するのは生目神社であるが、浮田庄から分立した別符が、柏原別符、長峯別符、細江別符である。この三つの別符に八幡神が勧請され、柏原神社、長峯神社、細江神社となった。

①　柏原神社

柏原神社は、明治四年（一八七一）までは柏原八幡宮といった。宮崎市大字柏原、現在の「生目の杜運動公園」駐車場の南東側の小高い丘の上にある。

『宮崎県史　通史編　古代2』では、柏原別符の成立を一〇九五年（平安時代）としているが、柏原八幡宮

柏原神社

の創建は、「神社由緒」によれば、一三一五年（鎌倉時代）である。
祭神は、品陀和気命（応神天皇）、玉依姫命、息長帯姫命（神功皇后）の三柱である。なお柏原別符の成立については、「宇佐大鏡」にその成立の経緯が詳述してある。

次の引用は、『宮崎県史 史料編 中世2』からである。漢文で書かれた原文を口語訳して紹介する。

「くだんの別符は、浮田庄の荒野を四方の境界を限って別符を立て開作した所である。その詳しいことは社家の下文にある。浮田庄司（浮田庄の管理者）に下す。字柏原の牟田（湿地）を別符となすという、先日の下知（命令）ならびに検田使等の注文の趣旨を早急に果たすべきである。四方の境界とは、東限は寺崎・柏原・中尾崎、南限は高牟田・中尾、西限は山、北限は道路である。右のくだんの牟田は、先日を以て紀弘任が開発したいとの意向を申請したところ、検田所はこれを裁決すべしと先だって下知した。随即所（この役所名も職務も不明）は四至（境界）がいたって多いと注進したが、そういうわけで別符を開作すべしとの書状は件のごとくである。
嘉保二年五月一日、大宮司宇佐宿祢公順在判

こうして柏原別符の成立年は嘉保二年（一〇九五）と特定できるのである。

② 長峯神社

「宇佐大鏡」は、長峯（長峯の表記は現在は長嶺）神社と細江神社について、次のように延べ、詳細には言及していない。「くだんの別符は、浮田庄の荒野の四方を区切って、別符を立て開発したか」。

さて、長峯神社も旧称は八幡宮であり、宮崎市大字長嶺の中央部東側の山中にある。祭神は、誉田別命（ほんだわけのみこと）（応神天皇）、息長帯姫命（おきながたらしひめのみこと）（神功皇后）の二柱。

なお、長峯別符の成立は明らかではないが、『日向地誌』に「本村建久ノ頃ハ長峯別符ト称ス」とあることから、建久年間（一一九〇～一一九九）にはもう成立していたということだろう。

『新編生目郷土史』九六〇ページに、「当地長嶺は平安末期には宇佐宮領として成立……旧称を長嶺八幡宮といった。」とある。

長峯神社

最近、長嶺神社周辺の風景には大きな変化が現れている。コンクリートの上り坂や石の階段の周りの樹木が切り払われ、見通しが良くなり、近くを走る高速道路からも見えるようになった。

③　細江神社

細江神社は、もともと宮崎市大字細江の大畑バス停付近から右の脇道に入り急な坂道を登りきった所にあったが、平成一九年（二〇〇七）に摂社であった金宮神社に遷座した。この元の細江神社は、祭りのたびに急な坂道を神輿を担いで上り下りする苦労を重ねていたのである。

富吉神社

旧細江神社

遷座前の細江神社の祭神は、足仲彦命（たらしなかつひこのみこと）（仲哀天皇）、息長足姫命（神功皇后）、誉田別命（応神天皇）である。仲哀天皇と神功皇后は天皇と皇后の関係で、記紀神話では、仲哀天皇が亡くなったとき、神功皇后は応神天皇を身ごもっていた。細江神社も応神天皇を祀っているので、八幡神社である。

細江別符の成立は、先の柏原別符や長峯別符の成立とそう離れてはいないだろうが、神社の創建は、神社由緒によれば、室町時代の応永八年（一四〇一）であるという。

なお、明治二二年（一八八九）の町村制施行時の大字であった生目の八地域のうち、生目、柏原、長峯、細江、富吉が八幡神を祀っていたので、村内五地域の神社が八幡神社であった。

生目地区の他の神社は、誉田別命（応神天皇）を祀らないので八幡神社とはいわない。

たとえば、跡江神社（大字跡江八一〇番地）、

浮田神社（大字浮田二八一六番地）、

小松神社（大字小松一九三〇番地）などがそうである。

2. 大墓(つか)別符(大塚別符)(宮崎市大塚町原ノ前一五九八番地)

大字生目の東隣に位置する大塚には大塚神社がある。大塚神社も宮崎郡浮田荘に属する神社で、祭神は玉依姫(説明は既述)、神功皇后、応神天皇である。ここは、今でも、大塚八幡神社というのが良いようである。

この神社の参道にはナギの木が植えられており、ナギの木が参道に植えられているのは、宮崎神宮の一の鳥居から大宮高校辺りまでもそうである。

大塚神社

神社由緒によると、創建は斉衡(さいこう)年間(八五四~七年)と古い。しかし浮田荘の成立は天喜四年(一〇五六)であり、神社の創建は浮田荘の成立より約二〇〇年ほど早い。

また大塚神社の創建は、ここでは、斉衡年間(八五四~七年)としているが、『八幡信仰史の研究』(一三三ページに前出)二四九ページの記述では、「安元(一一七五~一一七七)以前」とするので、三〇〇年以上の違いがあることになる。

ただ、二四九ページについては、安元元年を「一七五」年とし、大塚八幡宮の所在地を「生目村大字大塚」としているなど、誤植がある。

『角川日本地名大辞典』「宮崎県」一七七ページに、次のような紹介がされている。

「大墓別符の成立は不明な点も多いが、横山氏系図には、武蔵国横山氏の系譜に連なる人物が宇佐宮大宮司の養子となり、日向国宇佐宮領の総収納使職に補任され、康和元年二月に日向国荒生野・大墓別符の開発が許可されたと記す」（延岡市旧内藤子爵家所蔵文書／日向国諸荘園史料集2）。

文中の冒頭の「大墓」は現在の「大塚」のことである。前記『角川日本地名大辞典』「宮崎県」一七七ページの下から一五行目に、暦応四年（一三四一）に大墓墓地の使用があり、さらに同ページの下から八行目には、永徳四年（一三八四）に「大塚別符」の表記になっているので、大墓が大塚に変わったのは、南北朝時代（一三三六～九二）のことであるようだ。また、大墓別符の開発が許可されたのが康和(こうわ)元年（一〇九九）で、平安時代後期である。

さらに整理すれば、浮田荘の成立が一〇五六年で、大墓別符の成立が一〇九九年となり、ここにも矛盾がない。また、なぜ大塚の過去を延岡の内藤家文書が書き残しているかといえば、江戸時代に大塚は延岡藩太田組に属していたからである。

八．弥勒寺荘園

宇佐八幡宮には神宮寺としての弥勒寺があった。じつは、この弥勒寺も荘園を持っており、日向国にも弥勒寺荘園が三か所にあった。

それは、日向市の「富高」と「塩見」、宮崎市清武町の「船引」。これを、昔風に言えば、臼杵郡の富高と塩見、宮崎郡の「船曳」である。この地に八幡神が勧請され、八幡神社が建立されている。さながら、お寺が建てた神社という感じである。

しかも八幡神を勧請した神社は、豊前の宇佐神宮ではなく、山城（やましろ）（京都府）の石清水八幡宮である（ただし、富高の場合はその由緒書きで鶴岡八幡宮の勧請としている）。

これには理由があって、弥勒寺の管理権は一一世紀前半に宇佐八幡宮を離れて石清水八幡宮に移され、一二世紀初頭には弥勒寺は石清水八幡宮の末寺的な存在となり、荘園の支配権も石清水八幡宮が握っていた。

さて富高八幡神社の祭神は、足仲彦命（たらしなかつひこのみこと）、息長足姫命（おきながたらしひめのみこと）、誉田別命（ほんだわけのみこと）の三柱。創建は元暦年開（一一八四～一一八五）。この神社の鳥居の一つは享保（きょうほう）一二年（一七二七）建立で、日向市内では一番古い石造建築物であるという。この神社には大国主神を祀る智古（ちご）神社が同居していて、子どもの守り神とされ、「引きつけ」（小児のけいれん）に御利益があるとされている。

塩見には栗尾（くりお）神社がある。祭神は誉田別命ほか四柱。明治になり他の四神社を合祀し、その四柱も祀る。

その創建は天正元年（一五七三）でかなり新しい。

三社のうち一番歴史があるのが船引神社である。創建は寛治元年（一〇八七）、祭神は足仲彦命、息長足姫命、誉田別命の三柱。船引神社は、大クス（国指定天然記念物）とヤッコソウで有名である。また、江戸時代ころまでこの神社の北東の山中に、その名も「弥勒寺」という神宮寺があり、現在も、加納小学校の通学路の脇に「弥勒寺六地蔵幢（とう）」（宮崎市指定文化財）が残されている。昼神楽である船引神楽は県指定無形民俗文化財。

九．宇佐八幡宮への貢納物

宇佐八幡宮は九州各地に広大な荘園を保有し、そこから上がってくる貢納物（済物）を得ていた。その済物は御封田から徴収するものと起請田から徴収するものとの二本立てであった。御封田は日向国では臼杵庄と宮崎庄にしかないので、貢納の対象になるのは二庄だけである。一方、起請田はすべての庄と別符にあるから、その全部が対象になる。

1．御封田からの貢納

御封田を持つ臼杵庄と宮崎庄の「所当済物」（割り当ての済物）を見る。所当済物の内容は両庄とも同じで、春御祭料・冬御祭料・弥勒寺料封租籾である。

臼杵庄の場合、春御祭料として、綿六〇屯、調布二段、差縄二方、荒和布五帖
　　　　　　冬御祭料として、用紙八〇帖、調布二段、綿六〇屯、差縄二方
　　　　　弥勒寺料封租籾として、町別一石五斗、コメなら七斗五升

宮崎庄の場合、春御祭料として、用紙九〇帖、在口紙九帖、差縄二方
　　　　　　冬御祭料として、用紙八〇帖、在口紙八帖、差縄二方
　　　　　弥勒寺料封租籾として、町別一石五斗、コメなら七斗五升

○「綿」は絹のこと。「屯」はその単位であろう。ここで「屯」の表記が気になって、大分県の宇佐神宮に問い合わせた。結果は、「宇佐大鏡」の表記のままでいいことが分かった。読みも「とん」であるという。

『日本国語大辞典』（小学館　二〇〇一年発行）一四五ページによれば、屯は「綿の重さをはかる単位。中国では六両、日本では二斤を一屯とする」とある。ここで、重さの単位である両や斤についても言及しなければならないが、複雑である。しかし重くはなく、軽い。何しろ、車・船・飛行機というものがない時代の重さの単位である。たとえば、キビ一〇〇粒とか三七・五グラムという世界である。

○「調布」は、租庸調の「調」として官に納める布。

差縄は、「乗馬の口につけて引く布または糸の撚り縄」（広辞苑）で、馬具の一つであろう。「方」はこの馬具を数えるときに使われる数詞であろう。「二つ」という意味か。荒和布は柔らかい布か。

○「用紙」は和紙であろう。

帖は紙や布を数えるときの単位で、『広辞苑』では「紙・海苔などの一定の枚数をひとまとめにして数える語。美濃紙は四八枚、半紙は二〇枚、海苔は一〇枚を一帖とする」。和紙九〇帖は、枚数にして九〇×四八＝四三二〇枚となるが、これが負担として大きいのか、そうではないのかは、判断しかねる。

○「在口紙」は「口紙在り」と読む。

口紙は、口前紙ともいい、「袋物の裏面にはる裏打ち紙のなかで、その口元にはるもの」（『日本国語大辞典』九二四ページ）である。紙で作られた袋を強化する材料になったのであろう。用紙の一割の負担である。

春や冬の御祭に合わせて、布類、紙類、馬具、籾あるいはコメが「所当済物」として宇佐宮に貢納されたということである。

2．起請田からの貢納

これに対し、起請田からも、「所当例済物（所当済物・例済雑物（ぞうもつ））」、「御放生会料（ごほうじょうえりょう）」、「万灯会料（まんどうえりょう）」などが徴収された。

① 所当例済物（所当済物・例済雑物）

「宇佐大鏡」で日向国の冒頭には起請田面積が書かれ、九二五町三段四〇代、すなわち九二五・三八町である。これに、コメなら町別二石が課されるから、九二五・三八×二＝一八五〇・七六石だけのコメを宇佐宮に奉納することになる。これは、日向国全体の負担で、これを日向国の各庄・別符の起請田面積に応じて分担していく。

例えば臼杵庄の起請田面積は五〇町であるから、町別二石を適用して、コメ一〇〇石を宇佐宮に納めることになる。「所当例済物」として徴収する米（コメ）を**「重色（じゅうしき）」**といい、絹は**「軽色（けいしき）」**といった。各庄・別符の重色の負担分を見ていくが、その数値は軽色も同じである。軽色の負担も町別二疋だからである。「疋」は織物の長さの単位。二反を一疋とする。絹織物の場合で約二三メートル。

「宇佐大鏡」に記載された日向国の庄（七つ）と別符（一〇）は合計して一七。この七つの庄と一〇の別符がそれぞれに負担する「重色」を以下に示す。集計は庄と別符に分ける。

臼杵庄一〇〇石、富田庄八八石、宮崎庄二一二石、諸県庄三五二石、浮田庄二三四石、那珂庄一二〇石、田嶋庄七八石。計一一七四石。

岡富別符五六石、渡別符一一九石、竹崎別符四〇石、村角別符六〇石、柏原別符三五石、長峯別符三〇石、細江別符六六石、瓜生野別符一〇〇石、新名爪別符一二〇石、大墓別符五〇石。計六七六石。重色は全体で一八五〇石となった。実は、「軽色」も負担する数字は全く同じである。

さて、起請田にかけられた「所当例済物」に**「田率綿（でんりつのわた）」**というものがあった。綿は絹であることは前述通りだが、そもそも木綿（もめん）が日本に伝わったのは室町時代の末である。

「田率綿」に設定された日向国の負担は六九四両。ここで、**「両」**は重量の単位で、綿一両は四分（二四朱）、一分は六朱。六九四両は起請田面積から算出されているらしいが、その計算方式はよく分からない。ともかく、六九四両を日向国内の庄や別符が分け持って負担する。

先の一七の庄・別符の「田率綿」を足しても六七七両三分三朱にしかならないので、「宇佐大鏡」の数値にどこか誤りか、何かがある。「両替」という言葉はこの「両」から来ている。

いずれにせよ、桑を植え、蚕を養い、繭を得て、生糸を作り、絹を織ることが、この頃盛んに行われていたことが、軽色や田率綿という済物の存在から分かるのである。

② 他の済物（例済雑物（れいさいぞうもつ））

○桑代絹（くわしろのきぬ） 一二三疋

これが上品（じょうぼん）なら一六疋で済み、麁絹（そけん）なら四八疋かかるという。桑の木にかけられる税である。麁絹（そけん）は生糸から直接布にした生絹（なまぎぬ）のたぐいの織物で、凡絹（ほんけん）の一種（凡絹（ほんけん）は並の品質の絹。これが標準の絹として扱われた）。

日向国では、臼杵庄四二疋、富田庄一二疋、宮崎庄（上品絹）二疋、浮田庄（上品絹）二疋、諸県庄四八疋、田嶋庄二疋、計六庄で一〇八疋。那珂庄がないのである。

また、別符は、岡富別符一〇疋、瓜生野別符五疋、の二か所で一五疋。

以上の八か所が合計一二三疋を負担した。この数値は、当時の絹の生産力を表しているのかも知れない。

○節料上品長絹

節会（公事の日に行われる宴会）に必要な経費としての奉納。節料に供されるコメを節料米というが、この場合はそれが絹ということになる。宴会用の衣類が上品の絹なのである。これを拠出したのは臼杵庄と諸県庄のみで、各一疋。

○織布　二八反

苧麻を原料とした麻布（木綿以前の代表的な繊維）。苧麻はイラクサ科の多年草。茎の皮から繊維を採り越後縮などの布を織る。臼杵庄四反、岡富別符四反、宮崎庄八反、諸県庄八反、那珂庄四反に課された。

③　御放生会料

年に一回、宇佐宮がもともと仏教行事である放生会を行うに当たって、それに必要な物品や経費に充てられた。以下は、放生会に関する済物。

○班幡　一〇二帖

幔幕の一種。幔幕は式場に張りめぐらす幕。赤と白、紺と白を交互に並べた縦縞・横長の幕。班は本当は斑であろう。幕二張りが一帖という。

庄で見ると、臼杵庄二〇帖、富田庄八帖、宮崎庄一八帖、那珂庄一〇帖、田嶋庄六帖、諸県庄二〇帖、浮田庄二〇帖、計七庄で合計一〇二帖。

別符で見ると、渡別符一帖、竹崎別符（帖数不記入）、長峯別符（帖数不記入）、細江別符二帖、瓜生野別

符（帖数不記入）、新名爪別符五帖、「帖数不記入」も含め六別符で八帖に及んでいる。

○上莚（うわむしろ） 一四四枚

上莚は畳の上に敷く絹製の敷き布団。

庄では、臼杵庄三〇枚、富田庄一五枚、宮崎庄二〇枚、諸県庄三〇枚、浮田庄二〇枚、那珂庄一〇枚、田嶋庄六枚、一三一枚。

別符では、渡別符五枚、竹崎別符（枚数不記入）、長峯別符（枚数不記入）、枚数不記入も含め三別符で五枚。

庄と別符の合計枚数は一三六枚である。

また、他に「長莚五枚」（諸県庄）、「莚五枚」（新名爪別符）、「莚三枚」（細江別符）、「莚」（瓜生野別符）も書いてあり、詳しいことは分からない。

○次布 二七反

次布とは麻布のこと。

臼杵庄五反、富田庄二反、宮崎庄五反、諸県庄五反、浮田庄五反、那珂庄三反、田嶋庄二反、合計二七反。

○凡絹（定数不記入）

凡絹（ほんけん）は並の品質の絹。これが標準の絹として扱われた（前述）。

臼杵庄三〇疋、富田庄五疋、宮崎庄三〇疋、諸県庄三〇疋、浮田庄三〇疋、那珂庄一〇疋、田嶋庄五疋、全ての庄の七庄で合計一四〇疋。

新名爪別符（疋数不記入）。新名爪別符は名称は挙がっているが「疋数不記入」とされている。

○相撲 一七人

相撲は放生会の最終日である八月一五日に行われていた。相撲の勝負が神前に捧げられるもので、日向相撲と郷相撲の対抗戦の形で実施された。郷相撲の郷とは宇佐宮がある宇佐郡四郷（封戸・向野・高家・辛嶋）のことであろう。この相撲に日向国各地から二七人が参加したのである。

臼杵庄五人、富田庄二人、宮崎庄五人、諸県庄六人、浮田庄五人、那珂庄二人、田嶋庄二人、計二七人。

生目神社と関連の深い浮田庄から五人の相撲取りが放生会の舞台に参加する。現在、その大字浮田に角力田（すもうでん）という小字地名が残っているが、これはそのことと何らかのつながりがあるのかも知れない。

○駒（馬）一〇疋

臼杵庄五疋、宮崎庄三疋、浮田庄二疋、計一〇疋。

④　万灯会（まんどうえ）料

万灯会は放生会と同じく、仏教行事である。「懺悔・滅罪のために仏・菩薩に一万の灯明を供養する法会（ほうえ）」（広辞苑）で、これを宇佐神宮が行うところに神仏習合の姿がある。何から採った油であるかは定かではない。万灯会の際に貢納されたものには凡絹もあるが、これには触れない。

○油　二石一斗

臼杵庄四斗三升、富田庄一斗二升、宮崎庄四斗三升、諸県庄四斗二升、浮田庄二斗五升、那珂庄二斗五升、田嶋庄一斗、新名爪別符一斗、計二石一斗。

⑤　その他の済物

以下の二つ（御調物（みつぎもの）と心太）をどこに分類すればいいのか分からないが、こういう貢納物もある。

○御調物（みつぎもの）（綿・調布・紙・差縄）

律令制の税制に「租庸調」があり、上記の調はその一つで、繊維製品や地方の特産物を朝廷に納めるものである。綿（＝絹織物）、調布（＝麻織物）のほか紙や差縄が対象となる。これを貢納物としてあげているのが富田庄で「御調物紙五〇帖」とある。富田庄は、紙の産地として特化していたのか、という思いが生まれる。

○心太

読みは「トコロテン」である。中国伝来の精進料理。テングサという海藻類から作られるが、大宝律令（七〇一年）の課税品としてすでに心太が登場しているという。浅い海底の岩場に育つので、富田庄のみが三斗分を納めている。

⑥ 贄（にえ）

贄とは、神に食用として奉る水産物のこと。「贄」に三種類があり、「鮨鮎（すしあゆ）」、「押鮎（おしあゆ）」、「調」の三つ。しかし「調」は「鯛」の誤記とされ「鯛白干（たいしらぼし）」である。「鯛白干（たいしらぼし）」は鯛の肉をそのまま干したもの。

i　鮨鮎（すしあゆ）三〇桶（おけ）が日向国全体の負担。これを臼杵庄・岡富別符・諸県庄が一〇桶ずつ受け持っている。

ii　押鮎は三〇〇〇隻（せき）が日向国の負担。押鮎は塩押し・塩漬けにした保存食。これを一〇〇〇隻ずつ臼杵庄・岡富別符・諸県庄が負担している。

iii　「鯛白干」は三〇隻が課され、これを富田庄が単独で負担している。

鮎関係の済物が、臼杵・岡富・諸県に課されているが、臼杵と岡富を流れている五ヶ瀬川、諸県を流れている大淀川支流の本庄川を想起すると、「昔から鮎で有名だったのだ」という感慨を持つ。

こうして、宇佐宮の八幡神を勧請して各地の荘園・別符に八幡神社を祀り、各地の荘園・神社からはたくさんの種類の貢納物が宇佐宮に貢納される。この、持ちつ・持たれつの関係を軸にして、全国の八幡神社は繁栄していったのであろう。

第Ⅳ章　生目神社と景清

一・生目神社の主祭神と御相殿

生目神社の主祭神は、応神天皇と藤原（平）景清の二柱である。そのうち八幡神である応神天皇（品陀和気尊）については、宇佐におけるその顕現が仏教と深く関わっていること、宇佐神宮が宇佐八幡宮と呼ばれ神仏習合の神社であることは、前章で触れた。

もう一柱の主祭神である景清については、このあとに別項を設けて詳しく見るとして、まずは、明治初期に生目神社に迎えられた三柱の御相殿について述べる。

御相殿の三柱は、ニニギノミコト、ヒコホホデミノミコト、ウガヤフキアエズノミコトであり、いずれも古事記や日本書紀に出てくる神たちである。

(i)ニニギノミコトは、天照大神の孫であるから「天孫」と呼ばれる。「天孫降臨」のあの天孫である。つまり、高天原から葦原中国に天下ってきた神様である。

このニニギノミコトが葦原中国で巡り会った女性が、大山積神の娘のコノハナサクヤヒメで、一夜の契りでコノハナサクヤヒメは身ごもった。高貴な神であるはずだが疑り深いニニギノミコトは「それは我が子ではない」と疑う。サクヤヒメは「天つ神の子であるなら無事に生まれるはずです」と言って、出入り口のない産室をつくって中に入り火を放った。

そこで無事に生まれたのがホデリノミコト（海幸彦）、間に一人おいて、最後に生まれたのが、

(ii)ホヲリノミコト（またの名をヒコホホデミノミコト・山幸彦）という。山幸彦は、兄・海幸彦の釣り針をな

くし、海中の綿津見（わたつみ）神の宮に行き、釣り針を探す。山幸彦はそこで綿津見神の娘・豊玉姫と出会い、結婚して三年を過ごす。豊玉姫は妊娠し子を産むことになるが、「私の姿は見るな」という。怪しんだヒコホホデミノミコトは見てしまう。豊玉姫はワニの姿で子を産んでいた。そのとき生まれたのが、

ⓘⓘⓘウガヤフキアエズノミコトである。

以上ⓘⓘⓘの神々が御相殿の三柱である。

もう少し付け加えるなら、ウガヤフキアエズノミコトは、豊玉姫の妹・玉依姫と結婚し四人の子どもをもうける。その四番目の子がカムヤマトイワレビコノミコト、すなわち神武天皇である。

この御相殿の三柱は、明治三年（一八七〇）までは、生目神社東方の迫（さこ）（小字）にあった天下大明神（あもりだいみょうじん）に祀られていた。それが、この年から生目神社の御相殿として生目神社本殿に祀られるようになったのである。それまで天下大明神と呼ばれていた祠は、今も地元の氏神として祀られている。

平成三〇年（二〇一八）秋までは、ここには小さな祠が三つあり、その東の祠の前に、あ・うん一対の仁王像が建っていた。この仁王像はかつては生目神社の境内に置かれていたのだが、大正時代のころにここに移されたという。

二．景清——その史実と伝承

さて、もう一柱の主祭神、景清のことである。

景清は実在した人物ではあるが、いつ、どこで、亡くなったのか、亡くなった理由は何か、など不明な点がたくさんあり、一番の問題は、いったい本当に日向国にやって来たのか、両眼を潰したのは事実なのか、事実とすればどこで潰したのか、など肝心なことがはっきりしないのである。

しかし、景清が生目神社に祀られたのは事実である。おそらく鎌倉時代であろう。この景清を祀ったことが、生目神社が「目の神様」とされ、特に江戸時代になって、日本各地の多くの人々の信仰を集めることとなった。その間に、景清は、芸能の世界を通して多くの人々に浸透していくのである。景清は、亡くなってなお、生きた時代よりも深い力を発揮する。

今では、生目神社を八幡神社だと認識する人はほとんどいないであろう。

1．人名辞典に見える景清

生目神社の二柱目の主祭神に加えられた藤原景清（平景清）は実在した人物である。景清を人名辞典で見る。

『日本古代中世人名辞典』（吉川弘文館　五八四ページ）は、景清をこう語る。

「生没年不詳。平安時代から鎌倉時代にかけての武将。父は上総介藤原忠清。本姓は藤原であるが、俗に平景清といわれる。おじ大日坊能忍を殺害し『悪七兵衛』と呼ばれた。伊勢・志摩出身の在地武士と思われる。治承四年（一一八〇）富士川に出陣した父忠清が、源頼朝の強勢を理由に、景清を信濃守に任じて追討使とするよう平宗盛に申し入れたが実現せずに終わった。寿永二年（一一八三）四月には、北陸の木曽義仲追討のため父忠清・兄忠光とともに侍大将として出陣したが、大敗を喫した。同年七月平氏一門に従って西走し、一谷・屋島・壇ノ浦と奮戦。水練の者と伝えられ、平家一門入水の中で壇ノ浦から逃れた。その後のことは諸説あり、一説には幕府方に降って和田義盛についで八田知家に預けられ、のち出家して常陸国に居たが、七日間の断食ののち東大寺供養の建久六年（一一九五）三月十二日に没したとも、また伊賀に赴いて平知盛の子知忠を擁し建久七年七月に挙兵したが逃走したとも言われる。」

以上が人名辞典の記述であるが、景清の死については断定を避ける書き方になっている。またここで一一九五年が出てくるが、一一八五年が壇ノ浦の戦いの年で、一一九五年はそれから一〇年後である。このころまで景清は生きていたことになるのであろうか。

平景清が、生目神社の祭神に祀られたのは、おそらくその死亡後とみると、鎌倉時代になるであろう。ただし、景清の没年ははっきりしない。

2．各種の歴史書で見る景清

手がかりにするのは教科書にも掲載されることの多い『平家物語』であるが、底本が八つあり、入手可能な底本は、覚一本、長門本、延慶本である。このうち一番入手に手がかからないのは覚一本である。

ほかには、『源平盛衰記』（利用するのは『完訳源平盛衰記』。以下『盛衰記』）、および『吾妻鏡』（利用するのは『現代語訳吾妻鏡』。以下『吾妻鏡』）などの文献もある。

ここで、『平家物語』の三つの底本と『盛衰記』、『吾妻鏡』の五つの文献を比較した。その一つの材料として、景清の名前がその文献に何回出てくるかも調べた。すると、覚一本八回、長門本九回、延慶本一一回、『盛衰記』一〇回、『吾妻鏡』一回、であった。『吾妻鏡』が目立って少ないのは、それが鎌倉幕府の立場から書かれた歴史書であるからであろう。

新日本古典文学大系『平家物語』の「覚一本」（岩波書店発行）冒頭の有名な科白から始めよう。

> 祇園精舎の鐘の声、諸行無常の響きあり。沙羅双樹の花の色、盛者必衰のことはりをあらわす。奢れる人も久しからず、唯春の夜の夢の如し。たけき者も遂にはほろびぬ、偏に風の前の塵に同じ

無常観にあふれた文章ではあるが、これが『平家物語』の根底に流れている思想であろう。この部分は、他の底本でも同じように書かれているに違いない。

次に、平家が滅びていく過程を見よう。いきなり滅びの過程に行ってしまうのは、それが有名であるからだし、『平家物語』のすべてに触れることは、紙幅の関係でできないからである。有名な話だけに絞る。

治承四年（一一八〇）、安徳天皇の即位で皇位継承を絶たれた以仁王は同年四月、源頼政の勧めで「平氏追討」の令旨を発した。橋合戦は、そのときの宇治での戦いである。しかし、以仁王も源頼政も、この戦いで敗れ死亡した。源頼朝はこの令旨を旗印に東国武将をまとめた。このときの平家側陣営の中に「悪七兵衛景清」がいる。

この一一八〇年一二月、平清盛の五男・重衡（しげひら）は南都（奈良）を攻め、東大寺と興福寺を焼き払った。その再建の最高責任者となったのが、浄土宗の僧侶・重源（ちょうげん）。時に源平合戦のさなか、一五年かけて東大寺は再建され、建久六年（一一九五）三月源頼朝は上洛（じょうらく）（都のある京都に行くこと）し、東大寺再建供養会（くようえ）に臨んだ。もともと、東大寺は、天平勝宝四年（七五二）に大仏の開眼（かいげん）供養が行われ、四〇〇年以上の歴史を持っていた寺である。

文治元年（一一八五）二月、屋島の合戦。那須与一は、敵方の美女が持つ扇を見事に射ぬき、これには源氏も平氏もともに歓声をあげた。

また、この合戦で、源氏方の「みをの屋十郎」と平氏方の景清の間で「しころ引き」が演じられる。「しころ」とは、兜（かぶと）の後方に垂らして首を覆い守るもの。十郎が仲間の中に隠れたときの景清の科白。「日ごろは音にも聞きつらん、いまは目にも見給へ。これこそ京わらんべのよぶなる上総（かずさ）の悪七兵衛景清よ」。

同年同月（二月）、義経が壇ノ浦で平氏を破る。安徳天皇は入水（じゅすい）。その母、建礼門院は、源氏の兵から引き上げられ助かる。同年五月、捕まっていた重衡が殺される。同年一一月、義経追討の院宣がくだる。今や完全に源頼朝の時代が来た。

しかし、ほかの底本である「長門本」や「延慶本」では、その先の年代にふれる。「長門本」終章に次の記述。要約して示す。

> 建久六年三月一三日に大仏供養あり、平家の侍上総（かずさ）悪七兵衛景清、鎌倉殿（頼朝のこと）へ降人に参りたりければ、和田義盛に預けられる。昔平家に候しように少しも口へらず……もて扱ひ……常陸国住人八田知家に預けらる。

建久六年は一一九五年である。

さらに、「長門本」の巻第二十には、

上総悪七兵衛景清は、降人に参りたりけるが、大仏供養の日をかぞえて、建久七年三月七日にてありけるに、湯水をとどめて終に死にけり。

建久七年は一一九六年である。

また、「延慶本」第六末では、

後には法師になりて常陸国に有けるが、東大寺供養三月十三日と聞ゆ。先立ちて七日以前より飲食を絶て、湯水をも喉へも入れず、供養の日、終に死にけり。

「延慶本」のその後の展開は、建礼門院のその後の消息と死を伝えて、すべての記述を終わる。その最後の文章が、「それよりしてこそ、平家の子孫はながくたえにけれ」。

「覚一本」は「下巻」三〇〇ページで、景清は「なにとしてか　のがれたりけん」と書かれている。景清は、このころまでは、どこかで生きているのである。

「長門本」も「延慶本」も、景清が大仏供養の日を意識して死ぬべく湯水を絶ったこと、あるいは飲食を絶ったことについては、記述が一致している。そして、景清の死を、同じく建久七年三月とし、死亡日が七日と一三日とに分かれているだけである。

『盛衰記』で景清が最後に登場するのは壇ノ浦での場面である。このあと、景清はまだ生きているのか、死んでしまったのか、何も分からない。

『吾妻鏡』でも景清の死はまったく書かれていない。

また、前記五つの文献において、景清が、日向に下向したという記述はない。

さらに、前記五つの文献において、景清が、自分の目をくりぬいたという記述もない。

3．江戸時代の文献に見える景清

ここでいう江戸時代の文献とは、『新編鎌倉志』、『鎌倉攬勝考』、『三国地志』である。

『新編鎌倉志』は、徳川光圀が鎌倉を旅したあと、家臣に命じて、鎌倉の名勝旧跡をまとめさせ、貞享二年（一六八五）に完成したもの。

『鎌倉攬勝考』は武州（武蔵国。大部分は今の東京都・埼玉県）八王子の植田孟縉という人物が文政一二年（一八二九）に編纂したもの。

『三国地志』は伊賀（今の三重県の西部）上野城代・藤堂元甫の編纂したもので宝暦一三年（一七六三）完成。いずれも雄山閣による復刻版で、戦前の出版物である。

江戸時代の文献には『和漢三才図会』（寺島良安が編集し、正徳二年〈一七一二〉に刊行した）もあるが、これについては後述する。

①『新編鎌倉志』

『新編鎌倉志』巻之四に「景清籠」（九四ページ）と題して、次の文章がある。

景清籠は、扇谷より化粧坂へ登る道の端、左に大巌窟あり。悪七兵衛景清籠也。或云、景清は鎌倉へ不下、可下との支度の為に作りたるならんと。今按ずるに【長門本平家物語】に、建久六年三月十三日、大仏供養あり。于時頼朝在京、上総悪七兵衛景清、鎌倉殿（頼朝のこと）へ降人（降参）に参りければ、和田左衛門尉義盛に預らる。（景清は）昔平家に候ぜし様に、少しも口へらず、義盛に所をも不置、一座をせめて、盃先に取、或は縁のきはに馬引き寄せのりなどしければ、もてあつかひて、他人に預させ給へと申しければ、八田右衛門尉知家に預けらる。後には大仏供養の日を数へて、同七年三月七日にて有けるに、湯水を止て終に死にけるとあり。【東鑑】に、頼朝卿、建久六年二月十四日、御上洛有て、同年七月八日、鎌倉に着御とあり。時に義盛・知家も供奉す。しかれば景清が死去、建久七年とあれば、鎌倉にて死たる事明かなり。且景清が女を、亀谷の長に預けしと云傳ふ。其塚今巽荒神の後にあり。彼是考るに、此籠にて死たる歟。

ついで『新編鎌倉志』巻之五（九六ページ）の冒頭にこう書かれている。題は「人丸塚」である。人丸塚は、巽荒神の東の方、畠の中にあり。悪七兵衛景清が女め、人丸と云者の墓也と云傳ふ。景清が女を亀谷の長に預しとなり。此邊亀谷の内なり。景清が籠の下と、照し見へし。

巻之四では、景清は大仏供養の日をねらって水を絶ち、鎌倉で死んだといい、巻之五では、景清の娘、人丸の墓が鎌倉にある、と言っている。いずれにせよ、江戸時代前期には、景清の命日が建久七年という見方もあったのである。

②『鎌倉攬勝考』

『鎌倉攬勝考』巻之九（三三九ページ）では、「景清牢跡」の項があるが、『新編鎌倉志』の書き方とはかなり異なっている。

扇ケ谷より化粧坂へ登る道端の左に洞窟あり。上総七兵衛尉景清が牢なりといふ。或は云、景清は鎌倉へ来らず。【東鑑】にも景清が事見へず。

この、「【東鑑】にも景清が事見へず」というのはちょっと違っていて、景清の名は一の谷の合戦の場面で一回だけ名前が出てくる。

「景清牢跡」の後半では、次のように言う。

さて、景清が事は、古くよりつくり物語、又は戯作の假名本などに書たるは、皆偽ごとにて、清水観音を信じ、冥助を得たる事は、主馬の盛久が事によそえ、鄙人の姿にやつし、右大将家（頼朝のこと）を伺いねらいしことは、兄忠光が義烈に似せ……是等のこと、景清が仕業には一つもなきことにしてと、相当に否定的な見方をしている。

『鎌倉攬勝考』巻之九（三三八ページ）には「人丸塚」の項もあって、こう書かれている。

巽荒神の東の方、畠の中にあり。土人いふ、悪七兵衛景清が娘、人丸姫といふものの塚なりといふは、【平家物語】に、景清が女を、龜ケ谷の長に預しなどあるより、此塚の名を人丸姫が塚なりと、土人等いひ傳へけり。實はさにはあらず。

として、本当は宗尊親王（鎌倉幕府第六代将軍。和歌に長じていた）がそこに歌塚や人丸堂を建立する予定であったが、急に帰洛する（都である京都に帰る）ことになって実現せずに終わったという。それを後世の人が誤って景清が女の塚と唱えるようになったとする。

文中に【平家物語】とあるのは完璧な間違いで、書くなら能【景清】とすべきであろう。

【平家物語】には、先に見た底本のどれであれ、景清の娘の話は一切ない。

③『三国地志』

その巻之十（六三ページ）、伊勢国（今の三重県の大半）桑名郡の「梵刹」（寺のこと。この行すべて『広辞苑』）として「中堂」を挙げ、「按、本尊観音、悪七兵衛景清草創なりと云」とある。景清が創立したということだろう。

巻之二十七（一四五ページ）は、伊勢国鈴鹿郡であり、「古蹟」として「景清宅址」を挙げる。

「按、邊法寺村にあり。不動院より巽（南東）五町許去て方三十歩ばかりの環堵（かきね。『広辞苑』）あり、其門蹤とて堆き處に楠の大木あり、俗景清屋鋪と云」。

「方三十歩」が分からないが、いずれにせよ、辺法村に景清屋敷と呼ばれている所があるということである。また、「門蹤」という語句は、どの漢和辞典を見ても載っていない。どういう意味なのか。

『三国地志』巻之二十八、伊勢国鈴鹿郡に「氏族」の項があり、さまざまな人物が紹介されている。そこに「伊藤景清」（一五〇ページ）が出てくる。平景清のことで、意訳を加えて紹介する。

【源平盛衰記】が語るに、今日このころは子どもまでが話題にする上総悪七兵衛景清のセリフ。われと思わん者は落ち合え落ち合え。大将軍と名乗っている判官（頼朝のこと）はどうしている。三浦・佐々木はおらんのか、熊谷・平山はおらんのか。

思うに、景清のことは本国（伊勢国）にも所々に口碑が残っている。しかしながら、あるときは加藤景清といい、ある時は梶原景清といって、混乱がある。ある伝えでは、摂津国川辺郡三室寺に景清の伯父大日坊がいたが、景清はこの人を殺した。それで悪七兵衛と言われるのである。

また一説には、大日坊は中国の宋に入り、仏照徳光禅師に拝謁して帰ってきた。平家滅亡後に景清はこの僧のもとに行ったのだが、大日坊は酒を出して饗応しようと思い門を出た。景清はこれを見て、この坊さんは自分のことを源氏に訴えようとしているのだと思い、殺したというのである。

景清の墓は山城国八幡山七曲の正法寺にあるという。また日向国宮崎には祠があり、建保二年八月十五日に亡くなったという。忠清・忠光・景清三代の位牌があって、辺法寺村不動院に安置されているという。かつ景清の宅地を見に行けば、地元の人がいた。

引用文中の、三浦、佐々木、熊谷、平山とは源氏の武将の名前であろう。また、景清の墓は、山城国（現在の京都府南部）にあり、日向国にあり、位牌が三重県にある。

さらに日向国に伝わる「建保二年（一二一四）八月十五日に亡くなったという」記述は注目に値する。『三国地志』がまとまったのは、先述のように、宝暦一三年（一七六三）である。後出の「日向国における景清の伝承」中、「宮崎県史蹟調査」に見られる景清の没年月日に一致するので、この伝承は江戸時代中期の終盤にはもう成立していたというべきであろう。

ここで挙げた三冊の文献は、いずれも江戸時代のものである。次に紹介する能の作品で初めて景清の娘が出てくる。

4. 伝承性の強い文献、すなわち芸能作品が描く景清

ここでは、能「景清」および浄瑠璃「出世景清」を取り上げる。ここで見られる景清像は、「各種の歴史書に見える景清」で描かれた姿とは、相当に異なっている。ただ江戸時代に興隆を見た歌舞伎については、これを取り上げていない。脚本や演出に修飾が多くなっているからである。つまり、史実を離れた脚色がふんだんに盛り込まれているのである。

① 能「景清」

ⅰ．能という芸能

岩波書店発行「新日本古典文学大系」に『謡曲百番』がある。つまり、謡曲（能楽の詞章）が一〇〇種類紹介してある。

能という芸能は四つの分野から構成されている。せりふ、舞（踊り）、曲（音楽）、謡（合唱）である。曲で用いられる楽器も四つだけで、能管（笛あるいは管ともいう）という横笛、肩に掛けてたたく小鼓、左の足の上に置いてたたく大鼓、上から下にバチでたたく太鼓である。

能はすでに平安時代に登場しているが、能の大成者は『風姿花伝』の著者である世阿弥で、室町時代の人物。能『景清』の作者も、『謡曲百番』五三二ページでは「世阿弥かその周辺の」人物とされ、『謡曲大観　第一巻』六三一ページに、「寛正七年（一四六六）二月二五日観世又三郎が本曲を演じた」と記し、こちらは「世阿弥の作」と断定している。いずれにしても世阿弥と無関係ではない。その冒頭はこう始まる。

「消えぬ便りも風なれば、消えぬ便りも風なれば、露の身いかになりぬらん。」

日本独自の文化である能は、二〇〇八年にユネスコの世界無形文化遺産に指定されている。

令和元年（二〇一九）一〇月一二日、宮崎県延岡市の延岡城祉二の丸広場にて開催された第二三回「のべおか天下一薪能」を見に行った。演目に、能「景清」があったためである。

延岡には早めに着いた。会場までの階段には「天下一」と染めた幟が立てられ、いろいろな色の傘が並べられ、それだけでもう十分に薪能が開かれる華やかさに満ちていた。

始めに、「延岡こども能」のグループが連吟「船弁慶」を演じた。こども能と言っても、小学四年生の

のべおか天下一薪能

男児一人から高校三年生の女子三人が含まれている。全員で八名による舞台であったが、延岡にこういう文化が残されていることに深い感銘を受けた。

つづく仕舞（しまい）の「羽衣」・「合浦（がっぽ）」も、同じく「延岡こども能」によって演じられた。これには大人の専門家による「地謡（じうたい）」四人が加わり、舞台右端に列座して、花を添えた。

そのあとが「能」だった。演目は「海士（あま）」。これには何と、延岡の中学一年生女子一人である下沖美乃莉さんが、十世片山九郎（くろう）右衛門（えもん）さんと共演するという配役で行われ、観る者を感動させた。

つづいて「狂言」、演目は「魚説教」。お坊さん役、つまり出家を演じるのは、太蔵流狂言師の茂山七五三（しめ）さんである。檀家役との軽妙な語り口に会場は沸いた。

最後に能「景清」が演じられた。景清役はもちろん十世九郎右衛門さん。乞食（こつじき）同然の貧しい盲僧として生きる景清の住まいは、みすぼらしい立方体の小さな家。物語の展開は、後述する「あらすじ」のままであるが、演者が発する言葉、立ち回りが独特で、食い入るように舞台を観ていた。重厚で迫力のある演技が披露され、演技後の拍手が鳴り止まなかった。しかし、強風の中での演技は、マイクが風の音を拾い、大変な苦労があったことだと思う。

十世片山九郎右衛門さんは、この公演に先立ち、宮崎市の生目神社と景清廟を訪れている。景清も草葉の陰で随分と喜んだことであろう。

ii. あらすじ

景清は、すでに日向にいて、琵琶法師として、里人の世話を受けながらも、孤独な日々を送っている。悪七兵衛景清と言った過去の名前も捨て、今は日向の勾当（こうとう）という身分に甘んじた生活である。

そこに鎌倉から来た景清の娘・人丸が尋ねてくるが、自分を探しに来た我が娘であることに気づきつつ、知らぬふりをして突き放す。のちにその話を聞いた里人の取りなしで、改めて二人は立ち向かう。娘は景清に言う。「恨めしいことです。はるばる遠路を尋ねてきましたものを、情けないことです」。景清は娘に言う。「私は身の置き所もなく恥ずかしい。あなたは花のように美しい。私を恨まないでほしい」。人丸は、景清が、尾張国の熱田の遊女との間にもうけた子である。

別れに景清は、屋島での「しころ引き」の武勇談を聞かせ、「私の命は幾ばくもない。故郷に帰ったら、私の亡き後を弔ってくれ。そなたの弔いが盲目の自分には冥途（めいど）の闇を照らす灯火だ」と。二人は別れる。

能「景清」に書かれた、この「あらすじ」は、史実性の強い文献に描かれたものとは全く異なっている。史実性の強い文献には、遊女の話も、その遊女との間に生まれた自分の子の話も、子が鎌倉にいる話も、出てこない。また、景清が琵琶法師になったという話も、盲目の官人としての勾当の話も、ここで初めて描かれる。

しかし、能の脚本が史実とは無関係に自由に描かれているとはいえ、その出発点はやはり史実を離れることはできない。景清は実在の人物であり、脚本でよく描かれる「しころ引き」の話の史実性も高い。

能などの創作者は、この史実（まこと）と史実ではない作り話（うそ）との間を自由に行き来しているのだろう。平家物語の長門本や延慶本が「景清は湯水を絶って死ににけり。没年は建久七年（一一九六）三月七日、あるいは一三日」と書いても、創作者は、景清を生かし、日向国に行かせ、琵琶法師にする。景清は、与えられた新しい土地で、新しい物語を作る。いや、景清が作るのではなくて、景清を語る人々が自由に景清の物語を創造していく。そして、時間が経てば、作り話が史実のように受け取られ、さらに時間が経てば、史実になっていく。

それは「虚実皮膜（ひまく）」の世界である。この言葉「虚実皮膜」の使用者は、浄瑠璃作家の近松門左衛門である。「芸は実と虚との皮膜の間にある」「事実と虚構との中間に芸術の真実がある」（広辞苑）のである。

能「景清」の作者は、世阿弥あるいは世阿弥周辺にいた者の作といわれるから、当代一流の作者の手になるものであることは間違いない。

こうして、能「景清」は、現代でも演じ続けられている。

② 浄瑠璃「出世景清」

i．「出世景清」誕生の背景

能「景清」が書かれたのが、一五世紀の中頃。それから二〇〇年以上が過ぎた江戸時代前期の大坂で浄瑠璃の「出世景清」が上演された。

「出世景清」の作者は近松門左衛門（一六五三〜一七二四）。竹本義太夫（一六五一〜一七一四）と組み、「出世景清」の上演で名声を博した。竹本義太夫は、浄瑠璃太夫。浄瑠璃太夫とは浄瑠璃の語り手のこと。貞享（じょうきょう）元年（一六八四）に竹本義太夫を名乗り、大坂道頓堀に竹本座を創設、翌二年一月「出世景清」の公演を手がけた。「出世景清」の成功は、江戸時代を通して景清伝説をますます確実なものにしていった。

ii．あらすじ

「出世景清」の筋書きで、能と違うところは、人名が書かれていることである。熱田の大宮司の娘は小野姫、遊女の名は阿古屋、その子どもの名は弥石（いやいし）・弥若（いやわか）、阿古屋の兄は十蔵。

阿古屋の家に届いた小野姫からの手紙を見て阿古屋は狂い、その兄・十蔵が六波羅に密告する。景清は兵に取り囲まれるが脱出する。源氏方の梶原は大宮司を捕らえ六波羅の牢に入れる。小野姫も捕らえられ拷問を受ける。そこに景清が現れ、自ら捕縛される。大宮司と小野姫は許されるが、小野姫は牢通いを続ける。

「出世景清」では、この先が違う。阿古屋が二人の子どもを連れて牢を訪れる。そのあと、阿古屋が子どもを殺す。阿古屋も喉に刀を当て自害する。景清は声を上げて泣いた。景清は十蔵を逆さまにし胴を真っ二つに引き裂いた。

頼朝は景清を助ける理由がなく、家臣に命じて首を刎（は）ねさせた。このあと、首を刎ねられたはずの景清が牢にまだいますという展開になり、観音様が身代わりになったのだという。最後に景清が屋島での「しころ引き」の話をするところは、能「景清」と同じである。

景清の話が終わり、頼朝が席を立ったときの一瞬、景清は刀を抜き頼朝を襲おうとして、はっと気づき、刀を捨て五体をなげうった。「ああ、浅ましい。面目もない」と、脇差を抜き、両目をくりぬき、頼朝に差し上げて、頭をうなだれた。

頼朝は景清を前代未聞の侍であると褒め称え、鎌倉に戻った。景清は観音に読誦（どくじゅ）を捧げ、日向を本領として受け、喜んで退出した。

③　芸能作品と伝承

伝承性の強い芸能作品二つを時代順に採り上げたが、そこにはいろいろな特長がある。能、浄瑠璃は、景清が日向国に赴いたこと、盲目であったことを共通に描いている。

浄瑠璃では浄瑠璃の阿古屋は遊女であり、景清が日向の地に「土地」を賜ったことにも触れる。しかし、能では「勾当（こうとう）」という官職を与えられてはいるが、とても貧しい生活をしている。また、能では、すでに日向国にいる景清は「盲目」の勾当という立場を与えられ、浄瑠璃では、おそらく京都で、景清が自ら「我が両目をくりぬいた」ことを共通に書いている。

さらに、ここに挙げた二つの作品からは、なぜ宮崎郡生目村に景清を祀る神社があり、なぜ宮崎郡下北方村に「景清廟」が建てられているのかを説明する、確定的な証拠は得られない。二つの作品において、日向国で出てくる地名は、「日向」という国名一つでしかない。日向国内の郡、郷等の具体的地名は一切出てこないのである。

となると、それから先は、宮崎での伝承を探るしかないのであろう。

5．日向国における景清の伝承と検証

ここで、日向国（宮崎県）で見られる資料に向き合いたい。

平景清に関する古い文献は二つと言っていいだろう。

一つは、江戸時代から手書きで書き継がれている『日向見聞録』（あるいは『旧跡見聞録』）である。これを

略称して『見聞録』とする。

この正本は宮崎市柏田の直純寺にあると、『見聞録』の最後に書かれているが、二〇二一年一月現在で、直純寺の住職さんは「聞いたことも見たこともない」とおっしゃっていて、これを本稿の資料として使っていいのか、判断に迷う。ただし、宮崎県立図書館には『見聞録』が収蔵されている。

もう一つが、大正末期から昭和初期にかけて、当時の宮崎県内務部が編集した『宮崎県史蹟調査』（以下、『史蹟調査』とする）である。県内の各郡別に分けて編集された歴史記録である。

そこで、ここでは『史蹟調査』の記述を優先して取り上げることにする。

①『史蹟調査』で見る景清の伝承

『史蹟調査』のなかに「景清の廟所」とする項があり、次のように書いている。カナはひらがなに改め、旧字体は直し、適宜、句読点をつけ、（　）等を設けて補足説明を行った。

「大字下北方にあり、生目村生目神社と共に眼病に験ありとし、他県よりの滞在祈願者多し、左に縁起を記す」、として以下の文が続く。


当廟は景清公の遺骸を埋葬せる境域にして、日向国宮崎郡大宮村字下北方旧沙汰寺内にあり、宮崎町を距ること三〇町余にして本庄（現国富町の中心部）へ通ずる県道の傍なり。公、姓は藤原にして父を忠清という。仁平三年（一一五三）三月伊賀国山田の里に誕る。上総入道とも悪七兵衛ともいえるは此の人なり。世々平氏に仕え、文武兼ね備わり殊に武勇の道に絶倫たるをもって名あり。然るに一盛一衰は世の慣い、如何ともし難く、さしも権勢盛昌なりし平家も壇の浦の戦にて没落し、源家これに代わって政権を執りしかば、公、尾州（尾張国）熱田に潜居して機を窺い、源家を覆えさんと欲せしも果たさず。また、京都清水(きよみず)辺りに匿(かく)れたりしを、畠山重忠に見いだされて捕らわれの身となりけれど、頼朝公、その武勇非凡なるを惜しんで公を殺すに忍びず、己に仕えむことを進められしが肯(がえ)んぜず（断(ことわ)り）、ついに源右府（頼朝）の任命により日向の勾当（盲人に与えられた官位）となり、文治二年（一一八六）一一月、日州（日向国）へ下向せらる。家臣の大野、黒岩、高妻、松半、山野、家森、古橋等の諸族を携え来たり。下北方古城に住居し、当時、宮崎郡北方百町、南方百町、池内百町、都合三百町を領知せりという。

このあと、『日向旧跡見聞録』、『日向地誌』、『土持源壽蔵景清由来古巻物』などからの引用等があって、次に続く。

公、この地にあるや深く神仏を崇拝せし形跡著しく、古城八幡宮は公が祈誓のために宇佐厳島稲荷の霊神の霊験あらた（か）なるをもって勧請したる社といい、のちその因縁により公の霊をも併せ祭りて景清八幡とも称したりしが、維新後に至り同村へ鎮守の村社名田(みょうで)神社へ合祀せらる。（中略）また、瓜生野村なる岩門(いわと)寺は公の願主にしてその本尊はすなわち景清の守(かみ)本尊なり……浮ノ城なる正光寺も公の建立なり

さらに、景清の没年や死後の件について、こう記す。

建保二年（一二一四）八月一五日霧島山漫遊の時、かの地において行年六二歳にて没せらる。よって骸骨を持ち来たりてこの地に埋葬し法名を千手院殿水鑑景清大居士神儀という。その女(むすめ)に人丸姫というあり。公、当地に在住の時父を慕いて尋ね来たりしが、建永元年（一二〇六）九月、二七歳にて早く世を去り……その墓も廟所の傍らにあり

② 伝承の検証

先に見たように、史実性の強い文献で見ると、景清が日向に下向したと書いているものはない。

しかし、先に見た二つの芸能作品は共通して、景清の日向下向に言及し、景清が盲目となったことに触れている。特に、浄瑠璃では、頼朝の目の前で我が目をえぐり取っているのである。

景清の日向下向を一番具体的に詳しく書いているのは、宮崎で伝えられている伝承である。以下に、それを整理する。

ここで、『見聞録』に書かれていることは「見」と書き、『史蹟調査』に書かれていることは「史」と書く。『見聞録』には「古老伝え言う」「伝え言う」とする断りが必ずあり、『史蹟調査』では資料名を明らかにしながらその内容を伝える書き方が多い。

A　日向国に下向したのは文治二年（一一八六）一一月であること（「見」・「史」）

B　景清が我が目をえぐり取ったのは宮崎の下北方であったこと（宮崎での口承）

C　宮崎郡北方（きたかた）百町、南方（みなみかた）百町、池内（いけうち）百町、都合三百町を賜ったこと（「見」・「史」）

D　景清は、家臣の大野、黒岩、高妻、松半、山野、家森、古橋の七氏（『史蹟調査』）を、あるいは、大野、黒岩、高妻、松半、山野、古橋、重長、有半の八氏（『見聞録』）を連れて下向したこと（「見」・「史」）

E　景清の生年は、仁安三年癸酉（一一六八）三月一八日、伊賀国山田郡に（「見」）、仁平三年（一一五三）三月、伊賀国山田の里に。（「史」）

F　景清の没年は、建保二甲戌年（一二一四）八月一五日、真幸（まさき）の霧島山へ詣（もう）でかの山の池の辺にて病死し、行年六二歳であったこと（「見」）

G　法名は「水鏡景清」（「見」）あるいは「千手院殿水鑑景清大居士神儀」（「史」）
H　景清には人丸という娘がいた（「史」）
I　瓜生野の岩門寺（いわとじ）は景清が建てた（「見」・「史」）
J　浮之城の正光寺（しょうこうじ）は景清が建てた（「史」）
K　景清は、帝跡寺（たいせきじ）を帝釈寺（たいしゃくじ）と改め、再興した（「史」）

これらについて細かく見ていく。

Aの「日向下向」については、史実性の強い文献と明らかに異なる。

宮崎でいわれている日向下向の文治二年（一一八六）には、史実性の強い文献では、景清はまだ頼朝の命を狙いながら、逃げ回っているときであり、あるいは、源氏に捕らえられて、はじめ和田義盛次いで八田知家に身柄を預けられているときである。文治二年は、壇ノ浦の戦いで平家が滅亡した年の翌年に当たる。

『見聞録』は「生目八幡宮」の項でこういう記述をしている。「上総悪七兵衛景清、君の仇を復せん事を思い、頼朝東大寺供養に詣でられし時、姿をやつしうかがうといえども畠山重忠に見とがめられ虜（とりこ）となる」。続く「景清石塔」の項では「文治二丙午年十一月当国（日向国）に来たる」としている。

東大寺供養は建久六年（一一九五）の出来事であり、景清が日向に来たというのは文治二年（一一八六）のことである。つまり、景清が畠山重忠に捕らわれた年より前に日向に来ているのである。明らかにおかしい。そして、先に見たとおり『史蹟調査』中の「景清の廟所」でも、景清が「文治二年日向に下向した」という説が採用されるのである。

Bの「目」について宮崎では、くり抜いた景清の目の玉を、下北方から生目村の方に投げて、その目の玉が掛かったところが生目神社の「目掛けの松」であるという伝承が残っているので、目の玉がくり抜かれたのはどこでか、という問題は小さくはないのである。

能では、景清はすでに盲目になっていて、目がくり抜かれたかどうかにも、触れていない。浄瑠璃では、景清は頼朝の目の前で我が目をくり抜いたとし、それが京都での出来事であるとしている。

つまり、伝承性の強い芸能作品でも、「目掛けの松」伝承は、成り立たない。したがって、この伝承は宮崎独自のものである。

Cの「土地」についていえば、北方（上北方と下北方に分かれる）、南方、池内は、当時、宮崎郡の主要地であった。江戸時代には延岡藩の領地であり、南方の奈古神社は宮崎庄の総社的立場にあった。

先述の五つの「各種の歴史書」（平家物語の覚一本、長門本、延慶本および源平盛衰記、吾妻鏡）では、景清が日向に土地を与えられたことについては何も語っていない。

伝承性の強い芸能作品では、能は「景清が日向の勾当である」ことには言及しているが、土地を与えられたとは書いておらず、景清は貧しい生活をしている。浄瑠璃では「本領として受ける」とするが、数字では示していない。

Dの家臣団の中で、高妻氏とは、現在の生目神社の宮司を務める高妻（こうづま）家のことのようだ。

また生目神社の南の山中に「塚本石塔群」があるが、これが景清に付き従ってきた家臣の墓ということで、「お伴墓」と呼ばれている。景清の家臣たちが、景清に従って日向に下向したということも、宮崎独自の伝承であろう。

Eの「生年」については、どちらを採るかで享年（死亡時の年齢）が全く違ってくる。『見聞録』をとれば享年は四六歳になるし、『史蹟調査』をとれば六一歳になる。Fで享年は六二歳とするのだから、次項のFを成立させるためには『史蹟調査』を選択せざるを得ない。

Fの景清の死亡については、「各種の歴史書」でも一致しない。

覚一本では、そもそも景清の死について全く触れないし、長門本は建久七年（一一九六）三月七日とし、延慶本は建久七年三月一三日とする。死因は、長門本・延慶ともに飲食を絶ったことによる餓死である。

Gの「千手院殿水鑑景清大居士」という法名については、浄瑠璃「出世景清」で「景清は観音に読誦を捧げ」とあることから、伝承の上では、これらの芸能の影響もあるのだろう。

『見聞録』の法名「水鑑景清」であるが、この「水鑑」は、日田代官・池田季隆が生目神社に参拝して詠んだ御神詠「かげ清く照らす生目の水鏡　末の世までも曇らざりけり」（同神社由緒）の水鏡なのであろう。こちらは史実である。景清の法名はどうも、鎌倉時代も江戸時代も、また史実も芸能表現も、渾然一体となった感がある。法名の歴史は意外と浅いのかも知れない。

Hの人丸であるが、「各種の歴史書」には全く出てこない。伝承性の強い芸能作品、能で初めて「人丸」が登場する。また、浄瑠璃では、愛人として阿古屋が出てくるが、その子二人は男子である。

熊本県あさぎり町に「平景清息女の墓」があるという。能「景清」の逸話が現実化したというべきか。

Iの岩門寺は、慶応から明治にかけての廃仏毀釈で廃された。岩門寺については後述する。

Jの正光寺も、明治時代のはじめに廃仏毀釈で一度廃絶の憂き目に遭っているが、その後、復興したのであろう。しかし戦後になってから寺側の事情で廃寺となったが、これも後述する。

Kの帝釈寺の門の前には、「曹洞宗大本山総持寺御直末　善法山帝釈寺」と書いた石柱がある。横浜市鶴見区にある曹洞宗の大本山を総持寺といい、その本山直属の末寺が帝釈寺である。

このお寺のことを聞こうと訪れたとき、位牌を写した写真を頂いた。そこには「当寺開基千手院殿景清水鑑大居士」とあった。景清の法名である。帝釈寺の近くには景清廟もある。その入り口に下北方町区会が掲示している「景清廟縁起」にも、この法名が使われている。

その位牌に書かれている「開基」という言葉を、初め誤解していた。

『広辞苑』には三つの意味が書かれ、その一つに「寺院また宗派を創立すること。また、その僧。開山。開祖。」とある。

実は、開基には別の意味があって「寺院創建の際、経済面を負担する世俗の信者。この意味では開山と対になる」もある。

最初、前者の意味に取っていたわたしは、困ったことになったと思ったが、帝釈寺にお聞きして、後者の意味であることを知らされた。いずれにしても、下北方には、お寺であった沙汰寺と帝釈寺があることになる。明治になって沙汰寺は廃仏毀釈にあったが、帝釈寺はその難を逃れたという。ただ、帝釈寺の仏像の中には、首を切られたあとくっつけたと見えるものが数体はある、というのに。

ここで、本来の筋道からそれるのだが、帝釈寺だからこそ触れたいことがある。

帝釈寺は寺であるから、境内には墓地もある。駐車場から墓地にあがる階段がある。そこを上がって、南に行き、さらに西に行くと、南側から数本の木立が墓地にかぶさっている場所がある。それに接するように、「平賀氏祖先之墓」と「佐々木家之墓」がある。

今、わたしの手許に『若山牧水没後八十周年記念事業　若山牧水 東京展』という小冊子がある。この展示会は、平成二一年（二〇〇九）一月から二月にかけて、日本近代文学館（東京都目黒区駒場）を会場とし、

帝釈寺

平賀財蔵（春郊）の墓

若山牧水記念文学館長の伊藤一彦さんを主催者の一人として開催された。ちょうど上京中であったわたしは、これを見に行った。わたしの親友がそこに関係者としていたからでもある。

伊藤さんは、展示会の狙いの一つとして、「牧水の親友であった平賀財蔵との交友」を挙げている。その平賀財蔵の墓が帝釈寺にあるのである。こう書いてある。

「平賀財蔵　数也養子　享年（きょうねん）七十一才
延岡大内太郎三男
明治十五年六月二十六日生
昭和二十七年五月二十五日歿」

つまり財蔵の生没年は一八八二年と一九五二年で、数え年で七十一才であった。また財蔵はその号を「春郊」といった。平賀財蔵は若山繁より三歳年上である。

平賀財蔵の姓は三回変わっており、大内、鈴木、平賀である。大内が、鈴木、平賀と変わった理由は養子になったからである。財蔵は、婚姻の前に養子になっている。

最初、大内財蔵と名乗ったが、もともと剣豪・大内太郎の三男であった。大内太郎が上京して千葉周作の「北辰一刀流」の剣の技を学んだ。その「顕彰碑」が延岡の今山八幡神宮の境内に現存する。今山八幡宮を南に下り、芝生が綺麗に植えられている今山公園の南端に「剣豪大内太郎先生顕彰碑」がある。

牧水と春郊は、二人がどこに離れていても手紙を送りあった。そのうち、牧水から春郊に宛てた手紙が出版され、『若山牧水書簡集「僕の日記である。」』として発行された。平成二二年（二〇一〇）、若山牧水記念文学館からである。この本で牧水が春郊に宛てた手紙は二六四通に及んでいる。

ちなみに、わたしの親友とは、名前を佐々木従方（よりみち）といい、筆者の二〇歳代からの友人である。また、その妹のミカは、筆者の高校三年のときの同級生である。

さて、本題の「生目神社」のテーマに戻る。

③ 沙汰寺と名田（みょうで）神社のこと

沙汰寺とは、神集山沙汰寺のことで、現在の景清廟がある場所にあった寺である。明治当初に行われた廃仏毀釈で廃寺となった。つまりは、景清を祀っていたのは寺であった。そして、沙汰寺はその後も復活することはなかった。

ここで、沙汰寺のあとに何らかの神社が新設されてもよさそうであるが、そうはなっていない。その理由として考えられるのは、すでに全国にその名をとどろかせている生目神社があること、生目神社の主祭神と同じ祭神（誉田別命（ほんだわけのみこと）と藤原景清）を持つ名田神社が、明治になって景清廟と同じ下北方村に誕生したことと関連があるのかもしれない。

そうすると、沙汰寺はなくなったが、その基本的な姿は仏教色を失っていないのであろう。事実、のちに見るように、景清廟に見られる石塔群には仏教色しかない。

引用文後半に、古城八幡宮が出てくるが、これはのちに景清八幡と称し、明治になって同村すなわち下北方村にある名田神社に合祀されたという。宮崎市の大淀川が東流から南流に転じる辺りの左岸に鎮座する名田神社のことである。

現在の名田神社の由緒書（案内板）にはこうある。

> 当社創立は建久三年（一一九二）九月にして若宮八幡宮と奉称し、相模国（神奈川県）鶴岡八幡宮のご分霊を勧請せり。貞和四年（一三四八）十一月浮舟城（うきふねじょう）主（都於郡（とのこおり）城）伊東祐重公社殿を建立し上北（かみきた）（方）庄二町五反を寄進せり。明治四年十一月下北方（しもきたかた）村古城の景清神社に合併、明治六年一月旧来の名田（みょうで）村亀山（現在地）に遷宮し名田神社と奉称す。大正五年二月、社殿の頽損（たいそん）甚だしく境内地狭隘（きょうあい）なりし故を以て、下北方下郷（しもごう）六〇一四番地に遷宮せり。昭和二十五年、第二次世界大戦終結後の諸情勢により再度現在地に遷宮せり。

名田神社は、創建以降五、六回の遷宮を経て、現在地にあるらしい。大正五年（一九一六）に移った下北方下郷六〇一四番地は、現在の名田神社からほぼ東方向へ六〇〇（メートル）ほど行った所である。先ほどの帝釈寺と名田神社とは、直線距離で一〇〇（メートル）もない近さである。

④ 廃仏毀釈で消えた岩門寺（いわとじ）

先に「後述する」と述べた部分の一つがこれである。

岩門寺は、はじめ名前を「がんもんじ」と筆者は思っていた。そのあと偶然に宮崎市上北方（かみきたかた）で「磐戸（いわと）神社」の前を通った。瓜生野の王楽寺に「がんもんじ」の場所を質問したが、「廃仏毀釈もあったので今は分からない」との答えだった。おそらく「がんもんじ」と言ったのがいけなかったのだと思う。

その廃仏毀釈という言葉を聞いて佐伯恵達著『廃仏毀釈百年』を思い出し、その一八〇ページに「上北方1（岩戸寺）」とあるのを見つけた。「上北方1」というのは、廃仏毀釈で廃寺になった寺の数は上北方では「一つ」という意味である。

ところで、『日向郷土志資料　第四輯』に『日向社寺明細記㈠磐戸神社』（日野巌著）があり、その三六ページに、「磐戸寺は吾平山磐戸寺といい、一説に聖武天皇の御代に開創と言い伝えているが、おそらくもっと後世に本地垂迹の説が起こってから磐戸社の神宮寺として設けられたのであろう」としている。神宮寺とは、神社に設けられた寺のことである。

神社の名は磐戸神社といい、祭神は天照大神という。ここに神社が勧請・創建された時期は明確ではない。上北方村の村社でもあった。

先に続いて三八ページには次の記述。「ここにおいて多年僧侶のために下位に置かれていた社人（神社関係者）は急に勢力を得、諸所で社人と社僧との闘争が勃発した」。

この社僧について『広辞苑』は次のように説明している。「神宮寺に属し、神社で仏事を行う僧侶。その地位は神職の上で、中には武器を備えていたものもあり、別当・座主・院主・検校など種々の階級があった。奈良後期に始まり、一八六九年（明治二）に廃絶」。

そして、廃仏毀釈から一五〇年が過ぎた今もなお、磐戸神社周辺には仏教の風景が残されている。磐戸寺は真言宗の寺であった。神社に上がる階段の一番下には鳥居があるのだが、その左手には三尊仏が置かれている。しかも廃仏毀釈の暴力性を証明するかのように、本尊の両脇を固める脇侍二体の首が斬られたままで。おそらく一五〇年間放置されている。しかも、頭部はどこにもない。ないから復元できないので

磐戸神社と首を斬られた脇侍二体

あろう。また、本尊の首も異様に短い。つなげたのだが、うまくはいかなかったようである。

七八段の階段を上がりきると、最後の段に載せて左右一対の、親柱のような石が建っている。右の石には、岩戸寺□□、庄や、石や、年寄などの文字が見えるが、読めない文字や意味の分からない文字があって判読が難しい。左の石には「寛延二年（一七四九）」と年代が読める。

その後方に左右一対の石灯籠。石灯籠は、上から順に、宝珠、笠、火袋、中台、竿、基礎と部位の呼び名があるが、その竿の部分の東面に「奉燈」、北面に「宮崎郡瓜生野村大字上北方」、南面に「昭和十二年四月廿日」、西面「宮田フサ　三十九歳」と刻まれる。これと対になっているもう一つの石には、やはり竿の部分に同じことが書かれている。

この一対の石灯籠の後方に、ガラス張りの祠。内部の床は板敷き、奥には二つの神棚。

祠の横には土の見える山肌で、「供養　青面金剛（しょうめんこんごう）」（顔の色が青い金剛童子。大威力があって、病魔・病鬼を払い除く。『広辞苑』）と刻んだ長方形の石が置かれ、おそらく六本の手を持つ仏像が光を背負って、横たわっている。

右手山裾には「月天子（がってんし）」と刻んだ石が二個。隣には奥行き二メートルほどの土の横穴があり、中に奉納物らしきものが置かれているが、仏像ではない。「月天子」は月を神格化したもの（広辞苑）で、道路の角などによく見られる。

左手には、「肥後国　隈本（くまもと）」「奉造立□□□吉田宇兵衛」と刻んだ碑が一つ。ほかに「社殿改築記念碑」（昭和一二年）と「磐戸神社改修記念碑」（平成一五年）がある。平成十五年のものには、「県道西部環状線建設で神社境内一部収用に伴う整備改善であること」が記されている。

拝殿は一番奥まった位置にあり、接続した本殿は背後の山に接して建てられている。なお、本殿は「岩屋」となっている。本殿と「岩屋」、どうも横穴古墳という言い方もあるのだが、その間にすき間はなく、本殿は岩屋に食い込んでいる。

拝殿のそばに「郷土の名木」としてアラカシとイチイガシの巨木がそそり立っている。立地的にはあまり余裕がなさそうである。

磐戸神社から目を転じる。近くの小高い山のてっぺんに、寺のお坊さんの墓があるというので見に行った。ある墓にはこう刻んであった。梵字の下に、「権大僧都法印（ごんのだいそうずほういん）直延和尚（おしょう）位」。個人の墓もあったが、そのいずれも仏教徒の墓であった。法名が仏式なのである。

昭和時代の墓も、仏式の法名が付けられている。その理由を、上北方の人に聞いた。廃仏毀釈のあと、磐戸寺の檀家の人々は、近くにある寺を選んで、そこの新しい檀家になったという。磐戸神社のまわりには、王楽（おうらく）寺（天台宗）、直純（じきじゅん）寺（浄土真宗）、帝釈寺（曹洞宗）などの寺がある。しかし、王楽寺も直純寺も廃仏毀釈でやはり廃寺になり、再興されたのは明治一六年（一八八三）とか同一九年であるから、この地域の信仰事情はかなり困難を極めたのではないだろうか。明治の初めに磐戸寺はなくなったが、人々は、どういう信仰の仕方をするのか、悩んで過ごされたのであろう。また、廃仏毀釈を受けなかったはずの帝釈寺の仏像も、事後、首をつなげているものが見受けられる。

磐戸神社周辺には昭和一九年（一九四四）に県指定史跡となった「瓜生野古墳」の横穴古墳が密集している。その中にある一つの「岩屋」が本殿で、拝殿はその前に造られた。有馬氏の時代から延岡藩の領地であった。他の資料では「岩屋」を「岩窟」としている。

現在の「磐戸神社」の管理をしているのは瓜生野の八幡神社である。

先の石碑にもあったように、神社の拝殿の横を高架の宮崎西環状線が走っているが、そこに架かった橋の名前は「いわとはし」である。西環状線ができる前の、平和が丘団地と直純寺の下の柏田地区を結ぶ道路は、山の中をくねくね曲がった狭い道路だった。その団地から降りきったあたりに磐戸神社がある。

⑤ 戦後に廃寺となった正光寺（しょうこうじ）

先に「後述する」と述べた部分の二つ目。

宮崎市吉村町浮之城の正光寺探しも地元の方のお世話になった。

尋ねた四人目の方が一緒に車に乗って案内してくれたのである。コープみやざき柳丸店の角の交差点を東進し、信号機のある次の交差点を鋭角に左折し、左手にある三階建てのマンションを通り過ぎて、再び鋭角に左折するT字路に入っていくと、やがて右手に小さな祠が見える。一軒の民家敷地内に作られた、これが「正光観音御堂」である。

宝寿山正光寺はもう存在しない。明治の初期に廃仏毀釈にあったことは先述している。

復興されたのがいつなのかは判然としない。しかし、正光寺は昭和四六年（一九七一）ごろに廃された。

その面影を伝えているのが「正光観音御堂」である。これを建立されたのは、その民家の方である。民家のうしろは空き地と墓地になっていて、この空き地に大きな伽藍があったという。墓地には歴代の住職さんと思われる方々の墓もある。まわりには檀家さんの墓も所狭しと並んでいる。毎月、一日と一五日が墓参りの日だという。

墓参りに来ていた人に、「法事のときはどうされているんですか」と聞くと、「今は同じ宗派である大塚町の多宝寺にお願いしています」ということだった。曹洞宗である。これは多宝寺側にも確認した。多宝寺は、後掲の「生目神社参道物語」でも登場する。

吉村町浮之城から大塚町へは大淀川を渡って行く必要がある。かなり遠いのである。

さて、「正光観音御堂」は小さなお堂であるが、御堂の中には「網掛観音(あみかけ)」が安置されている。昔、海に光るものがあるので、網を入れたら観音像が上がってきたのだという。網掛観音の扉が開かれるのは三三年に一度である。

このお堂で、もう一つ有名なものがある。松尾芭蕉の句碑である。江戸時代の「安永九年(一七八〇)、加賀(石川県)の俳人松白蘭二が招かれて行脚してきたとき、(仁田脇)林耕等によって建てられた芭蕉塚が……宮崎市浮之城正光寺に建てられた」(『日向俳壇史』一二六ページ)という。芭蕉は一六九四年の没であるから、もちろん日向国に来てはいない。しかし、こういう芭蕉の句碑は、全国に散らばって見られる。

古びた句碑は黒ずんで彫り込まれた文字を読み取るのは難しいが、幸いに裏面に同じ句が書かれていてこちらは読みやすい。

碑の正面には「芭蕉庵桃青居士(とうせいこじ)」と大書されている。「桃青」は芭蕉の俳号。句は正面の字の両脇に分けて「麦の穂や涙に染(そめ)て鳴雲雀(なくひばり)」とある。「麦の穂が黄色くなってきて空高く鳴く雲雀の涙も黄色く染ま

松尾芭蕉の句碑

っている」という解釈でいいのだろうか。

正光寺の芭蕉句碑については、生目神社にある芭蕉句碑に関連して、すでに記述している。なお、『見聞録』には「正光寺」の記述はない。景清伝説にまつわる岩門寺も正光寺も、歴史の流れに飲み込まれて、二一世紀の今はもうないのである。

『史蹟調査』は、なぜ景清が両寺を建立したと言っているのだろうか。よくは分からない。しかし、この、「史実」と「分からない」のすき間に、伝承の魔力が入り込む余地があるのであろう。伝承は自由である。本当であろうが、なかろうが、関係はない。

6．景清廟の現在の様子

ここで、宮崎市下北方にある現在の景清廟について改めて整理したい。

『日向地誌』は「平景清墓」（五一ページ七行目）と題して次のように昔のことに触れている。カタカナをひらがなに変え、適宜口語訳にしている。

旧沙汰寺にあり。天保（一八三一～四五）の初めまでは、高さ六〇センチメートルほどの楕円の石があったが、屋根もなく雨露に濡れて立つだけであった。景清の霊は生きた目であるから、この墓石を削って粉を眼中にすり込めば眼病によく効くといって、目を悪くした患者が四方からやってきて参拝するごとに削り取るものだから、石は次第に形もなくなるほどだった。その後、土地の人が墓石を作り替えて屋根を設けて雨露を防ぎ、遮蔽をつくって立ち入り禁止にした。

明治以前の景清廟の姿はこんなものだったのだろう。『日向地誌』は、このあと「按ずるに景清の事跡は世の伝える所異同多し」と、「一書に云」をいくつもあげている。景清にまつわる話は一筋縄では行かないのである。

景清廟

さて、今は、道路から「史跡　景清廟」と書いた石碑を右手に見て屋根付きの山門をくぐる。そのくぐるとき、右手に「景清公　湯棺塚之跡」と刻んだ石碑が隠れるようにある。

湯棺は湯灌の当て字で湯灌は「納棺する前に死体を清めること」をいう。この石碑の願主は「大分県宇佐郡封戸村　安藤喜市」という人物である。残念ながら奉納の時期が書かれていない。封戸村は明治二二年（一八八九）の町村制施行時に発足しているので、それ以降の明治時代であろうか。

以下の三つの段落については『六十六部廻国供養塔』（長宗我部光義・押川周弘著・二〇〇四年・岩田書院発行）に詳細が掲載してあるので、これを引用している。

山門の左手には「献燈」と書いた石碑、その下に「十方施主」と書いた台座。左面には「山主　鮮翁代」と刻まれ、その下に「日本回国六十六部之行者、願主 長州 利吉、世話人 薩州 八十吉、紀州 弥治兵衛、濃州 綱五良」。裏面には「弘化二年（一八四五）乙巳年八月十五日建之」の日付。弘化二年の干支が「乙巳」であることは正しい。

長州は長門国（山口県西部・北部）、薩州は薩摩国、紀州は紀伊国（和歌山県）、濃州は美濃国（岐阜県南部）。願主が長州の人で、世話人が薩摩、紀伊、美濃の人である。彼らが日本廻国の途上に景清廟に立ち寄り、景清の命日にお参りしたというのだろうか。これらの人脈の広さはどこから始まったのだろうか。

同じ石碑は山門の右手にもあるが、こちらは壊れている。ただ「庄屋」の肩書きに続けて「小川作左衛門」と書かれた石碑があり、台座が地上に置かれている。先の『六十六部廻国供養塔』三〇二ページには合計七人の各国（濃州、武州〈東京都・埼玉県〉、備中〈岡山県西部〉、摂州〈摂津国＝大阪府・兵庫県〉、紀州、豊前〈福岡県東部・大分県北部〉、肥前〈佐賀県・長崎県〉）の人の名が書かれている。ここにも、国を問わない広がりがある。それはいかにも自由である。

そこを過ぎると正面に景清廟が建っている。胸の高さばかりの石造りの基礎の上に、木造方形の祠が載って、方形屋根は瓦に覆われている。八〇年の風雨に耐え、重厚な姿を見せている。祠の中には珍しい形の平たい自然石が立てられ、それは外の「人丸姫」に向けられているのだという。

景清廟の左手に「景清廟改築記念碑」。現在の景清廟が昭和一五年（一九四〇）に改築され竣工したことが分かる。この記念碑には生目神社の御神詠も大きく書かれている。「景清く照らすいき目乃水かゞみ末の世までも曇らさりけ里」。

この記念碑の裏面には景清廟の改築の経緯と改築に貢献した人々の名前が刻まれている。宮崎市長・根井久吾、県会議員・荒川岩吉、市会議員・河野芳満など、当時の宮崎市の政治家たちである。

この碑の右隣に、ただ「記念碑」とだけ題した石碑があるが、碑文は文字が読み取れず判読が難しい。この碑の側面には「発起人」として、当時の大宮村長、下北方区長、代理者の名前があり、その字は何とか読める。

この二つの碑の西側には、二、三列に並んだ二〇基ほどの石碑がある。墓もあれば、そうでない石碑もある。一番目立つのは「景清父子之廟碑」。これは墓ではない。景清と人丸の霊に捧げられているのだが、人丸の墓は「孝女人丸姫之墓」として敷地内に別に祀られている。そこには、いくつかの石碑があるが、煩雑になるので省略する。

江戸時代は、庶民が幸せを願い、あちこちを歩きながら祈っていた時代なのかもしれない。人々は思いのほか自由である。その時代の根底に徳川幕府が君臨していることは別にして、信仰に生きることが、人々を支えていたのかもしれない。この石塔群には仏教に生きた人々の息づかいがうかがえるのである。

この石塔群の北側に「薬師如来堂」と「弘法大師堂」がつなげて建てられている。

薬師如来堂の内部の左の棚には五つの仏像がおかれ、右にも六つの仏像と一つの小さな座像がある。薬師如来は、東方の極楽浄土浄瑠璃世界の教主であり、その眷属(けんぞく)として一二神将が配されるのだが、ここに見られるのは一一神将である。多分、左側の五つの仏像は、本当は六つではなかったのか。

「弘法大師堂」に移る。その中央に大きく座っているのが弘法大師であろう。弘法大師は空海の諡号(しごう)（生前を称えて死後に贈られる称号）である。座像の空海の体全体を覆う薄赤い布地にはお経の文字が書き込まれ、首から下には真っ赤な前垂れが掛けられ、大きな字で「奉納」と書かれている。空海の左には四人の僧が座っている。彼らの首にも「奉納」と書いた真っ赤な前垂れが掛けられている。

その下の段には、中央に赤い三方(さんぼう)（神仏に供物を奉り、儀式で物をのせる台。『広辞苑』）が置かれている。水

景清公父母の慰霊塔

人丸姫の墓

を入れるのであろう。その脇に燭台（しょくだい）、花器が置かれ、花器には新鮮な花が生けてあった。ピカピカに磨かれたその段は、光を反射するくらい清潔に保たれていた。「太師堂」の床の上には灰皿と、下に厚い布を敷いた鉦（しょう）が置かれていた。

この二つの御堂の北隣に小さな祠が造ってあり、そこに「孝女人丸姫之墓」とある。薄くて赤茶けて平たい自然石が立ち、その低い位置に「墓」と書かれている。今は剝がれているその上部には、文字があったのか、何もなかったのか、知るよしもない。不思議な空気が漂う空間ではある。

さらにその北側に、石柱に囲まれた区域がつくられ、その枠の中に、「景清公之塚」、「景清公父母之慰霊塔」があり、もう一つの石碑がある。この合計四つの石碑はひとまとまりになっている。

「景清公之塚」はこの祠の右端である。左面に「願主　従六位勲五等　安藤亀治郎」、裏面に「世話人　八名の名前」、右面には「神意ニ拠リ古跡ノ改修ニ際シテ公ノ父母ノ霊ヲ併セ納メ尚ホ其ノ家臣三名ノ霊ヲ納メテ護リトス　皇紀二千五百九十五年二月」とある。

五年後の景清廟改築に先立ち、左から、三人の家臣の霊、景

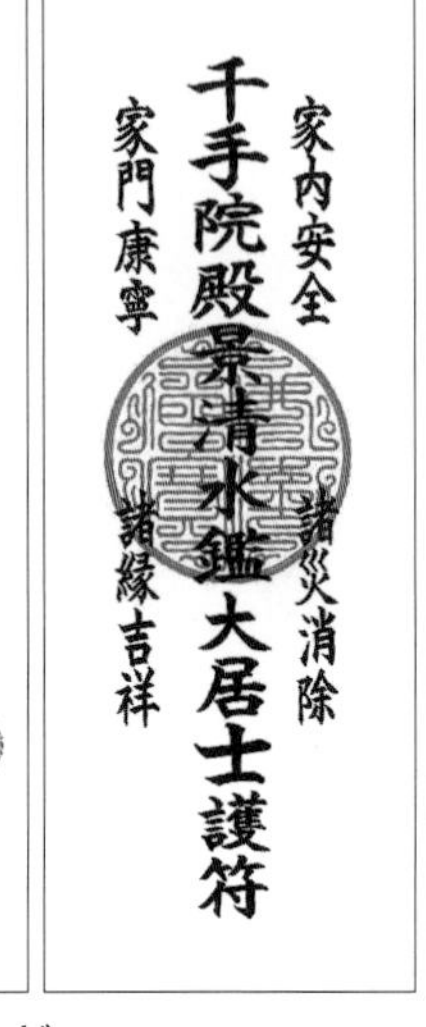

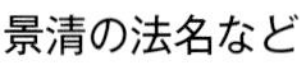
景清の法名など

清の父母二人の霊、景清自身の霊と四つの碑が建立された。家臣と父母の霊が祀られるのは、これが初めてであったろうが、家臣の三人とは誰なのだろうか。三となったことについても、何か根拠があるのだろうか。

景清廟の入り口に「景清廟縁起」とする案内板があり、次の一文がある。

「頼朝は……己に仕えむことを懇望す　公固く辞して直ちに両眼を扶りて曰く　此眼あらば貴公を殺さむの念常にやまず　然るに今は盲目たり　最早敵対する念なしと　ここに於いて　頼朝の仁命（ママ）により日向の勾当となり　文治二年十一月下向あり　時に齢三十二才なり」

つまり、景清は捕らえられて都（京都）にいるときに、頼朝の眼前でわが眼をえぐり取ったことになる。この記述は、近松門左衛門の浄瑠璃『出世景情』の最終盤の記述と一致するのだが、下北方から投げた眼球が生目神社に落ちたという宮崎に伝えられている伝承とは異なることを、わざわざ書いていることになるのではないだろうか。

また、この案内板は、景清が日向に来たとき三二歳であったと書いている。文治二年（一一八六）に三二歳ならば、生まれは久寿（きゅうじゅ）二年（一一五五）ごろということになる。

7. 景清没後六百年祭

また、景清の命日は「建保二甲戌年（一二一四）八月一五日」とするが、この命日が、江戸時代にはすっかり定着しているのである。

江戸時代の医師・寺島良安（りょうあん）が編集し正徳二年（一七一二）に刊行した『和漢三才図会』の「日向」に取り上げられ、こう書かれている。

宮崎　在佐土原之南

神武天皇初皇居之内裏跡有宮悪七兵衛景清之墓

水鑑景清大居士建保二年甲戌八月十五日

要約すれば、こうである。

宮崎は佐土原の南にあり、神武天皇初めての皇居の内裏の跡にお宮がある。悪七兵衛景清の墓に「水鑑景清大居士」（とあり、命日は）建保二年甲戌八月一五日。

文中の「お宮」は現在の「皇宮屋（こぐや）」（皇宮神社）のことであろう。

江戸時代後期の文化一一年（一八一四）八月一五日は、景清没後六〇〇年に当たるというので、この年日向国で六百年祭が営まれた。それを紹介しているのが杉田作郎著の『日向俳壇史』（昭和二九年〈一九五四〉発行）である。その二二四ページにこういう一文がある。

「その遠忌（おんき）を営むべく、盲僧蔦水（ちょうすい）を願主とし、太田可笛（かてき）、日高五明、太田芳竹（ほうちく）等これを輔（たす）けて、全国の俳家に呼びかけて、遠忌記念の短冊を集め、額にして廟前に掲げ、盛んな式典を挙げたのであった」。

ここに「廟前」とあるのは、景清廟がすでにこのときには祀られていたということだろう。蔦水が「景清廟の堂守」をしたことも出てくる。現在の景清廟がある下北方で作成された資料によれば、景清廟は明治三九年（一九〇六）と昭和一五年（一九四〇）に整備・改築されているが、この堂守の仕事は江戸時代のことであるから、江戸時代には明治と昭和に手がけられた整備・改築とは異なるものがあったのであろう。

六百年忌は、全国に呼びかけ、遠忌記念の短冊を集め、それを廟前に掲げ、さぞ、盛大な式典であったことだろう。

8. 江戸時代の日向の俳人

なお、ここで名前の出た、蔦水、可笛、五明、芳竹はみな日向国の俳人で、お互いに俳友である。

蔦水は宮崎市江平の人で、下北方の景清廟の堂守として終わった。

可笛は宮崎市城ヶ崎の豪商の家に生まれ、長じては江戸の与謝蕪村とも交友があった。可笛の名は、城ヶ崎の俳壇墓碑群で見ることができる。

五明は二松亭五明といい、その四人の男子もみな俳句を詠んだ。五明の名も俳壇墓碑群にある。

芳竹も宮崎市江平の人である。現在の宮崎神宮の境内に徴古館（ちょうこかん）があり、その南側に「猿蓑塚（さるみの）」がある。芳竹の発案を可笛や五明が手伝って「猿蓑塚」が完成した。文化八年（一八一一）、江戸時代後期のことである。

芭蕉の晩年に、芭蕉の弟子、去来・凡兆らが編んだ選集『猿蓑』がある。その巻頭に置かれた句が「初（はつ）

時雨猿も小蓑を欲しげなり」で、芭蕉がふるさと伊賀に向かう山中で詠んだもの。「芭蕉も、山で見かけた猿も、時雨に濡れているが、猿は蓑をかぶったおのれを物欲しげに見ているように思える」と読むのだろう。

芳竹は、「猿蓑塚」の建立だけでなく、盲目である蔦水のために景清没後六百年祭にも関わったのである。『和漢三才図会』の刊行は正徳二年（一七一二）であるから、そこに景清の没年が書かれているということは『見聞録』の記述はもっと古いことになる。寺島良安にとって、『和漢三才図会』の記述の典拠は『見聞録』だったのだろうか。

こう見てくると、景清の没年について、「史実性の強い文献」に書かれていることからは全く離れて、「伝承性の強い文献」に書かれた没年の方が、史実になりかわっていると言っていい。

この景清の命日をお祝いする「景清祭」は現在も続けられている。令和三年（二〇二一）九月二一日、旧暦でいう八月一五日、景清廟で景清祭が行われ、筆者も参加した。死後八〇七年の祭りである。この日は、満月で十五夜という名月の夜を迎えた。

近くの帝釈寺から三人の僧侶が参加し、その他の参加者も筆者も、印刷された「摩訶般若波羅密多心経」を唱えた。筆者があらかじめ金一封を差し出すと、帝釈寺が用意されたというお菓子が配られ、後にはお弁当までが配られた。以前お目にかかった押川さんは車椅子に乗って参加しておられた。

人々は、応神天皇の「八幡神」以上に、景清公を「目の神様」としてお参りするようになった。江戸時代までは生目「八幡宮」といっていたが、その江戸時代でも、人々は「目の神様」を拝んだのである。眼病の治療の一環として生目神社にお参りする。それが人々の習慣となった。

伝承が言い伝えることと史実が伝えることとには違いがあるが、そのどちらかを採るかということではなく、その後の歴史がどう展開してきたかということを重視しなければいけないのかもしれない。

伝承も一様ではなく、したがって、伝承で伝えられていることの中にも相互の違いがある。どの伝承を受け入れるかで、伝承の肯定にもなるし、否定にもなる。あるいは、時には一つの伝承を受け入れ、時には対立する伝承を受け入れることも可能で、伝承は史実よりも自由である。自由であるから、芸能も自由に描かれる。

9. 芸能としての「平家物語」――平曲の世界

軍記物語である『平家物語』の成立は、鎌倉時代初期とされる。前にも紹介したが、その冒頭の一文、「祇園精舎の鐘の声、諸行無常の響きあり。娑羅双樹の花の色、盛者（じょうしゃ）必衰の理（ことわり）をあらはす」で明らかなように、『平家物語』の行間には仏教の思想が深くしみこんでいる。

市販されている『平家物語』には岩波書店と小学館が発行したものがあるが、両者とも底本は東京大学国語研究室所蔵の「覚一本（かくいちほん）」である。岩波書店版で見ていく。

覚一は人名で、明石覚一。南北朝時代の平曲家。平曲中興の祖とされる。晩年に筆録させた『平家物語』の転写本が残存し、これが「覚一本」といわれているものである。

平曲は平家（へいけ）ともいわれ、「琵琶の伴奏で語る宗教的語り物で、『平家物語』はこの歌詞として成立した」（広辞苑）という。

『平家物語』誕生のいきさつを吉田兼好が『徒然草』に書いている。兼好は、鎌倉後期から南北朝時代の人物。その二二六段。

> 後鳥羽院の御時、信濃前司行長、稽古の誉ありけるが、学府の御論議の番に召されて、七徳の舞を二つ忘れたりければ、五徳の冠者と異名をつきにけるを、心憂き事にして、学問を捨て遁世したりけるを、慈鎮和尚、一芸あるものをば下部までも召し置きて、不敏にせさせ給ひければ、この信濃入道を扶持し給ひけり。
>
> この行長入道、平家物語を作りて、生仏といひける盲目に教へて語らせけり。さて、山門のことを、ことにゆゆしく書けり。九郎判官の事はくはしく知りて書き載せたり。蒲冠者の事は、よく知らざりけるにや、多くのことどもを記しもらせり。武士の事、弓馬のわざは、生仏、東国のものにて、武士に問ひ聞きて書かせけり。かの生仏が生まれつきの声を、今の琵琶法師は学びたるなり。

引用文後半に「山門」とあるのは比叡山延暦寺のこと、「九郎判官」は源義経、「蒲冠者」は源範頼（義経の異母兄）のことである。

この引用文のポイントは次の文章である「この行長入道、平家物語を作りて、生仏といひける盲目に教へて語らせけり。」

つまり、『平家物語』を作ったのは行長であり、生仏という盲目の人に教えて、語らせ、それを今の琵琶法師たちは学んでいる、というのである。

盲目の琵琶法師が『平家物語』を語る。

琵琶法師のことについて、『定本　柳田国男集　第七巻』所収の論文「東北文学の研究」三四七〜三四八ページで柳田国男はこういう。表記を一部変更している。

実際また平家なども同じことだが、物語の流布に携わった者は、もとは主として座頭であった。座頭には目がないから本などの入用は絶対になかった。……これを書くことに助力した人は、また読む方にも参与し、琵琶抜きにいわゆる素読みをしたい希望が早く現れた。我々の読むということは語る方の真似であった。音読をしない場合は見るといって、読むとは言わなかった。

同じページに、

つまり農民の隠居などにも仮名文字が書けるようになるまで、三百年近くも本なしで元の形を保存することが、昔の人には出来たのであった。

同「研究」三五〇ページに、

九州などの盲僧と称する者は、もと悉く一寺の住職であって、しかも琵琶弾きはその主業であった。彼らが旅行の習慣を利用して、これを細作密偵に使役したものらしく、暴露して敵に殺されなかった者は帰ってから優遇せられ、島津氏などでは鹿児島と日向の某地に、随分いかめしい盲僧派の本寺があった。しかも配下の多数は寺禄のみでは養われず、竈祓いと称して夏冬の土用に、人家を巡回して地の神の祈禱をした他に、いわば余興として色々の物語を弾き、武家の子弟などには物好きについて学ぶ者もあった。それが今日の薩摩琵琶の起源である。

中世の盲僧に四つの官位があり、検校・別当・勾当・座頭といった。あるいは琵琶法師の通称を座頭ともいった。景清が日向の勾当となったのは、ここに由来がある。『平家物語』を、文字が読める者が音読し、それを聞いた盲僧が覚えて、琵琶を弾きながら人々に語る。それが平曲である。仏教の観念を縦糸に、琵琶とともに語られる『平家物語』は、聞く人々を一定の境地に導いた。

文中の「細作」は忍び(しの)の者のことで、細作密偵は他国へ密偵として探りに行くことである。また、「竈祓い」は「竈を清める行事」（広辞苑）で、巫女・僧が担い、銭をもらった。荒神祓いともいう。土用は年に四回訪れる。春の土用・夏の土用・秋の土用・冬の土用で、普通は夏の土用が一般的である。

第V章
生目神社の参道物語

さてここに四枚の写真がある。平成二七年（二〇一五）六月二日に撮影したものである。

この写真の現場は、現在の住所表記でいうと、宮崎市生目台東五丁目「生目台7号街区公園」の北に位置する山林の中である。

左ページの四枚の写真は一つの道標を撮影したものである。

一枚目には「鳥居」の絵のなかに「いきめ」とひらがなで描かれている。（め）の文字は（い）と（き）の文字の間の左側に書いてある。また「八まん」の文字は鳥居の下にあり、衣服の間から出た手の指先に描かれ、この指の向こうに生目八幡神社があることを示している。

二枚目には、北川内村の清作さんがこの尾根道が生目神社にお参りする道路であることを示すために、この場所に置いたものであろう。

三枚目には、「奉きしん」である。書き直せば「奉寄進」。北川内村方面から生目八幡に行く道標である。

四枚目にこの石碑が置かれた年代を示している。「安政七庚辰天」「六月十五日」とある。ただし、安政七年（一八六〇）は三月一八日までで、この日改元が行われ「万延」に変わった。桜田門外の変が起こり政情不安だったための改元であった。明治維新まであと八年という時期であった。

地図で見ると、生目台東五丁目は丑山池（うしやま）からすぐ近くの位置で、丑山池を水源とする生目川は生目神社の南を流れ、やがて支流の宮ノ下川と合流し、そして本流の大谷川へと続く。江戸時代の道標はそんな場所に置かれているのである。

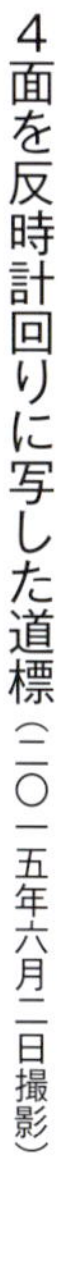

4面を反時計回りに写した道標（二〇一五年六月二日撮影）

一・江戸時代に開削された古い参道（古道）と後藤家

ここに二通一組の歎願書がある。

その歎願書とは、宮崎県文書センター収蔵の『鹿児島仮引継箇所書等』簿冊番号「一八一一一」という文書のことで、歎願書二通が含まれているが、ここでは、仮に、歎願書AおよびBとする。

歎願書Aには題名がない。内容は新道開鑿（削）の歎願である。日向国宮崎郡生目村の発起人・高妻安が、鹿児島県令（知事のこと）渡邊千秋に、明治一五年（一八八二）八月三〇日付けで出したものである。なぜ鹿児島県令に出されているかといえば、当時宮崎県は存在せず、全域が鹿児島県に統合されていたからである。宮崎県は明治六年に設置されたが、西郷隆盛が西南戦争をおこす前年の同九年に鹿児島に併合された。宮崎県が再置されたのは、明治一六年五月九日のことだった。

嘆願書の発起人・高妻安は当時の生目神社社司である。高妻安と児原稲荷神社との関係は、本書第Ⅰ章の「生目神社の風景」の項ですでに触れているが、生目神社を継いだ高妻安は、新道開削の歎願書を出すにあたって、その発起人となり、隣の大塚村や周辺の村々をまとめた。

歎願書Aの文である。平仮名書きの口語的な文に変えている。わずかに残存する古道の様子が活写されている。古道を最初に教えてくれたのは、生目神社の近くにお住いの故谷口富男さんであった。谷口さんからはいろいろな知識を教えていただいた。

一つの険しい道があり、常に往来の人がひっきりなしに続いた。この道は一等里道であって宮崎の市街地に行くことができる。この域内の人たちは、市街にまで行き来し、かつ域内で有名な生目神社があるので、遠くから来る人も近くの人も、神社に参詣する人はみな、この険しい坂道を行き来して混み合っている。

域内の村々は、山が多いので田畑は狭く、住民は耕しても生計を立てることができない。どの家も薪を採って売ったり、木材や杉板を生産して街に行き売って生計を営んでいる。しかしこの険しい坂道があるので、行き来する老人や幼子には苦しいばかりである。

いま、この険路が一変して平坦な道になり、運輸に車（馬車・牛車）を使えるようになれば、将来に不易（不変）の公益を生むことは間違いありません。

と苦境を縷々述べている。明治一四年には「予算目論見」も起草して、実地開削に着手したものの、石工の鑑定違いで事業継続が困難となった。そこで予算目論見を作り直し、通行人からは道賃を徴収して資金に充て、費用を全額返還できたら道賃徴収をやめたい。歎願書はそういう内容であった。

この古道のことが、別の角度から、歎願書Bに書かれている。Bには文書の題名があって「宮崎郡生目村大塚村境繼ケ迫隧道開削之議」。隧道とあるが、実際は道路開削である。

今を隔てること百年前、宮崎郡福島町の豪富・後藤忠蔵という人がいた。生目神社に参詣する人々やここを古里としている人々の便利のために、この道路を開削して寄附したのである。それまではイバラが繁る僅かな細道であり牛馬は使えなかった。

のちに四国のある人が公衆の助力を借り、いささかの石工を使って修理しようとしたが、重なり合う厳しい石を相手に僅かな事業を加えても著しい成果を上げることはできず、この険隘を逃れることはなかった。

後藤家の墓の霊標碑

この「福島町の豪富・後藤忠蔵」という記述が大きい。歎願書が出された明治一五年（一八八二）から一〇〇年さかのぼると、一七八二年になる。

江戸時代を前期、中期、後期に分けたときの後期の始めである。そのころに歎願書Aの険路（古道）が後藤忠蔵によって開かれたのである。

現在の福島町に地区の墓地がある。その墓地には、郷土の歴史家・日高重孝や宮崎が生んだ文学者・中村地平の墓があった。その一角に後藤家の墓がある。その墓地内に、死亡者の名前を記入する碑があり、そこに、あの後藤忠蔵の名と、後藤賢三郎の名が刻んであった。

そこに書かれた後藤忠蔵は没年が昭和四年（一九二九）であるから、江戸時代にはさかのぼりそうにない。名前は同じであるが、歎願書Bに書かれた人とは別人である。

次の後藤賢三郎には驚いた。筆者の高校時代の恩師なのである。宮崎大宮高校の教諭・校長を長らく務め、宮崎県教育委員会教育長も務めた人物である。賢三郎には三人の娘がいたが、末娘の夫である西立野康弘さんもまた大宮高校の校長を務めて定年退職をしている。

西立野さんから見せていただいた後藤家の系図には、忠蔵を名乗る人が何人かおり、忠蔵は後継者（昔の家督相続人）が名乗るという慣例もあったのであろう。改名は後藤家にとって珍しいことではなかった。

系図には、「内藤義英公時代　宝暦九年辛未（かのとひつじ）の年大塚庄屋役に移る」と書かれている人物がいた。ただ、宝暦九年の干支は「辛未」ではなく「己卯（つちのとう）」である。宝暦九年は一七五九年。先に明治一五年の一〇〇年前は一七八二年になると計算したが、一七五九年はそう見当外れの年ではない。その人の名は後藤庄兵衛章好。章好は「あきよし」と読むか。

大賀郁夫・宮崎公立大学教授の研究論文「日向延岡藩領宮崎郡における村役人と地域社会」に、この後藤庄兵衛の名が出てくる。

この論文は、「延岡藩領宮崎郡二三か村が、太田・大島・跡江・瓜生野の四組に分かれ、村には庄屋、組には大庄屋が置かれた」として、庄屋や大庄屋の世襲・交代・兼帯（兼任）などの実際を組あるいは村ごとに記述している。

後藤庄兵衛の名が出てくるのは、この論文の㈡庄屋の系譜と相続」の項である。

その内容を引用する。引用文中の（　）、ふりがなは筆者による。

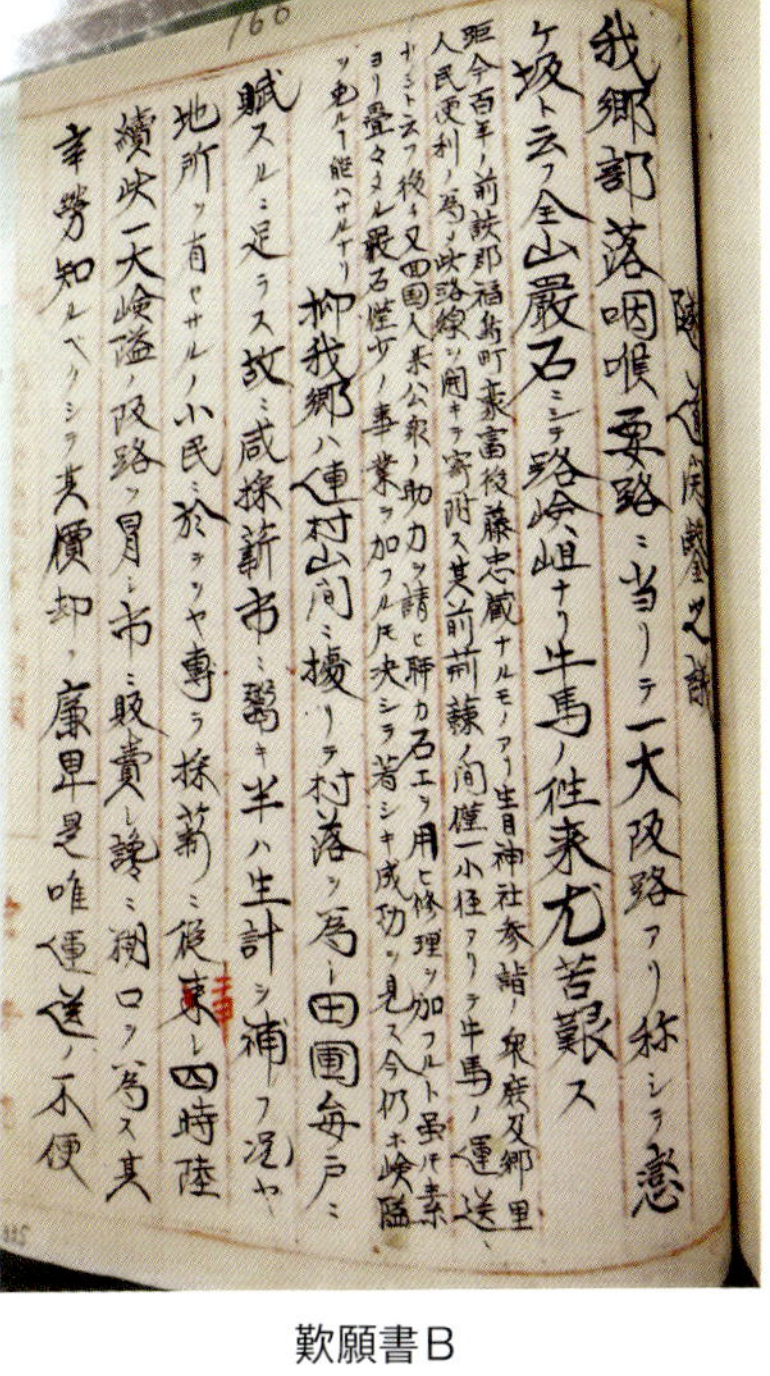

歎願書Ｂ

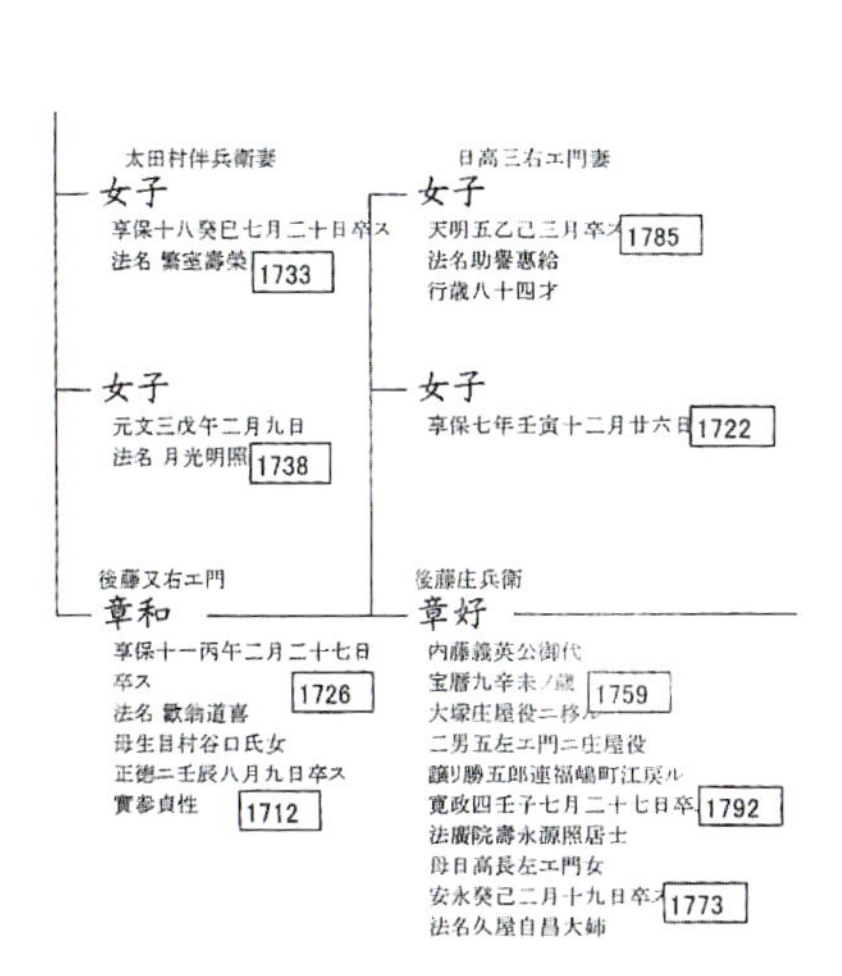

後藤家系図

太田組大塚村

大塚村は、寛延三年（一七五〇）の宮崎騒動で薩摩藩領への逃散を企てた五村の一つであり、事件落着後庄屋久右衛門が断罪されたあと、同村は「村方甚六ケ鋪、村中ニ庄屋相勤候者無御座」状況であったため、大田村福島町の庄兵衛が入庄屋となった。庄兵衛は「差働有之万端行届候者ニ付、村方段々取〆り、当時宜村柄罷成申候」と評されるほどの巧者であった。安永二年（一七七三）九月には病身による退役願いが認められ、その功績により銀三〇目が下賜されている。跡役は「村中より願出」により庄兵衛の倅又五郎が勤めた。

大塚町の多宝寺

そして先の「宝暦九年」を刻んだ石碑が大塚町に現存するが、このことについては後述する。

福島町の後藤家は、知る人ぞ知る富豪であった。

古く室町時代には、大塚にある多宝寺創建の際、後藤家はその開基の立場にあった。開基とはお寺の造立に径済的援助を行った人のことである。開山、つまりお寺を実際に聞いたお坊さんは、梵仲という名であった。

この寺では後藤家の立場は重視されている。以前は、多宝寺本殿の仏壇の隣に、後藤家の位牌が並んでいたという。

もちろん、後藤家は多宝寺の檀家である。後藤賢三郎の葬儀のあとの法要もここで執り行われた。歴代の後藤家の人々の墓は、多宝寺や福島町の墓地に祀られている。

江戸時代には、江戸に住む女相撲の一団が船に乗って日向を訪れ、毎年のように興業をし、後藤家はこれを支えていたという。

ともかく周辺の村々から宮崎の街に行くには、後藤家の土地を通らなければ行けなかった、というほどの土地の所有者であったのだ。

後藤家が豊かであった理由は、まず第一に廻船問屋を営んでいたことであろう。年貢米を京都や江戸にまで運んでいたというし、帰路には日向国ではなかなか手に入らない陶器などを運んで地元で売った。

また、後藤家は地元の知名人を輩出した。後藤庄兵衛の前にも、江戸時代前期から大塚村庄屋役を相続する者が数人はいたし、庄兵衛の二男の「五左エ門」（先の引用文の又五郎か？）も大塚村庄屋役を相続している。天明八年（一七八八）には、太田組大庄屋になった猪八重慶次郎が幼少であるとして、後藤忠右エ門がその後見役を努めている。

勧願書に戻る。

しかしながら、高妻安が発起人となって鹿児島県令に提出した勧願書は許可されなかった。「険路が一変して平坦な道になり、運輸に車を使えるようになれば」という願いは、鹿児島県の官吏によって、冷たく突き返されたのだった。道路開削という勧願の本旨には目を向けず、道賃徴収という派生的な問題を重視し、それは「賭け事のようなものだ」と一蹴したのである。おそらく、生目がどこにあるかも知らなかったに違いない。

ここで、できるはずであった新しい道路を「新道」とする。

新道開削は、半年後、明治一六年（一八八三）の宮崎県再置を待つことになった。勧願書には、古道と

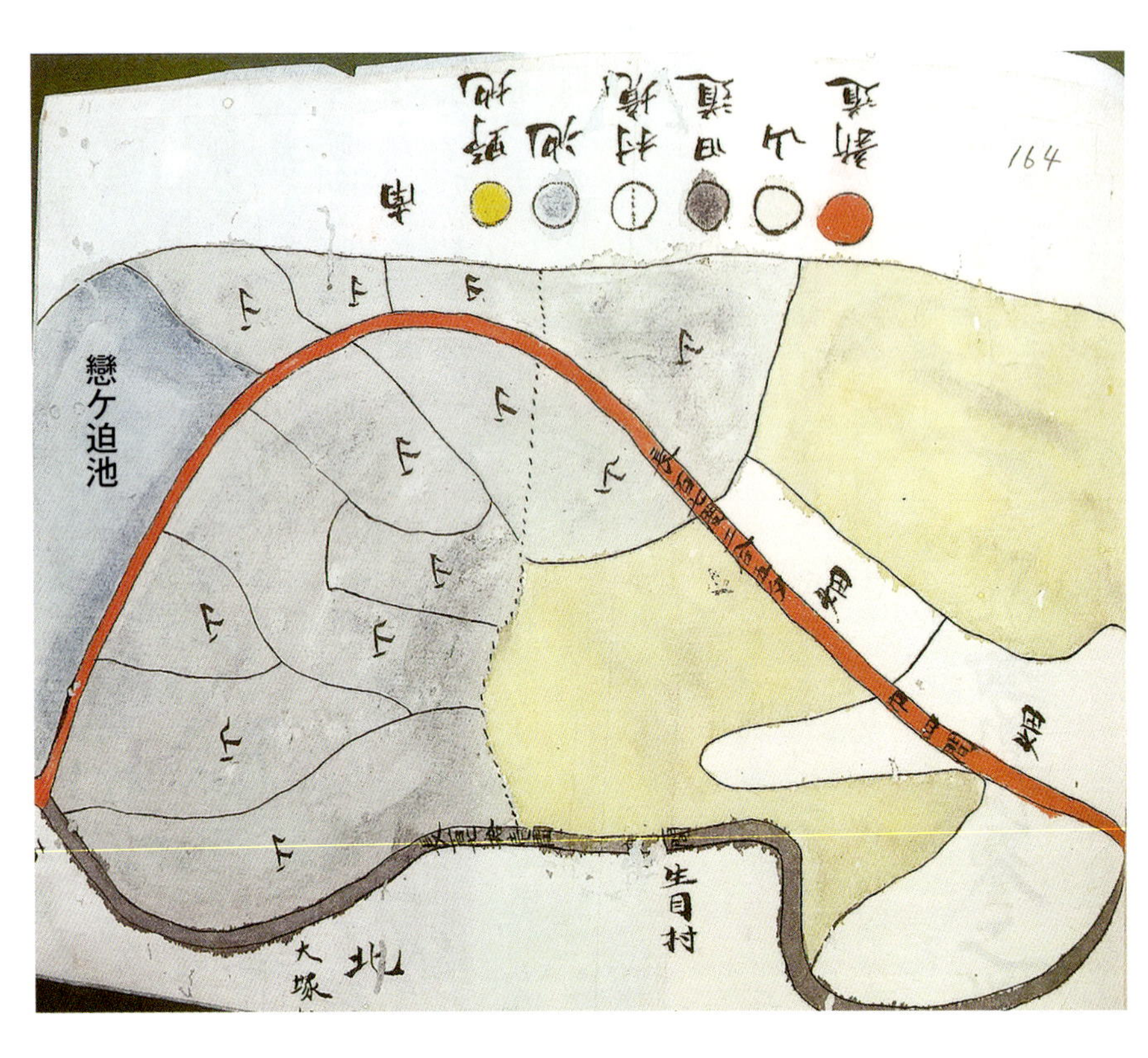

新道の位置関係が分かる絵地図も添付されていたので、ここにその絵地図を掲載する。

じつは、この古道（上図では旧道）の一部が、現存するのである。生目神社第一駐車場を背にして右斜め前に小さな赤さびた屋根の祠（ほこら）がある。中に石の小さな仏像が祀られている。地元の人たちは、この仏像を「お大師様」と呼んでいる。空海である。かなり古くからここに鎮まっておられるらしい。

その祠の脇に細道がある。入っていくと右斜めに進む道があり、緩やかな坂道になっている。その道を突き当たりまで行ったら左折し、正面に見える家の手前で、右折する。右手に携帯電話用の電波塔が見え、左手に小さなお社があり、その前に阿吽（あうん）の仁王様が建っている。ここを、江戸時代までは天下大明神（あもり）といった。その前の細い道をまっすぐ山の中に進むと、最後は急な傾斜の崖になって道が途切れる。天下大明神から崖までは五〇メートルもない。

第一駐車場の前の祠から入ってこの崖までの道が、後藤忠蔵が手がけた古道である。確かに老人や幼子には歩くのが厳しい道であり、馬車などは使えない道である。

古道は、そこから尾根道となって、生目と大塚の境界まで進み、大塚の恋ケ迫（現在の表記は鯉ケ迫）の池の脇に降りて来たのである。ここまで来ると、その先は、大塚の平地である。

二、大塚町に残る二つの石碑

宝暦９年の石碑

現在、大淀川を越える高松橋から西進し、大塚台団地の坂道を上がり、頂点から生目神社に降りていく道路は宮崎市の市道「大塚中通線（なかつうせん）」である。頂点には北側に郵便局があり、南側に駐在所がある。ここから逆に大塚側に下っていくと大塚の平坦地に出る。そこにコンビニがあり、その住所は大塚町大坪である。コンビニの駐車場から南の方向を見ると、細い道がある。この道は江戸時代からある道である。角には色鮮やかな保育園の看板も出ている。

その看板が立つ角に、二つの石碑と、自然石なのか、碑なのか、がはっきりしない石がある。

このうち、真ん中にある石碑が問題である。碑としての風格も高いと思われる石碑であるが、これを一部だけでも解読する作業が（全体の解読は、破壊された文字があるために不可能）、困難であった。

真ん中の石碑のうち、道路を向いている正面（東面）には三行に分けて刻まれている文字がある。

右の行には「□□□□□」。□印を五つ書いたが、五つかどうかもはっきりしない。

中央に「奉□□□□供養」。かろうじて「奉」、「供養」の二文字は読める。

左の行に「閏七月十二日」。この行は完全に読める。

筆者は、この石碑の前を少なくとも四〇年近く通り過ぎていたのだが、正面右手に何が書かれているかは分からなかった。それはその石碑の前を歩くのが夕方であったことと大きく関係する。この石碑の写真を撮る目的が生じて、朝日のよく当たる時間帯に石碑を見に行ったところ、正面右手の行に「宝暦」と書かれていることに気づいたのである。

左手に書かれた月日は読めているのだから、宝暦年間に閏七月があるのはいつなのかを調べればいい。宝暦は、元年から一四年までである。

県立図書館で調べた結果、「閏七月」があるのは宝暦九年（一七六九）だけであった。宝暦九年。先の後藤庄兵衛章好が「大塚庄屋役に移」った年である。この一致は、偶然とはいえない。

残念なのは、肝心要の、この石碑を建立した目的を表す中央に刻まれた文字が判読不能なことである。「道路供養」などといった、石碑を建てた目的が分かればいいのであるが、残念ながら、この行の文字の破壊が著しく、解読は困難で、したがって、この石碑が何のために建立されたのかという、肝心要の設置目的が明らかにできないのである。

石碑の左面には、人の名前らしきものが刻まれている。右から順に、喜左門、加右門、杖右門、傅右門、宇右門、専右門、久右門、□右門である。この石碑が建てられた目的が分からないから、ここに列記された人物たちが、何をしたのかも分からないのである。

しかしながら、この石碑は古道開削記念に建立されたのではないかという推測が成り立たないわけではない。


石碑の二つめは、もう何十年も倒れたままになっているが、道標なのであろう。

正面に「いきめ八まんぐう路」
右面に「文政三庚辰年三月建之」
左面に「施主　清武加納住人　蛯原源太良」

倒れた石碑であるが、正面は上向き、右面は半分は地面に隠れ、左面は右面よりよく見える。

正面に書かれた文字で、江戸時代に生目八幡宮への道標であったことが分かる。

文政三年が庚辰（かのえたつ）であることは正しい。西暦では一八二〇年である。

文政三年の道標

この道標を立てたのが「清武は加納の住人、蛯原源太良」なのである。

加納の蛯原源太良探しを行った。加納の明栄寺に電話すると、「過去帳は戦災で失われた。加納には何軒かの蛯原姓がある」ということだった。

直接加納に行って、蛯原家を探した。蛯原という家には行き当たったが、詳しい話を聞くために青島の老人施設も訪問することになった。しかし、収穫はなかった。

再び加納の蛯原家に行き、位牌を写した文書を見せていただいた。そこには文政九年（一八二六）に死亡した蛯原源太郎という名前があったが、家族の方は「大塚に道標のような石碑を建てた先祖がいるという話は聞いたことがない」という返事をされた。探索は、ここで途切れたのである。

このように、この道標の設置者を特定することはできなかったが、この古道が、当時の人々によく利用されていたことは確認できる。険しい道だったとはいえ、生目神社参道として、あるいは生目の人々の生活道路として欠かすことのできない道だったのである。

三、明治後期に造られた新道と高妻家

ここで、新道開削の端緒を開いた高妻安の業績を取り上げる。このことについては、すでに第Ⅰ章の「生目神社の風景」の「石碑」の項でも記述している。

また、明治一五年（一八八二）、鹿児島県知事宛に出した新道開削の歎願が不発に終わったことも、先に触れた。しかし、歎願は不発に終わったとしても、翌一六年に再発足した宮崎県宛てに新たな歎願書が出されたはずである。残念ながら、この新しい歎願書の存在を見いだすことはできなかった。そこで、不発に終わった歎願書から見えてくる地域の強い願いに触れてみたい。

前出の歎願書Ａに名を連ねた人々の現住所と名前は次のとおりである。

まずは発起人、宮崎郡生目村の高妻安、次いで同村人民総代の郡司實蔵・兒玉今朝吉・日高忠蔵・兒玉伊太郎、さらに同郡大塚村の人民総代の高橋平作・長峯円次。これら総員七名の署名・捺印が添えられている。

次いで、「前書之趣相違無之候也」として、宮崎郡大塚村外五か町村の戸長、長谷川節および同郡生目村外二か村の戸長、和田英吉郎の二人が署名・捺印をしている。

また歎願書Ｂには、別の人物も見える。

発起人・主唱者は高妻安であるが、主唱者はほかに二人いて、一人は宮崎郡大田村外五か村町戸長長谷川節、もう一人が同郡小松村外二か村戸長重山寛蔵。あと生目村人民総代が、重複三人を避けて示せば、

児玉金蔵・横山長平・大田原徳平、高妻才太。

　その他の賛成者も書かれていて、肩書きなしの小川重晴・日高健助、同郡担当勧業委員湯地平生三、衛生委員黒木英太郎、用係菅波典致、学務委員池田章平、用係末富録郎、柏原村等戸長服部鋭弥、金崎村等戸長高妻庸市、上別符村総代中村二逸。

　生目神社の入り口と大塚村の恋ケ迫池とを結ぶ道路新設の歎願は、生目村にとどまらず、近隣の太田・跡江・小松・浮田・柏原だけでなく、大淀川の対岸にある金崎村・上別符村からの賛同の声が挙がっているのである。金崎は、大淀川対岸というよりも、大淀川支流の本庄川右岸といった方がいいし、上別符村は、県庁周辺の繁華街である。いわば、当時の宮崎郡が、郡を挙げて、一つの声を発していたのである。

　しかし、この歎願の声は届かなかった。明治一六年（一八八三）に宮崎県が再置されてからあと、生目神社周辺の「新道」建設に関する古文書などの情報は全くない。宮崎県文書センターにも生目地域センターにもない。

　明治三七年（一九〇四）になって、一つの手がかりが見えてきた。当時の陸地測量部が作成した「地形図」である。

　宮崎市域を描いた五万分の一の地形図「宮崎」が初めて発行されたのは明治三七年である。この地図には、高妻安らが求めた「新道」が描かれているのである。その測量は明治三五年に行われているので、そのときにはすでに新道が完成していたことになる。

　では、新道の竣工はいつだったのか。これについて述べた一次資料が先述のように見つからない。また、江戸時代に後藤忠蔵が手がけた古道はそのまま全部残っていたが、明治時代発行の地形図「宮崎」には、それは描かれていない。

山仮屋トンネル

ところで、「県内初の道路トンネル」と言われているトンネルがあった。日南市飫肥～北郷～宮崎市鏡洲～清武～宮崎を結ぶ旧飫肥街道に設けられた山仮屋トンネルである。このトンネルは平成一〇年（一九九八）に県指定有形文化財になっているが、レンガで作られた頑丈なトンネルである。今は車両および人の通行が禁止されているが、トンネルは昔のままに残っている。

その竣工がいつであるかも、トンネルのそばに置かれた説明板に明記してある。「明治二四年着工、明治二五年竣工」。トンネルに関するデータも、「長さ五六メートル、幅三・八メートル、高さ四・二メートル」である。

宮崎市の市長を務めた清山芳雄の著作『市長室の窓から』七五ページに次の一文がある。

> 今の大塚台の真中頃に隧道があった。この隧道は東西の方向に通じていて長さ百米前後であったと思う。宮崎から生目神社に参詣に行く人は必ずこの隧道を通ったのである。素掘りのままの荒っぽい感じの内壁だった。これを掘り抜いた明治の頃に飫肥街道の山仮屋隧道の長さに負けてはならないと言って若干長めに掘り抜いて自慢したという面白いトンネルであった。

この記述で、少なくとも生目の新道の竣工は、山仮屋トンネルの竣工よりも遅く、生目の新道の竣工時期は明治二六年（一八九三）ごろから同三五年の間と判断できるのである。

四．新道に建設されたトンネル

先に見た『市長室の窓から』に記述されていたトンネルは、新道開削からは遅れて完成したようである。古道とは別の新道が竣工（明治二六～三五年）はしたが、まだトンネルはなかったので、生目村と大塚村の村境あたりは相変わらずの急坂にならざるを得なかったのである。

町村制施行から二〇年以上が経過した時点で、宮崎県は各郡（宮崎郡、南那珂郡、北諸県郡、西諸県郡、東諸県郡、児湯郡、東臼杵郡、西臼杵郡）の数村に現状の報告を求める達しを出し、それに応じて各村が郡役所経由で県に挙げたのが各村の「村是」である。生目の場合、『宮崎県宮崎郡生目村是』という。その「村是」にトンネルのことが書かれているので、それを、口語文にして示す。

　従来は坂路にて交通困難なるにより去る明治十三年以来しばしば道路更正工事を起したりしも車馬の往来円滑ならざるにより昨四十年五月隧道工事に着手し今はこの坂路に隧道を開通し道路ほとんど平坦となり人力馬車等の交通もっとも便利となれり。

したがって、新道のトンネルの開通は、明治四〇年代の初めのころに限定されるのである。このトンネルは昭和四六年（一九七一）まで六三年間存在し、多くの人々がこのトンネルを利用した。

「村是」は、トンネルの長さを「四三間余」としている。メートル法で言えば七八メートルである。確かに七八メートルは、山仮屋トンネルの五六メートルよりもかなり長い。

大塚台造成工事を担当した宮崎県住宅供給公社は、工事に先がけて二五〇〇分の一の地図を作成した。

**明治時代後半に
つくられた新道跡**

①道路左のガードレールの下に鯉ヶ迫池があり、そこから奥に入っていく道②③④⑤の順で、かつてあったトンネル跡に至る。

トンネルも描いてあって、その長さが三・一センチメートル。これによりトンネルの長さは約七八メートルとなる。「村是」の数字と同じである。

新道にトンネルが通じたことで、生目村の人々の暮らしは随分と豊かになった。荷車に薪やサカキを乗せ、新道の緩やかになった坂道を後ろから押して上がり、トンネルを抜けると、反対に後ろから引き、こうして、大淀川右岸の中村町や左岸の高松、遠くは大島まで出かけられるようになった。それぞれにお得意さんができ、販売も楽になってきた。毎日の現金収入が得られるようになったのである。

さて、新道に造られたトンネルは、その後、地形図が発行された大正一〇年（一九二一）以降の地図には描かれてしかるべきであるが、太平洋戦争後の昭和四三年（一九六八）編集、同四四年発行の地形図に一度だけ描かれたきりで、その後も描かれることはなかった。そして、大塚台団地造成で、トンネルそのものが姿を消したからである。

しかし、新道の痕跡は現在も大塚側にわずかに残り、生目側にはかなり残っている。

現在の高松橋西詰から西進すると、大塚台に向かう市道「大塚中通線」がある。その市道が大塚台団地に上がる前、平坦路の最後のあたりに先のコンビニがある。そのコンビニを過ぎて坂道を上りかけると、左手に溜池が見える。鯉ケ迫池である。市道をそのまま上がって行けば、頂上の両側に郵便局と駐在所があるが、この進路は採らない。

池の周りに細い道があるので、そこに入っていくと、一軒の家が出てくる。その家の前を細い道はつづき、さらに行くと傾斜の緩やかな坂になる。坂を上がって行くと路面は砂利が入れてあって歩きやすい。以前は、路面はじとじとして湿っていた。そこから先が行き止まりになっている。その先にトンネルの入り口があったのだが、現在は閉鎖されている。この鯉ケ迫池の脇の細い道から行き止まりまでが、新道の痕跡なのである。この新道跡を通る人は、今はまずいない。

新道の痕跡は、生目側でも、生目神社の南側の平地を東西に走る道路として残っている。現在通行できるのは、大塚台団地の浄水場の脇の道路から西に進んで味野（阿智野）池の手前までである。

五．大塚台団地開発で消滅した二つの参道

大塚村は、明治二二年（一八八九）の町村制施行の時から、大田村・源藤村・古城村などとともに大淀村に属し、大淀村は大正六年（一九一七）に大淀町となり、同一三年にあらたに誕生した宮崎市の一員となった。宮崎県宮崎郡大塚町であった大塚町は、宮崎市大塚町となった。

一方、生目村は、明治二二年の町村制施行時に、新しい生目村として発足して以来、そのままであったが、戦後の昭和三八年（一九六三）に宮崎市と合併し、宮崎市の一員となった。宮崎市の周辺地域としてはかなり遅い合併であった。旧生目村にあった八つの大字地名は残らず、宮崎市大字生目となり、そのあとに地番が続く、旧八村は、いわば小字扱いである。

その大塚と生目の境界をなしていたのが、一かたまりの山林であった。

この山林は標高が、高いところで七〇メートル程度で、多くの尾根があり、また多くの谷があった。谷は山地に深く入り込み、そこを初めは畑、のちには水田にしていた。また、平地の水田に水を供給するために、谷間の一番奥まったところには幾つかの溜池もあった。次に挙げる溜池で、カッコが付してあるものは現在は存在しない溜池である。

現在の大塚台団地の周辺で、溜池が観察されるところは、次のとおりである。

小松に（高場上池）、高場下池、大塚に（戦場坂上池）、（戦場坂下池）、鎌ケ迫池（面積半減）、鯉ケ迫池、（八所池）、柳ケ迫池、大迫池、浮田で（中間池）、生目で丑山池である。

これらの溜池が、それぞれ小松、大塚、浮田、生目の水田を潤した。

戦争が終わって二十数年、人の住んでいない宮崎市生目と宮崎市大塚の境界の山林が台地開発の対象となった。大塚台団地の造成である。工事は、山の高い部分を剝ぎ取り、それによって発生した土砂を谷に入れ、住宅が建てられるような平坦面を造っていった。原地形は当然に失われる。

小松では、高場（たかば）池が上と下に二つあったが、上池はつぶされ、その位置に、今、新しい団地の新しい街区公園がつくられている。のちには下池の上にも国道一〇号のバイパスが通るようになった。

生目では、江戸時代に後藤忠蔵によって開鑿された、いわゆる古道のほとんどが失われた。しかし、天下（あもり）大明神の辺りにわずかに姿をとどめていることは先に言及したとおりである。古道の消失は大塚にも及び、大塚側ではその痕跡がわずかに残るのみである。

古道と新道が走っていた場所は、それぞれに平坦化の手が入り、住宅地が造成された。

生目と大塚の境界になっていた山地も低平になり、地盤が砂岩泥岩の互層となっていることもあって、県営住宅、市営住宅、旧公団住宅、小学校、商店街、道路などに変貌した。北から南へ、県営住宅〜旧公団住宅・商店街〜小学校〜市営住宅を結んだ線が、かつての生目と大塚の境界線、すなわち山の稜線を形成していた所と考えていい。

山であったところが住宅地になる。そこに何千という人々が入ってきて生活する。電気、ガス、上下水道、道路などのインフラ整備が行われ、郵便局、駐在所、病院、保育園、公民館などの施設がつくられる。

戦後の住宅不足を補うために、新しい住宅団地が造られ、山地は、多くの人々が生活する空間に変貌した。しかし、その変貌によって失われたものもあったことは、記憶にとどめておきたい。

第Ⅵ章　生目神社に参詣した人々

一・日田代官、池田喜八郎季隆（すえたか）と池田岩之丞季秀（すえひで）

この項は、『出羽国村山郡における代官と村』、『日向国神祇史料　四』冒頭の「生目神社」、その他を参照している。

季隆と御神詠

豊後国の日田（現在の大分県日田市）は、江戸時代に幕府領であった。日田には九州の幕府領を統括する日田代官所（日田陣屋）が寛永一六年（一六三九）に置かれ、豊後、豊前、日向、肥後、肥前、筑前を支配した。日田は、のち寛文五年（一六六五）から翌年までに熊本藩の大名領所になったり、天和（てんな）二年（一六八二）から貞享（じょうきょう）三年（一六八六）まで親藩領日田藩に属したり、飛んで寛保（かんぽう）二年（一七四二）から延享（えんきょう）四年（一七四七）まで小倉（こくら）藩の大名領所になったこともあったが、それ以外はずっと日田は幕末まで江戸幕府の直轄領であった。日田代官という呼称は江戸幕府の職名であり、旗本役に相当した。全国で三六か所の代官所があり、およそ五〇名であった代官の異動は全国規模であり、世襲制が強かった。

享保二年（一七一七）から同八年まで日田代官を務めた池田喜八郎季隆も、その後、出羽国寒河江（さがえ）陣屋（現在の山形県寒河江市）、備中国（びっちゅうこく）倉敷陣屋（現在の岡山県倉敷市）に赴任している。しかし、日田代官であった季隆の実際の勤務場所は、現在の大分市高松であり、日田は兼務になっていた。

その池田喜八郎季隆が、生目八幡宮にやってきた。「生目神社御由緒」はその時期を元禄二年（一六八九）としているが、このとき、池田喜八郎は日田代官ではない。このときの日田代官は三田次郎右衛門守良である（『大分県史　近世篇Ⅲ』三七二〜三ページ）。

喜八郎の生目八幡宮訪問には、日向国の天領を視察する目的が主であったのだろうが、「目の神様」にお参りすることも目的だったのだろう。喜八郎はそのとき、こういう歌を詠んだ。

かげ清く　照らす生目の　鏡山　末の世までも　曇らざりけり

「生目神社御由緒」は、「その後御神託により『鏡山』を『水鏡』に改め」たとする。つまり、

かげ清く　照らす生目の　水鏡　末の世までも　曇らざりけり

それ以来、これが「御神詠」とされ、参詣者にこの歌を「三回以上唱えてください」と呼びかけている。

喜八郎の孫・池田仙九郎但季（ただすえ）も代官役を務めたが、その任地は出羽国（現在の山形県・秋田県の大部分）柴橋陣屋で、柴橋における但季の在任期間は、二回の赴任で、通算二六年間に及んでいる（寛政・文化・天保年間）が、日田には来ていない。

季秀と広瀬淡窓

池田仙九郎は在任中に死亡したので、その息子の池田岩之丞季秀がはじめは見習いとして跡を継いだ。この岩之丞が、のちに日田郡代として赴任してくるのである。江戸時代の後期のことである。

その任期は嘉永元年（一八四八）から文久元年（一八六一）で、岩之丞は、その任期中の安政年間（一八五四〜六〇）に曾祖父と同じように生目八幡宮にやってきた。そして詠んだのが次の一首であった。

流れての　世にも名高き　水かがみ　うつす姿の　かげ清くして

曾祖父・喜八郎の生目八幡宮訪問から一二〇〜一三〇年後の岩之丞の訪問である。岩之丞の詠んだ歌も、曾祖父の歌に思いをかさねたような雰囲気がある。また岩之丞は、曾祖父の歌が生目八幡宮で「御神詠」

とされていることに大きな感銘を受けたことであろう。

なお、岩之丞の前任地は駿河（現在の静岡県中央部）であったが、日田に着任すると、地元の儒学者・広瀬淡窓（たんそう）の教えを請うた。五月一四日に着任（入部）した岩之丞は、翌六月の六日に、淡窓による孟子の講義を計画し実施した。それから月六回の講義が六年間余にわたり継続したのである（『日田市史』二七九ページ）。

広瀬淡窓は、天明二年（一七八二）幕府領日田郡豆田町の商家に生まれた。生来病弱であったため、学者・教育者の道を選択した。文化二年（一八〇五）に寺の寮を借りて弟子二人と共同生活を始め、塾を営んだ。塾の場所はその後転々と移動し、同一四年、伯父の家の敷地（日田郡堀田村）に「咸宜園（かんぎえん）」をつくった。入学希望者は、入学金を納め、自分の姓名・郷里・入門月日・紹介者を書けば、身分を問わずいつでも入門できた。すべての塾生は何らかの役割を持たされた。淡窓の代わりに講義を行う、講義の補佐、塾の会計、舎監、新入生の指導、図書の出納など、塾の生活のすべてが係として振り分けられた。咸宜園は明治三〇年（一八九七）まで存続したが、淡窓生存中の入門者は三〇〇〇人以上にのぼるという。文字どおり、江戸時代最大の私塾であった。安政三年（一八五六）に没。行年（ぎょうねん）七五歳。

当時の豊前・豊後では文芸が盛んで、特に日田では俳諧が盛んに行われていた。ちなみに日田市の市立図書館は、その名を日田市立淡窓図書館という。

そういう世界に池田岩之丞は赴任してきた。それが「淡窓による孟子の講義」につながっている。淡窓の学問を日田の一般の人々に広めるために、まずは臣下からと思ったのであろう。

また、岩之丞自身も、和歌を理解する力を備えていたのであろう。曽祖父の一首を詠み、その場で自分の和歌を添える。

その岩之丞は、日田で病没する。命日は文久元年（一八六一）六月一七日。父の死後、その子錠三郎季（すえ）

昶（あき）が八か月間、臨時の事務を執っている。

日田市内の岳林寺に岩之丞の墓があり、「西国府尹（ふいん）池田君之墓」（日田におかれた幕府領長官）に刻まれた墓碑銘に以下の文章がある。

> 君諱（いみな）ハ季秀（すえひで）、姓ハ池田、岩之丞ト称ス。西国県令喜八郎君諱ハ季隆（すえたか）、曾孫仙九郎君諱ハ但季（ただすえ）第四子。弘化元年駿河県令ヨリ西国郡代ニ転任。在任十五年。文久元年八月十七日病ミテ永山府ニ卒ス。寿六十二。君幼ニシテ武ヲ講ジ、弓馬槍術習熟セザルナシ。人トナリ温和、部民ヲ愛恤（あいじゅつ）ス。政（まつりごと）ヲ為スニ簡ヲ以テス。厳ナラズシテ治ム。府ノ西岳林寺ニ葬ル。諡（おくりな）シテ靖簡院殿文峯彗明大居士ト云フ。不肖男季昶（すえあき）　拝シ識（しる）ス

この文中で岩之丞の亡くなった月日を八月一七日としているが、先述のように間違いのようである。

ときに、明治の足音がひたひたと迫ってくる時代である。

二、日向国佐土原の修験僧・野田泉光院

『日本九峰修行日記』

野田泉光院、あるいは泉光院野田成亮、泉光院成亮は、宮崎市佐土原町上田島新城にかつてあった安宮寺という寺の住職をしていた人物である。成亮の読みは「しげすけ」である。（「まいづる」第三二号三二ページ参照）

野田家の祖先である野田中納言は、鹿児島県出水の野田の庄を領地としていたが、主君島津忠將公の戦闘に参加し、主君とともに戦死した。時に一六歳。子がないために、忠將の子、島津以久が佐土原藩主に安堵されたのち、甥の佐多庄右衛門に野田家を継がせ、名を福泉院重清と改めた。安宮寺は佐土原藩島津家が忠將以下の霊を弔うために、修験者たらしめんとして創立した真言宗の寺である。福泉院重清を初代とすれば、泉光院成亮は八代目に当たる。

その泉光院の来孫（子・孫・曾孫・玄孫・来孫・昆孫・仍孫と続く。来孫は五世あとの子である）が杉田作郎こと杉田直である。野田泉光院も俳句をよくしたが、作郎も宮崎県を代表する俳人であった。ついでに言えば、画家の瑛九は杉田直の二男である。杉田作郎には『日向俳壇史』という著作がある。

野田泉光院は、住職の立場を息子に譲ったあと、六年二か月の歳月を費やして、北海道と青森を除く日本廻国の旅に出た。強力（荷を負って修験者に従う下男。『広辞苑』）の平四郎をつれての二人旅である。廻国巡礼者は、六十六部、六部とも呼ばれ、各国の国分寺や一の宮を回った。そういう寺社や有名な寺社を詣で

て、納経をするのである。納経は、経典を寺社に納めることであるが、経典の代わりに米銭を納めてもよいらしいから、泉光院がどちらを選んだかは分からない。ただ、「詣納経」の言葉は日記の中で何度も出てくる。

この長旅の間、泉光院は日記を書き続けた。それが『日本九峰修行日記』である。九峰とは、泉光院が修行の場として選んだ九つの山である。すなわち、英彦山（福岡大分県境）、石鎚山（愛媛県中部）、箕面山（大阪府西部）、金剛山（大阪府南部）、大峰山（奈良県南部。山上ヶ岳。修験道・山伏の山。世界遺産）、熊野山（和歌山県。世界遺産）、富士山（静岡山梨県境。世界遺産）、羽黒山・湯殿山（山形県西部。月山を入れて出羽三山）である。

泉光院は、修験者あるいは山伏として修業を続けるのであるから、旅の途中では平四郎とともに、托鉢をする。泊りは、着いたところで探す名もなき一軒の民家である。旅籠屋のような整ったところには宿をとらない。「一宿無心」、「一宿貫い出」して、二食あるいは三食を馳走になるのである。江戸時代には、修験者や山伏を大事にするという考え方が一般的になっていたようで、宿賃を取らないことが普通であった。また、泉光院が加持祈禱や占いをすることが、旅の途中に立ち寄った場所でも知られているらしく、ときどきは、加持や占いを頼まれたり、仏教の教えに関する講話を頼まれたりしている。日向国の出であっても、インテリであった泉光院は、旅に回った各地で丁寧な扱いを受けることが多かった。

泉光院は、旅の間中、日記を付け続け、佐土原に帰国後、一部は安宮寺に、一部は藩主に、一部は自家に置いた。しかし、明治になって起こった西南戦争でこの記録が散逸したが、偶然にものちに全巻がそろい、これを杉田作郎が昭和一〇年（一九三五）一月に『日本九峰修行日記』として出版した。

文化九年（一八一二）九月三日、泉光院五七歳のとき、安宮寺を出て、旅に立った。下那珂を経て、広原の友人宅で宿を取り、翌四日は、島之内を経て、芳士で宿を取り、知り合いの法事に参加した。五日は滞留を勧められて終日談話で過ごし、六日に、延岡領の花ヶ島や船塚を経て、上野町の修験者の家で宿を取ることにした。その九月六日の項に次の記述がある。

「天照大神籠り玉へりと云ふ天ノ岩戸は、此所より西北に当り三里、岩戸村と云ふにありて船塚村より近し、又平家の勇士景清といふの廟所、佐多寺（本当は沙汰寺。現在の景清廟）と云ふ禅寺に現然たり、景清八幡、生目八幡三ケ所に古跡あり。扨、神武山の西に当り、藪の中に亀井ノ水とて不思議成る事あり。此亀井ノ水、石の手洗鉢の如し、廻り六尺計、石の蓋あり、大晦日に此鉢の内を洗ひ、清水を一杯入れ浄め置き、翌元朝に蓋を開き見れば、水元の通りの年もあり、水濁りたる年もあり、一水もなく渇したる年もあり、八合計の年もあり、又蜘蛛の巣のある年もあり、因て年の豊凶を例す。」

この一文は、泉光院が実際に行ったということではなく、聞き知った情報を書いているのである。宮崎市上北方に天照大神を祀った天ノ磐戸（岩戸）神社がある。しかし、そこは岩戸村ではなく、上北方村である。岩戸村は宮崎県高千穂町にあった旧村名である。

引用一行目の「此所」がどこなのか、判然としない。ここより西北三里に上北方村があり、船塚に行くより近いというのは、花ヶ島のことか。

次に、景清を祀る三か所が書かれている。佐多寺、景清八幡（これは名田神社であろう）、生目八幡宮である。

また、三行目の「神武山」が分かりにくい。続く「藪の中に亀井ノ水」というのは、生目八幡宮（生目神社）の湧き水のことであろう。生目八幡宮の南の麓から湧き出す水がある。その湧き水の状態で、その年の豊凶を判断をするということは、初めて知った記述であった。

それはさておき、泉光院は翌七日に、花ヶ島を発(た)って、生目八幡宮に詣でて納経した。その記述。

「当社はいにしえ、平家悪七兵衛景清盲目となり落着の地也、其眼を崇(あが)めたる宮也。日羅建立七堂伽藍の一ヶ所の地也」。

泉光院が廻国の旅に出て五日目のことである。この引用文は「日羅建立七堂伽藍」の一つが、生目八幡宮であると言っているのだろう。この記述は少し検討する余地がある。

日羅は、『日本書紀』敏達(びだつ)天皇の条にその名が出てくる。火葦北国造(ひのあしきたのくにのみやつこ)阿利斯登(ありしと)の子として。肥後国葦北の国造・阿利斯登の子で、達率(だちそち)という百済では二番目に高い官位を持つ人物である。日羅は、百済に生まれ、百済の朝廷に仕えていた。『日本書紀』における日羅の人物評価は「賢(さか)しくて勇(いさみ)あり」である。日羅は百済の王に仕えていたが、敏達天皇は、新羅に滅ぼされた任那を取り戻すために、日羅の力が欲しいと、その来日を図った。が、百済の王が惜しんで帰さなかった。しかし、百済王は翻意し、日羅は、千人の随行員を引き連れて日本に戻ってきた。のちに、日羅は、百済からの随行員等に殺され、遺体は熊本芦北の地に移され葬られた。

以上が『日本書紀』に書かれた日羅の生涯である。

しかし、日向国には別の伝説が残っている。それは、日羅（日羅上人）が、日向七堂伽藍を建立したというものである。つまり久峰観音（宮崎市佐土原町久峰）、朝倉観音（同市金崎）、黒坂観音（同市清武町大字木原黒坂）、日之御崎(ひのみさき)観音寺（同市折生迫）、円南(えんなん)寺（同市加江田）、松崎観音（同市田吉）、伊満福(いまふく)寺（同市古城）である。

ただ、すべて実在するこれらの七堂伽藍のうち、日羅を、新羅の高僧としたり、唐の高僧とする寺があり、また日羅という人物の名を今まで聞いたことがないという寺もあった。

さらに、日羅建立七堂伽藍の一つが生目八幡宮とする泉光院の認識には、無理がある。観世音菩薩を祀るという七堂伽藍は仏教の世界である。これに対し、生目八幡宮は神道の世界である。神社が仏教の世界に入り込むことはあり得ないのではないか。これは、神仏習合の問題とはまた別のことである。

さて、七堂伽藍のうち、久峰観音には芭蕉句碑が残っている。筆者にとっては、県内五つ目の芭蕉句碑である。

久峰観音の句は、「旅に病で夢ハ枯れ野をかけ廻り」である。ここで「かけ巡り」と刻んであるのは間違いで「かけ廻る」が正しい。

死の四日前に初冬の大坂で詠まれた。介抱に来ていた弟子の呑舟に硯で墨をすらせ、その後、やはり弟子の支考と話して出来上がった句である。

芭蕉の生涯最後の句であるという。「旅先で病を得、見た夢は、草木の枯れた野原を歩き回っている自分だった」。寂寥感の漂う夢である。

門人が芭蕉に「辞世の句は」と聞いたとき、芭蕉は「折々の句が皆辞世だ」と答えたというから、この句も、そういう流れの中に置かれるのかもしれない。

久峰観音の句碑には、まず芭蕉の命日が書かれている。「元禄七甲戌　十月十二日」。月日の下に「佐土原城下」、中央には大きく「芭蕉翁」と刻み、その下に「連中」、最後に二行にわたって「旅に病で夢ハ枯れ野をかけ巡り」とある。また「佐土原城下」は「連中」につなげる方が良さそうである。元禄七年の干支は甲戌で正しい。

芭蕉の生年は一六四四年であるが、月日は不詳。没年は元禄七年（一六九四）旧暦では一〇月一二日。

享年五一歳。

泉光院の旅と作句（泉光院の旅は九峰巡りの山伏としての修行が主目的ではあったが）は、芭蕉の旅と作句とに共通していて、旅先で俳句を作ることはまったく同じである。そういう意味で二人は似通っている。

安宮寺跡探し

さて、その泉光院が住職を務めた安宮寺は、明治になって、廃寺となった。泉光院が「日本九峰修行」の旅に出たのが文化九年（一八一二）九月三日、六年二か月の旅を終えて、佐土原に帰ってきたのが文政元年（一八一八）一一月七日である。泉光院は天保六年（一八三五）正月二一日に享年八〇歳で死亡した。

ただ、杉田作郎が編んだ『日本九峯修行日記』に一枚の石碑の写真が掲載されている。そこには、こういう説明が付されている。「九峯修行供養塔　宮崎縣宮崎郡佐土原町安宮寺趾」。この石碑は、泉光院自身が、廻国の旅のあとで設置したものらしい。なお、石碑に刻み込まれた文字や発行当時の本名の文字は「九峯」であるが、あとで補修され新しく付けられたカバーの背文字は「九峰」となっている。

この跡地を探すことにした。宮崎市教育委員会文化財課や同市佐土原総合支所にその場所を尋ねたところ、佐土原町上田島新城（しんじょう）にあるという連絡があった。

まずは佐土原の大光寺に行った。そこで聞けば「安宮寺」の場所が分かるに違いないと思ったからである。しかし、そこに現れた女性の方はご存じなかった。そこで「新城」はどの辺りですかと聞くと、「北にある東西に走る通りの向こうがそうです」と教えてもらった。

その北の通り（県道四四号）に出て東進し、信号機のある交差点を左折し、一ツ瀬橋の手前で左折し、旧妻線跡の道路を走ったが、住宅地の北端を走るばかりで、安宮寺跡には行き着きそうになかった。

九峯修行供養塔

迷って車を止めたのが、長峰菓子舗の前だった。そこで「近くに安宮寺跡はありませんか」ときくと、店の中からご主人の声がして、「安宮寺、知ってる、知ってる」とのこと。佐土原のことをいろいろ調べておられる方だった。家に置いてあった「佐土原城下町の散歩マップ」という地図に「野田泉光院日本九峯修行供養塔」があり、泉光院の墓も大光寺のそばにあった。

大光寺には北の入り口もある。県道四四号から入る細道である。その入り口に近いところに、安宮寺の入り口があった。

着いた場所は長方形の空き地みたいな小さな土地だった。幅が約一一メートル、奥行きが約一四メートル。南側に「佐土原小学校区地域づくり協議会」が出した「九峯修行供養塔」という案内板が立てられている。この土地の周囲はみな民家である。今民家になっているところも、かつては安宮寺の境内であったに違いない。昭和一〇年（一九三五）の写真でも、まわりは広い畑になっている。

長峰さんには、ほかに大光寺、松厳寺、天昌寺跡、高月院などを案内してもらった。帰りに長峰さん宅の鯨まんじゅうを買った。

三、「北海道」の名付け親・松浦武四郎

松浦武四郎は探検家である。それも、行った先は蝦夷地。そこで六回に及ぶ探検をしている。筆者はだから武四郎は蝦夷地につながりが深い人だと思っていたが、何と九州にも来ていて、日向国にも来たし、生目八幡宮に参拝しているのである。これにはかなり驚いた。

ここで『広辞苑』に書かれた松浦武四郎を見ていく。

幕末・維新期の北方探検家。幼名、竹四郎。名は弘（ひろむ）。雅号、多気志楼。伊勢の郷士の子。諸国を遊歴、蝦夷・樺太を踏査。幕府蝦夷地御用掛に登用。維新後は開拓判官となり、蝦夷を北加伊道（北海道）と改称すべきことを提案。翌一八七〇年（明治3）政府の政策を批判して辞職。著「三航蝦夷日誌」「東西蝦夷山川地理取調日誌」「近世蝦夷人物誌」など。（一八一八～八八）

武四郎は、伊勢国須川村（現在の三重県松坂市小野江町）に生まれた。幼いころから才能を見せ、近くの寺で読み書きを習い、七歳で『名所図会』を愛読、一六歳で手紙を残して突然家出、江戸で見つかって連れ戻され、一七歳から二〇歳で、北海道を除く全国を回る旅に出た。旅することが何より好きだったのだろう。二一歳のとき長崎で病気になり、禅林寺で出家し僧侶となって、名を「文桂」とした。二二歳から二四歳まで、平戸の千光寺で住職を務めた。

二〇歳で九州旅行をしたときの記録を、二六歳の時『西海雑志』と題する本にまとめた。これはその旅の記録を控えとして残していたから、『西海雑志』の刊行はできたのである。

武四郎は、長崎にいるとき、ロシア南下の危機を知り、急遽蝦夷地を目指すこととなった。最初は、北海道南西端にあった松前藩の取り締まりが厳しく失敗したが、翌年の次の機会では、商人の手代に身をやつし、二八歳のとき、初めての蝦夷地探査を決行した。その後、四一歳となった第六回まで蝦夷地探査を続けた。この間、一三年間に残した記録（紀行文と自筆の絵）は膨大なものがある。

明治二年（一八六九）、明治政府から開拓判官に任ぜられ、その八月に、それまで「蝦夷地」と読んでいたのを「北加伊道」すなわち「北海道」と呼ぶようになった。しかし翌三年、政府の方針と合わなくなり辞職した。

九州の旅

さて、九州の旅である。『松浦武四郎紀行集』（冨山房　昭和五〇年発行）所収の『西海雑志』（以下『西海』とする）上・中・下にまとめられている。この著作が完成したのは、天保一四年（一八四三）の大晦日のことである（『西海』三八六ページ）。また、著者名は松浦弘となっている。

『西海』は早鞆大明神（今でいう和布刈神社。北九州市門司区門司）の描写から始まる。そこを少しだけ紹介する（三八七ページ）。なお、ふりがなは筆者による。

豊前の国早鞆大明神の宮居は、山の出先に有て海面に臨ミたれば波浪常に華表の根元をひたし、風景無双の宮地なり。……大洋の瀬戸口なれバ潮の早き事急湍の如く、往来の船ども潮間をはかって瀬戸を越る事なり。

この文で「華表」とは「鳥居」のことで、急湍とは「流れの速い浅瀬」（広辞苑）をいう。『西海』の次の見開き二ページには、武四郎が自分で描いた早鞆大明神の海辺の絵が添えられ、その絵には巌流島も描かれている。巌流島は慶長一七年（一六一二）の宮本武蔵と佐々木小次郎の決闘で有名。山口県下関市に属するこの島は、今は船島と呼ばれている。

それから豊前国一の宮である香春明神に参詣（現福岡県田川郡香春町）した。

其より渓間の細道を川にそひ飛石傳ひ右を越え左に渉り、凡三里許りにして由原といふに至る。杣、桧物師、紙漉を営む藁家、谷川のあちこちに住居を構えている。

ここらは僻幽の地なれバ米いと乏しく、常に橿、楢の実を団子にして朝暮の糧にあて、麦、蕎麦の類は式日、祝ひ日ならでハ食する事なきよし聞につけて、あハれにもいたましく覚えぬ。

そして過ぎゆく村々。山口村、坂本村、彦山（修験者の泊まる坊舎、大講堂、学頭坊、頂上、法躰越、豊前坊の神社）、芥屋村（現大分県中津市山国町）。

『西海』はその冒頭の凡例の項で次のように断り書きを述べている。

九州之内薩摩藩領の外は、深山幽谷道ある處は探り入り、海濱孤島も船通ふ處は到らざるなければ、況や神社佛閣詣拝せざるはなし。しかれども舊跡、霊場、佳景、珍奇にわたらざるは漏して載せず。また、名所、奇事とても西遊記、筑紫紀行、長崎聞見録、書譜西遊譚、其外諸書に出たるは除てしるさぬもの多く……。

要するに、神社仏閣で参詣しなかった所はないが、書かなかったことが多く、また外の書物に書いてあることは除いたものが多いのである。

先の芥屋村に続く見出しが「著闍屈山」である。その初めの方に次の一文（三九四ページ）。

山の麓を切祓て街道を通ずる處あり。高さは二丈（二メートル）ばかりに横は牛馬の行違ひに障なき程（三・六メートル）なり。三四十歩毎に窓孔を穿ち日光を引て洞中の明るをなす。凡百四五十間行て本道に出るなり。餘國に覚へぬ切通シにて多くの人工を費せし事と思われたり。

こう記述しているのは、現大分県中津市本耶馬渓にある「青の洞門」のことである。なお、ここで高さと横幅についてのカッコ書きは、完成当時の洞門の大きさに拠った。

耆闍屈山は、武四郎が仮名を振っているがキシュクセンである。文章はこうである（三九四ページ）。

二里あまり谷川の岸を過て耆闍屈山の麓に到る。人家少し。田畑も有。嶮岨岩坂を八町登れば仁王門あり。石階五百段ばかり登れバ大なる岩洞あり。……其外壹尺四五寸より二尺ばかりの五百羅漢、臂を交へ膝をかさねて洞の内ニ盈満せり。数百年の古物なれバ少々の毀損はありながら、雨霜に晒されざるによって眉目いとあざやかに、生動の勢ひ有て精工妙造なかなか凡作とハ思ハれず。

この記述は、青の洞門の南に位置する羅漢寺のことを言っている。羅漢寺の住所は中津市本耶馬渓町跡田一五一九。今はリフトが走っている。

豊後竹田から高千穂へ

以下、日出町、宇佐八幡宮、別府の由原八幡宮（柞原八幡宮とも）、大野郡三重郷柳ヶ瀬の虹澗橋という石橋を見て、豊後国竹田に入り、そこから武四郎は日向国高千穂に向かった。その一部を紹介する（四〇二ページ冒頭から）。

高千穂へ越る道筋四里の間は、人跡たへたる山中なり。余朝とく竹田を立出て心細くも只一人、雑樹茂れる細道を杖をちからにわけ行に、比しも九月の末つかた秋のあハれの物かなしく、木傳ふ猿の啼聲や、谷間に響水音を道ゆく友と聞なして、九折の坂道を登てハおり、谷川を飛石傳ひにいく度も右へ越し、ひだりへわたり再び山に登りくだり、二里あまりも来たる時両人の旅商人に出會たり。道連となり物語らひに行く彼商人は、日向の延岡より竹田近在へ麻を買出しに来りたる者なり。

道を間違ったと気づいたころ、向こうから来る三人組は盗賊ではないかと恐れたが、山働きをする人たちだと分かり、合わせて六人が一緒に山の中で野宿をすることになった。こうして、なんとか高千穂に着いたのである。その高千穂の農業の印象は（四〇四ページ後半から）、

山の谷間或は半腹に一二軒づゝ住居をなし、隣家といへども三四町を隔て、向ひといへども谷川をへだて、實に僻地といふともまた外にたぐひ多からぬ邊土なり。山中田なく畑のみにて南蛮黍ばかりを作り、麦はいさゝか軒下まわりの屋敷畑に作る。これとても至って出来がたく、秋の彼岸に蒔付十分に糞を仕込、十月比に厚く灰をかけ埋み置て、冬の間は雪にて耕作もならず、春三月比雪消て後に灰をのけて又々糞をすれば不日に生長して四月下旬に至り苅入る也。

右上に㊇北、左に西、一番左に日向肥後境、その右に祖母岳、五ヶ所村、三田井などがある。

また高千穂の中心地である三田井に関する記述（四一三ページ四行目から）。

やがて立出(たちいで)て二三町行(いく)に此邊(このへん)は三田井村にて、人家三百餘軒こゝかしこ谷々山の半腹に一里四方に散在して、高千穂の庄内にてハ少しく家のこみたる村にて、那須、女良(めら)山中への往来筋故(ゆえ)、酒屋或は茶、鹽(しお)を売る店もあり。また鹽魚(しおざかな)、紙類を賣店(うるみせ)もありて那須山中の獵人(かりうど)など物を調(ととの)へに出る所なり。すべて此邊山中醫者といふ者なく、病ある節は越中富山の賣薬を服するのみ。夫(それ)ゆへ此村内にも富山の薬を商(あきな)ふ店あり。また夜分油火をともす事なく、夜業(よなべ)をするには肥松(こえまつ)を焚(た)くなり。只(ただし)神佛の燈明(とうみょう)に用る油は家毎に椿の實を蓄へ置、銘々手製に絞るなり。

武四郎は高千穂については分量を多く取って詳しく書いているのだが、ここでは割愛する。武四郎は延岡に寄り三福寺なども回っているが、ほとんど記述していない。都農に来て、都農神社と滝について書いているが、滝はおそらく尾鈴山の矢研(やとぎ)の滝であろう。神戸市の布引の滝より大きいと言っている。

生目八幡宮と沙汰寺

そして「生目八幡宮」について、以下のように書いている（四二一ページ）。

同国（日向国）宮崎郡中村の西に生目八幡宮といふあり。入口に大なる石華表あり。石燈籠、銅(カナ)燈籠両側に建連なり、白木の神門を過れバ御供殿、拝殿、神楽殿美々敷建並び、本社は白木造りに銅(アカガネ)瓦、破風の彫物雲龍、花鳥、細工精巧手を盡し、階上に八貊(こま)（狛）狗(いぬ)あり。神鏡光り涼しくいと巍々(ぎぎ)たる神殿なり。當社は平家勇士悪七兵衛景清、生きながら眼目を刳(クリヌ)き地中に埋ミたる古跡にて、眼病を患(ウレウ)る者心願をこむるに忽(たちまち)奇特を得るよしに、隣国近郷より諸人の参詣絶るひまなし。景清其身は落魄(らくはく)して生涯志を遂(とげ)ずといへども、勇者の一念今にいたり瑞験(ずいけん)を顕(あらわ)す事一つの不思議なり。

此宮より一里ばかり北に神集山沙汰寺とて景清を葬たる寺あり。堂内に景清の木造を安置せり。其姿は盲目の官服を着せり。境内に景清水鏡の井戸并(ならび)に碑石等今に残れり。落人となり此邊に潜(ひそ)ミ住けるよしなり。

以上が『西海』に書かれた生目神社のすべてである。

江戸時代、武四郎が二〇歳のころ、大淀川に橋は架かっていなかったはずだから、この中村に行くための「渡し」があったのであろう。ほぼ今の橘橋の位置であろう。八幡宮の入り口に大きな石の鳥居があったというが、これも今ある鳥居とは別物に違いない。八幡神社としての風景は、今見る風景とは相当に異なっていたと思われる。

景清に関する記述は、今も江戸時代も変わらないのだろう。神集山沙汰寺とは、現在の景清廟のことである。そこに沙汰寺はあった。

武四郎は、生目神社を訪れたあと、近くの神武天皇都跡、日向国那珂郡折生迫の青島（武四郎の表記では「淡島」）に行ったことを記している。しかし、恥ずかしながら、このあとで筆者は初めて知ったことが出てきた。

日向国飫肥領に「宮の浦といふ湊(みなと)あり。夫(それ)より南一里にして鵜戸山仁王護国寺といへる真言宗の寺あり」というのである。つまり筆者は、鵜戸山といえば鵜戸神宮と思い込んでいたのだが、鵜戸神宮というのは、明治の廃仏毀釈で潰されたお寺の代わりにつくられた神社であったのだ。鵜戸神宮は明治七年（一八七四）三月二五日に成立した（『廃仏毀釈百年』二〇四ページ）。

筆者は、この『廃仏毀釈百年』という本を三〇年以上前に入手しているが、つまみ食いで読んでいたようである。

これは、江戸時代の世界から、松浦武四郎さんが筆者にここに気づくようにと導いてくれたのかもしれない。今まで、鵜戸神宮のことは一度も疑ったことがなかった。

真実を知るということの大事さを、今、改めて思う。寺が神社に変貌する。祭神が新しく祀られる。主祭神は「ヒコナギサタケ」。山幸彦と豊玉姫の子であり、その妻は豊玉姫の妹である玉依姫であり、ヒコナギサタケと玉依姫との間に生まれた子の四人目がカムヤマトイワレヒコ、すなわち神武天皇である。これを寺が言っているわけではない。明治七年三月末に神社が言い出したのである。「記紀」神話の明治になっての再現である。

武四郎は、それから諸縣郡高岡の月知梅を経て、諸縣郡高原の佐野（現在の狭野）村側から霧島山に登った。

四．自由律俳句の率先者・種田山頭火

えびのから宮崎へ

放浪の旅を続けた種田山頭火の日記『行乞記』㈠は、昭和五年（一九三〇）九月九日に始まっている。旅は熊本から始まった。その冒頭に山頭火は次の文を綴った。

「私はまた旅に出た、愚かな旅人として放浪するより外に私の行き方はないのだ。」

こう書いたのは同日の熊本県八代町（当時。現在は八代市）である。翌日は、南にある日奈久温泉まで歩き、そこで宿を取っている。そこで友人たちに手紙を書いた。その手紙の中身。「私は所詮、乞食坊主以外の何物でもないことを再発見して、また旅へ出ました、歩けるだけ歩きます、行けるところまで行きます」と、冒頭に書いたことをまた繰り返す。

日奈久では二日間滞在し、九月一三日に、さらに南を目指して二見村に行き、そこから汽車に乗り佐敷町に行って、宿を取った。

翌日、球磨川沿いに五里歩き、汽車に乗って人吉町まで行く。この日の日記には、熊本を発つとき、これまでの日記や手記はすべて焼き捨てたこと、しかし記憶に残った句は整理したとして一九句を記している。そして、こう書く。「単に句を整理するばかりぢゃない、私は今、私の過去一切を精算しなければならなくなってゐるのである、ただ捨てゝも捨てゝも捨てきれないものに涙が流れるのである」。

山頭火は九月一七日に宮崎県入りをした（京町）あと、飯野村、小林町（当時、現在の小林市）と移動し、

小林では二泊した。飯野ではこう語っている。「いかにも秋らしいお天気である、心もかろく身もかろく午前中三時間、駅付近を行乞する。そして十二時の汽車で小林町へ、また二時間行乞。」「夜はだいぶ飲んだ。無何有郷を彷徨した、アルコールがなくては私の生活はあまりにさびしい、」と惨めさを告白している。

二日目の小林ではこうつぶやく。「このあたりはまことに高原らしい風景である、霧島が悠然として晴れわたった空へ盛りあがっている、山のよさ、水のうまさ」。

そして高崎村から都城市と渡る。都城市には三泊して宮崎市に汽車で向かった。

宮崎市入りは九月二五日である。「たいして降りさうもないので朝の汽車に乗ったが、とうとう本降りになった、途中の田野行乞もやめて一路宮崎まで、そして杉田さんを訪ねたが旅行中で会へない、更に黒木さんを訪ねて会ふ、それからこゝへ泊まる」。

文中の「杉田さん」とは、杉田作郎氏のことであることが、九月二七日の記述で分かる。

また「黒木さん」とは黒木紅足馬であろう。山頭火は宮崎に五泊している。

二六日は、「九時から三時まで、本通りの橘通を片側づゝ行乞する、一里に近い長さの街である、途中闘牛児さんを訪ねてうまい水を飲ませて貰ふ」「夜はまた招かれて、闘牛児さんのお宅で句会、飲み食ふ会であった、紅足馬、闘牛児、蜀羊星（今は故人）、みんな家畜に縁のある雅号である、牛飲馬食ですなどゝいって笑ひ合った」。

二七日は「今日は根気よく市街を行乞した、おかげで一日や二日、雨が降っても困らないだけの余裕が出来た。帰宿したのが四時、すぐに湯屋へ、それから酒屋へ、そしてぶらぶらと歩いて宮崎神宮へ参拝した、樹木が若くて社殿は大きくないけれど、簡素な日本趣味がありがたかった。この町の名物、大盛うどんを食べる、……とにかく安い……いつも大入だ。夜はまた作郎居で句会、したゝか飲んだ、しゃべりすぎた、作郎氏とはこんどはとても面接の機があるまいと思っていたのに、ひょっこり旅から帰られたのである、予想したやうな老紳士だった、二時近くまで四人で過ごした」。

生目神社参詣

二八日。以下は、日記の本文。この引用文中の（　）内の文章も本文である。

「お昼すぎまで大淀～大淀川を東に渡ったところの市街地～を行乞してから、誰もが詣る生目様へ私も詣った。小っぽけな県社に過ぎないけれど、伝説の魅力が各地から多くの眼病患者を惹きつけてゐる。私には境内にある大楠大銀杏がうれしかった、つくつくぼうしが忙しくないてゐたのが耳に残ってゐる、帰途は近道を教へられて高松橋（渡し銭三銭）を渡り、景清公御廟所といふのへ参詣する、人丸姫の墓もある。（景清の墓石は今では堂内におさめてある、何しろ眼薬とすべく、その墓石を削り取る人が多くて困ったので）。今日はしっかり労れた。六里位しか歩かないのだが、脚気がまた昂じて、足が動かなくなってしまった、暮れて灯されてから宿に帰りついた、すぐ一風呂浴びて一杯やって寝る。」

大淀は、橘通から見れば、南に渡った所である。しかし、昭和二年（一九二七）八月一一日の台風で流された橘橋の代わりの本町橋が、橘橋の下流二〇〇メートルの位置に突貫工事で造成されたので、「東に渡った」と書いているのであろう。

現在の宮崎県庁敷地の東に南北に走る本町通りがあるが、この本町通りの延長線上に本町橋が架けられた。橋の建設中に事故で亡くなった熊本工兵隊員二名、完成後のバス転落事故で乗客の鐘紡宮崎工場長が死亡したのを受け、昭和三年に市民有志が「鎮魂碑」を建立した。その碑が今も堤防の一角に建っている。

山頭火が、この碑に気づいたのであれば幸いである。

山頭火は、大淀で行乞をしてから、天神山や愛宕山の下を通り、福島町、大塚町を経て、戦場坂に向かい、浮田から南に進路を変え、いわゆる生目神社参道を通って、生目様へ詣でたのであろう。

生目神社の大楠や大銀杏は、山頭火がやってきてから九〇年は経つが、現在も健在である。また、拝殿の脇に明治二年から置いてある「芭蕉句碑」には気づかなかったのだろうか。何も書かれていない。それは決して山頭火が芭蕉を無視していたからではない。あとの一〇月一九日の話になるが、山頭火が妻（地名。現西都市）にいるとき、「腰のいたさをた丶いてくれる手がほしい」と「お経あげてゐるわがふところは秋の風」と詠んで、そのあと「（まことに芭蕉翁、良寛和尚に対しては申訳がないけれど）」と断っているからである。まあ、境内の楠や銀杏の迫力に押されて、気づかなかったのだろう。

帰りには「近道がある」と教えられ、トンネルのある新道を教えられた。前に「生目神社参道物語」で触れたあの新道である。

初代高松橋は大正一四年（一九二五）四月三日に渡橋式が行われたが、橘橋と同じように昭和二年の台風で高松橋も一部が流失した。しかし全壊ではなかったので、復旧工事が行われた。その復旧工事後に山頭火は渡ったのであろう。銭三銭を払って大淀川左岸に行った。

先の本町橋もこの高松橋も、そのあと昭和一一年（一九三六）七月の台風で流失し、使用不能になった。しかしこのときは、橘橋が同七年四月、鉄筋コンクリートの永久橋として完成していたのである。

山頭火の次の目的地は景清公御廟所であるが、それは現在のものではない。現在の景清廟は昭和一五年に改築されたものである。眼薬として墓石を削り取る人の存在は、よく耳にした話である。現在の景清廟については、先に見たとおりである。

山頭火はこの日、五、六年前の記憶をたどる。つまり宮崎には少なくとも二回は来ているのである。いわく「大淀の丘に登って宮崎平原を見おろす、ずゐぶん広い、日向の丘から丘へ、水音を踏みながら歩いてゆく気分は何ともいへないものがあった」。このあと、井戸水論議を展開し、「けふは大淀駅近くの、アンテナのある家で柄杓に二杯、生目社の下で一杯、景清廟の前で二杯、十分に水を飲んだことである」。

山頭火が生目で飲んだ水は、もしかしたら神社を南側に降りたところにある湧き水の水かもしれない。現在も「御神水」として採取している水である。

二八日の日記の最後は、蝗（いなご）を題材とする三句である。一つだけ紹介したい。「死ぬるばかりの蝗を草へ放つ」。

県南を回り豊後路へ

一日おいて三〇日から山頭火は、旅路につく。「いよいよ出立した、市街を後にして田園に踏み入って、何となくホッとした気持ちになる、山が水がそして友が、私を慰めいたはり、救い助けてくれる」。

青島の井戸で水を飲み、途中で草鞋（わらじ）を買い、折生迫で宿を取った。一〇月一日には伊比井（いびい）で宿。二日は鵜戸（うど）、三日、四日は飫肥（おび）、五日、六日は油津、七日は目井津（めいつ）、八日は榎原（よわら）、九日は福島町（現串間市中心部）と宮崎県内を歩いて、一〇日、一一日に鹿児島県志布志町に入った。

山頭火は一旦鹿児島県に入るが、一二日から一四日までは都城に帰って、一五日有水（ありみず）、一六日、一七日は高岡、一八日は綾（あや）を経て（国富町）本庄（ほんじょう）、一九日、二〇日は妻、そして二一日は宮崎に帰り、闘牛児に会い、二人で紅足馬宅に行き、句評、読経で時間を忘れ、泊まった。

それから一〇月下旬にかけて、佐土原、高鍋、都農（つの）、美々津（みみつ）、富高、門川（かどがわ）と過ぎ、一〇月三一日に延岡に入った。延岡で四泊、行乞の日々を過ごした。

このあと一一月四日に、山頭火は大分県に入る。九月一七日に宮崎入りしたときから、大分入りした一一月四日までの間の四七日間で（途中ちょっと鹿児島にいた日も含めて）、山頭火はちょうど三〇〇に及ぶ句を作っている。

なお、昭和五年（一九三〇）のこの旅の前にも、山頭火は日向を訪れている。大正一五年（一九二六）のことで、『新編　日向路の山頭火』（山口保明著）を見ると、この時、山頭火は熊本県の馬見原から宮崎県に入り、現五ヶ瀬町の三ヶ所を経て高千穂町の三田井に向かった。

分け入っても分け入っても青い山

という有名な句は、高千穂よりさらに東に向かった現在の延岡市北方町で詠まれたものであろうと、先の著書の作者である山口保明さんは判断している。

なお、この句の碑は高千穂町三田井の高千穂神社の裏手にある。

第Ⅶ章

九州・四国にある生目神社

日向国の生目神社にお参りして目の病気を治す。これが、日向国だけでなく、九州一円、四国、本州、果ては北海道にまで広がる民衆の願望となった。

しかし、車も鉄道もない江戸時代のような昔に、わざわざ西海道（九州）の果てともいうべき日向国の宮崎郡まで足を伸ばすことには大きな困難がある。

それでも、山を越え、谷をまたいで、時には海も渡って、日向国宮崎郡の生目神社まで徒歩で歩き、神社のそばの宿に何日か逗留（とうりゅう）して、眼病の治癒に努める。そういう人々もいたのである。幸いに眼病が治癒した人が地元に戻って、宮崎と同じ名前の生目神社を勧請し、わざわざ日向国にまで行かなくて済むようにと、地元の人々の便宜をはかる。そうやって、各地に生目神社が誕生した。

筆者は、九州や四国にある生目神社を訪ねる旅に出た。二〇一九年五月末から六月上旬にかけてである。訪れた神社の数は二七に及んだが、紙幅の関係と、特段の情報が得られなかった神社があることなどから、その全部を紹介することはできない。

なお、各神社の説明の中で、「かげ清く照らす生目の水鑑末の世までも雲らざりけり」という歌を紹介している。これを宮崎の生目神社は「御神詠」と詠んでいるので、ここでは、この歌のことを「御神詠」という表現で統一する。

この旅で見つけることができなかった生目神社があった。福岡県八女市の生目神社である。これを探すことと、新しく見つけたがまだ行っていない同県みやま市の生目神社を探すことを目的として、二〇二〇年四月、福岡市からの帰途に探し始めた。

さらには、大分県・福岡県にまだ行っていない生目神社があることを知り、同年九月末にそれを探しに出かけた。大分県豊後大野市、同県竹田市、同県速見郡日出町、福岡県豊前市にある生目神社である。

旅の行程で、私を運んでくれたのは、私の自家用車であった。

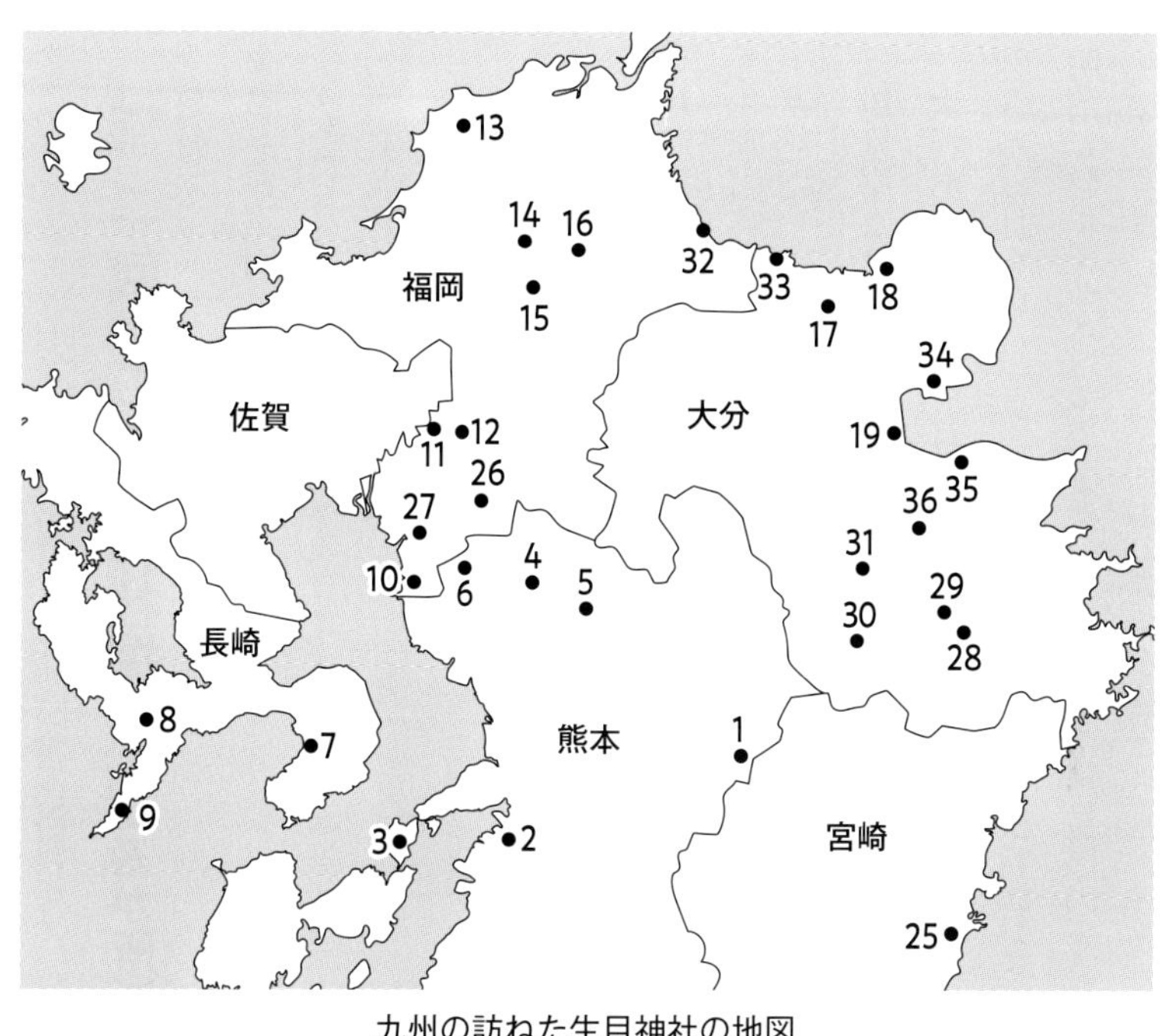

九州の訪ねた生目神社の地図

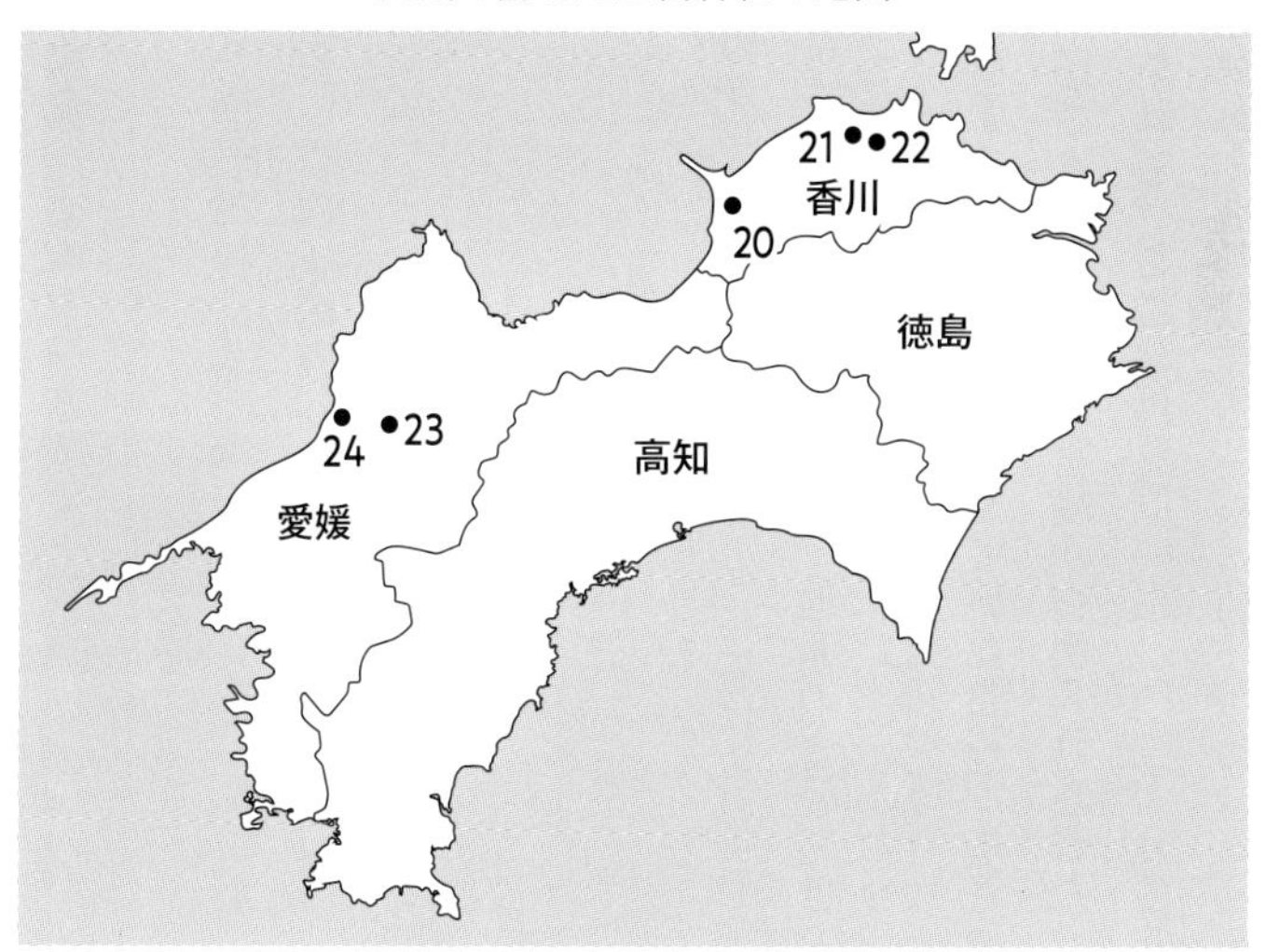

四国の訪ねた生目神社の地図

一．一回目の生目神社探し（二五か所）

1．熊本県

①馬見原の生目神社（熊本県上益城郡山都町馬見原3）

山都町は、阿蘇郡蘇陽町・上益城郡清和村・同郡矢部町が平成一七年（二〇〇五）二月に合併して誕生した町である。その中で宮崎県に一番近い所が旧蘇陽町の馬見原。以下の段落は、地元の寺崎彰さんからの聞き取りである。寺崎さんは山都町の観光課課長として勤務され、馬見原のことにお詳しかった。

馬見原は日向往還の宿場町で、熊本と延岡の中間点に位置する。馬見原が栄えていたころ、造り酒屋が一六軒あった。その一つに槌屋さんがあり、その当主・八田さんの奥さんが宮崎から輿入れされた。その奥さんは目を患っていて、地元の宮崎から生目神社を分祀されて、ここに馬見原の生目神社が誕生した。明治二〇年（一八八七）ごろの話である。馬見原の生目神社がある場所は槌屋さんの別荘があったところで、見晴らしが良く、清楽園と呼ばれていた。神社の横には貫と呼ばれる湧き水があり、その水で目を洗うと、目の病が治るとされ、そういう信仰を集めるようになった。拝殿の中で、自分の年の数だけの「目」「め」の字を書いて奉納し、これを祈願とすることが盛んになった。現在、神社を管理しているのは、新町中組区長で、「岩城屋」という屋号で荒物屋を営んでおられる森川弘士さんで、その森川さんに神社までの道を案内してもらった。

寺崎さんと森川さんをわたしに紹介していただいたのは、山都町の「そよ風パーク」支配人（当時）の田部勝司さんである。田部さんには、以前にも円形分水場の件でお世話になった。円形分水場は、山都町小笹にあり、矢部の通潤橋につながる装置で、昭和三一年（一九五六）に作られた。

馬見原では独自の街づくりが行われ、今も昔風の景観を残すが、五ヶ瀬川にかかる三河橋のたもとが関所になっていた（今は駐車場）。現在の橋は独特の造りになっていて、平面は車両が走る橋、その下部に橋の両端から凹みが施され、歩くと下り坂、中央部が凹みの底になって、対岸部に向けて上り坂になっている。中央部には二つの円形の穴があって、そこから覗くと川が丸見えになっている。この橋を渡って左岸部に行くと、巨大な二つの岩が道（かつての国道）を挟んでそそり立っている。夫婦岩（めおと）である。その岩のそばに生目神社の入り口がある。案内人がいないと心細い山の中の参道である。

馬見原の生目神社

行き着いたところに小さな社があった。階段の両脇には石灯籠があり、そこに「明治三十六年三月十八目　清楽園主　八田薫次」と、刻まれている。前述の八田さんである。

拝殿の中に入ると、「め」の文字を書いた紙が壁一面にずらっと貼られていた。「め」の文字を年齢の数だけ書いて祈願するのだという。平成三〇年（二〇一八）と書いた「め」文字もあったから、その慣習が現在も続いていることが分かった。

そのあと、清楽園の跡地や若山牧水の歌碑を見せていただき、岩城屋のご自宅にもお邪魔した。

② 八代市の生目神社（熊本県八代市鏡町塩浜三七〇）

八代市鏡町は全体が干拓地であり、中には「文政」という地名もあって、これは文政四年（一八二一）に干拓された所である。九州新幹線が神社の目の前を走っている。神社は新幹線よりも海側にある。神社の周囲には藺草（いぐさ）畑が広がっている。

八代市の生目神社

空が広い干拓地の中に生目神社は造られていた。入り口には大きな鳥居がある。昭和六十一年と刻まれている。鳥居の裏には「鳥居落成記念」という石碑があり、そこに、祭主、施工者、左官、世話人の名前が刻まれている。砂利道を奥に進むと、案内板がある。それによると、御祭神は品陀和気命（ほんだわけのみこと）と藤原景清の二柱で、宮崎の生目神社と同じである。その御由緒に次のようなことが書かれている。ほぼ全文を引用する。

「本神社の祭主、東巳之吉は眼病の為、日向の生目神社を信仰し、当時交通不便な日向の地に草履（ぞうり）がけて球磨川沿いに加久藤の山を越えて旅しその治癒を祈願した。然（しか）し遠隔の地であるので一般大衆は仲々参拝することは困難であったので当時、八代に鎮座をお願いすれば、眼の災いに困っている一般の人々を一人でも多く、お救いすることが出来ると考え此の地に鎮座を祈願したところ仲々承諾が得られなかった。そこで三日三晩断食をして神に祈願したところ夢のお告げを以って『お前がそれ程望むならば肥後の地に分神をつかわそう』と承諾され当時の宮内省神社局の認可を得て明治四十四年十月十五日に建立されたものです。」

拝殿の前に二つ目の鳥居があり、そのすぐそばには狛犬が置かれている。拝殿は黒い瓦の屋根が葺かれているが、本殿はピンク色っぽい屋根になっている。拝殿の中を覗くと、あの「御神詠」が二つ書かれている。この「御神詠」は、その神社が、宮崎の生目神社を勧請したものであることを証明するものである。なぜか仏像も鎮座していた。

③ 上天草市の生目神社（熊本県上天草市大矢野町中二八七八）

八代海の沿岸沿いに北上し三角半島を西に進み、天草諸島に踏み込んだところが上天草市大矢野町である。天草四郎メモリアルホール（現在は天草四郎ミュージアム）を通り過ぎた江後（えご）という地区の山中に生目神社はある。階段の上りはじめに大矢野町教育委員会が設置した「生目神社」と題する説明板がある。その全文。原文は横書きである。

「祭神は平景清公。天保一一年（一八四〇）、肥後国天領天草郡大矢野島中村江後村道に、佐伯利七という利発な少年がいたが、一二三歳の時「走り風眼」にかかり失明した。ある日、旅の琵琶法師による「平家物語・壇ノ浦の段」の弾き語りを聞く機会があった。その中に、両眼を失った景清公は日向の生目村に霊験あらたかな目の神様として祀られた、とのくだりがあった。

利七は、これに感銘を受け目を治してもらうために、一人で日向の生目神社を目指して旅に出る決

天草の生目神社

心をした。途中いろいろな苦難にあいながらも神の加護により、無事日向の生目神社にたどり着いた利七は、眼病平癒の祈願をたて、満願の日ついに完全に元の正常な目に戻った。

このご利益を世の多くの目の悪い人たちにも分けてやりたいと、分霊を願い、生目神社の許可を得て、景清公のご神体を背に故郷へ帰った。そして、ここ江後の地に生目神社の祭神景清公の御霊は鎮座されました。

以来、目の神様として、多くの信者から尊崇を受けている。

毎年、四月の第二日曜日には、熊本市をはじめ近隣から多くの信者の参拝で賑わう。」

冒頭の「走り風眼」がどんな目の病気なのか分からなかったので、のちに、上天草市役所に問い合わせた。「結膜炎になって、膿ができ、その結果目が見えなくなる病気」という話だった。

漢和辞典にも「風眼」という単語が見え、「目に膿がはいりておこる眼病」と説明されている。

『医学用語辞典』を見ると「結膜は目の表面をおおう薄い透明な膜で、結膜に起きた炎症を結膜炎という。原因には、細菌、ウイルス、病原体、アレルギーがあり、目脂が出ることが多い」とある。流水による手洗いが感染予防策にあげられているから、生目神社周辺の湧き水で目を洗うことが効果的だったのかもしれない。

また、この説明文によると、神社の創設は一八四〇年であろう。

しかし神社が鎮座する山頂には一つの石碑があって、「創祀百五十年祈念碑　昭和六二年丁卯吉日」と刻まれている。昭和六二年は一九八七年であり、これから一五〇年を引くと一八三七年である。三年の差は何に起因するのだろうか。これは上天草市役所でも「分からない」という返事であった。

それはともかく、失明した天草の青年が宮崎の生目神社に行き、祈願したおかげで目が見えるようになったということに、間違いはないであろう。

④ 山鹿市の生目神社（熊本県山鹿市蒲生九二一―三）

熊本県山鹿市の中心街を離れた蒲生という地区に生目神社がある。道路の入り口に「生目神社」と書いた案内が出ているので見つけやすい。鳥居の神額にも「生目神社」と刻まれている。

山鹿市の生目神社

階段を上って社殿に向かうと三面がガラス張りになっていて、中の様子をうかがうことができる。鴨居の上の壁には「景清く照らす生目のみずかがみ末の世までも曇らざりけり」の御神詠の歌が二枚ありそれぞれ額縁に収まっている。また社殿の奥は板張りであるが、机の上には丸い壺が置かれサカキのような葉が生けられていた。そこにも短冊があり、さっきの「御神詠」が書かれていた。社内にある石碑には「元治元年」（一八六四）と刻まれていたから、この神社は少なくとも江戸時代には勧請されていたことになる。

写真を撮りおわって帰ろうとすると、庭先で青い梅の実の分別作業をしておられる老夫人がおられた。この神社の宮司の奥さんであった。このご夫婦で七代目になるという。「宮崎から来た。九州や四国の生目神社をまわっている」というと、「信心深いのですね」と言われた。

その女性が、玉名にも生目神社ができていると言われたので、予定を変更して、通ってきたばかりの玉名に戻ることにした。玉名市役所に電話して、生目神社の住所を聞いて向かったが、たどり着いたのは一軒の民家の庭だった。結局、見つけることができなかった。

⑤ 菊池市の菊池神社と生目神社（熊本県菊池市隈府（わいふ）一二五七）

熊本県菊池市に「菊池神社」がある。菊池市を代表する大きな神社で、明治天皇の勅命で明治三年（一八七〇）に創建された新しい神社である。鎌倉時代末期の菊池武時（一二七二?～一三三三）を祭神として発足し、のち大正一二年（一九二三）に、武重（一三〇七?～一三三八? 武時の子）と武光（?～一三七三 武時の子）が新たな祭神とされて、三柱となった。菊池氏は菊池郷の豪族で、武時が一二代、武重が一三代、武光が一五代の当主である。

その境内の一角に、菊池神社の末社として生目神社と稲荷神社が置かれている。どちらも幟には生目大明神、稲荷大明神と書かれている。生目神社は目の神様として、宮崎の生目神社を勧請したが、その時代は江戸時代にさかのぼるという。また、稲荷神社は、生産・商売繁盛の神様として昭和一九年（一九四四）に京都伏見稲荷神社より勧請されている。

菊池生目神社

⑥ 南関町の大津山阿蘇神社と生目八幡宮（熊本県玉名郡南関町大字関東九五八）

熊本県玉名郡に南関町という町がある。そこに大津山阿蘇神社があり、その摂社か末社である大津山生目八幡宮がある。大津山は神社の背後にある山の名前である。大津山阿蘇神社は、熊本県阿蘇市一の宮町の「一の宮阿蘇神社」の二柱の神を祭神として正治元年（一一九九）に勧請している。鎌倉時代の初期である。

この大津山阿蘇神社の境内に、日向国から勧請した生目八幡宮が鎮座している。祭神は、垂仁天皇と平景清の二柱である。応神天皇は祭神とはなっていない。天正九年（一五八一）、正親町天皇の時代、大津山でいえば第七代城主・大津山資冬の時代に、日向国生目から勧請されたという。この勧請された時期はかなり古い。

大津山阿蘇神社の生目八幡宮

大津山阿蘇神社は「なまず」の神様（皮膚病）、大津山生目八幡宮は「目」の神様として、近郷近在の人々の信仰を集めた。その平景清について神社の解説はこうである。

源平時代、平氏侍大将平景清は屋島壇の浦の合戦に破れ源氏の軍勢につかまり鎌倉へ送られたが罪の一等を減じられ日向に流された。景清は源氏の世を悲しみ自ら両眼をくり抜き盲目となり生目神社の守人となって生涯を果てたといわれ、その後住民が景清の生きるが如き霊眼を生目神社に合祀した、と。

この景清をめぐる逸話は、この神社独特と言ってもいい。それは、日向に流されたとき、景清の両眼はまだ健在であったということである。「生目神社の守人」という表現もほかでは見られない。

2. 長崎県

⑦ 雲仙市の小浜生目神社（長崎県雲仙市小浜町北本町一〇九三）

長崎県島原半島の西岸にあたる雲仙市小浜町に小浜生目神社あるいは生目八幡宮がある。それは小浜温泉を見下ろす「杜鵑山（とけんやま）」（杜鵑はホトトギスの漢名。広辞苑）の山頂で、夕方には眼下に広がる橘湾のかなたに長崎半島が低く横たわり、太陽が半島の向こうに沈んでいくのがみえる。

ここの神社は橘湾に向かって西向きに建てられている。平成七年（一九九五）に建立された真っ白な鳥居（笠木だけが黒色だった）の神額には「生目八幡宮」と書かれ、そのすぐ後ろにある社殿の入り口には、一枚の木に「目の神様」と「小浜生目神社」とが二行に分けて書かれている。

神社の入り口は東側にあるため、翌日の朝にまた来ることにして、その日は宿に入った。

小浜生目神社

入り口には「生目八幡神社」と書いた石碑が建てられ、社殿にまで下っていく通路に三つの鳥居があった。その鳥居には「生目八幡宮」とある。生目八幡宮といい、生目神社といい、生目八幡神社といって、神社の名称には全くこだわっていない感じがあった。
社殿の庭に「天保十五年」（一八四四）と刻んだ石灯籠があったので、この神社が江戸時代に創建されたのであろうと推測した。

⑧ 長崎市天神町の生目八幡宮（長崎県長崎市天神町六）

長崎市天神町の生目八幡宮は、民家の石壁を縫うように階段を上がって行く。所々に「生目八幡宮」の案内があるので、神社にはたどり着ける。階段の途中に境内が設けられているが、広さは十二畳ほどか。

境内の隅っこに珍しいものが横たえられていた。二年前（二〇一七年）に、神社と隣の民家との間の草地から、鳥居の一部分である笠木が埋もれているのが発見されたのである。被爆後、七二年たっての発見。「生目八幡宮旧鳥居」とする御影石の石碑には、金文字で次のような説明が書かれていた。

『原爆により倒壊したと伝えられている、戦前の鳥居の「カサ石」などです。被爆から七二年を経て発見され境内に安置しました。おりしも国連で核兵器を全面禁止する史上初の国際条約が採択されました。　平成二九年（二〇一七年）七月七日』

いかにも被爆地長崎らしい表現であった。

長崎市天神町の生目八幡宮

境内の奥に小さな社があり、壁には、馬見原で見たような「め・目・眼」の字を書き込んだ紙がいっぱい貼られていた。平成三〇年、同三一年一月、令和元年もあったから、毎年このような紙が貼られているのだと感じた。

また、社の壁には、宮崎の生目神社が発行している「生目神社御由緒」そのものが貼られていた。

先の「隣の民家」に住む老婦人は、「私たちも若いころは貸し切りバスを仕立てて、宮崎の生目神社までお参りに出かけたものでした」と語ってくれた。

この神社のすぐそばで、令和四年（二〇二二）開業を目指す長崎新幹線の工事が進んでいた。

長崎市脇岬の生目八幡神社

⑨ 長崎市脇岬の生目八幡神社（長崎市脇岬町三四五）

長崎市脇岬の生目神社は、長崎市から南西方向に伸びる長崎半島の突端近くにある。脇岬には野母崎ゴルフクラブがある。前記の住所は実はゴルフ場の住所で、神社の位置はゴルフ場のフロントで聞くのが一番わかりやすい。

教えられていった場所には鳥居があった。右の柱には「奉納」と刻まれ、左の柱には「昭和八年旧三月吉日」とある。そこから自然石に近い感じの石段が社殿に向かって積み上げられ、その中央にはステンレス製の手すりが続いている。手すりの途切れたところに社殿があり、社殿の前に左右の狛犬が置かれていた。

昼食をとったゴルフ場のレストランからは、日本が朝鮮を植民地支配をしていたころに、多くの朝鮮の人々が連行され働かされた軍艦島が見えた。世界遺産の一つになっているが、初めて見る軍艦島だった。

ここの神社の細かいことは、帰宅後に電話で伺った。わたしはホテルのフロントに名刺を置いていたのである。電話でお話をしたのは脇岬にお住まいの本村孝則さん。以下は木村さんの話。

「地区では神社の管理者を順番で決めています。私は、今は管理者ではないが、かれこれ二〇〜三〇年、神社のお世話をしています。年に二回は祭りがあって、近くの神社から来てもらってお祓いをし、神社でごちそうを頂きます。

明治のころだと思いますが、初めは中島さんという方が目が悪くなり目の神様を個人的に祭っておられたが、のちには地区で引き受けようという話になった。神社の創建は江戸時代のようです。前記の道路脇の鳥居は昭和八年（一九三三）に造られました。鳥居は上五島（かみ）で造られ、船に乗せて、脇岬の港からは地区の者で運びましたが、道らしい道もない時代で大変だったようです。

大正元年（一九一二）生まれの人からか、神社までの坂道に転がっている石が歩行の邪魔になるといって、階段の整備をしました。また、戦後しばらく経って、神社をやり替えたことがありましたが、そのときに餅を投げたことを覚えています。二月一五日に祭りがありますが、若い人たちは意味も分からずに参加している感じがします。

今回、わざわざ宮崎から来ていただいて、ありがたいと思っています。私たちも、もう一度見直して地元を盛り上げていきたい。」

そんな話であった。神社も、氏子の高齢化問題を抱えていると思った。

3．福岡県

⑩ 大牟田市の薬師神社・生目八幡神社（福岡県大牟田市山上町四－三）

薬師神社・生目八幡神社

車中泊をした「道の駅おおむた」でカーナビをセットすると、車は住宅街の中に入っていった。ある民家の白壁に二つの神社名が書いてあって矢印が付いている。すぐに分かった。日曜日の朝のことで、あたりは静寂に包まれていた。

神社は小さかった。境内の奥行きも幅も一〇メートルを切るくらいのもので、小さな祠が鎮まっていた。

「薬師」は本来仏教語である。薬師如来は「東方浄瑠璃世界の教主」とされ、「衆生の病苦を救い、無明（むみょう）の痼疾（こしつ）を癒（い）やす」（広辞苑）仏で、その仏を祀っている神社である。神仏一如の世界。無明は「無知なこと」、痼疾は「なかなか治らない病気」である。

生目八幡は、「目の神様」。庶民の健康・幸福の願望を果たすということなのだろう。境内には「安政四年」と刻まれた石碑があった。西暦では一八五七年だから一〇年後に明治維新を迎える。この神社も、江戸時代に創建されたのであろう。

⑪ 久留米市の大善寺玉垂宮末社の生目神社（福岡県久留米市大善寺町宮本一四六三―一）

大善寺玉垂宮に関する以下の叙述は、その多くを同宮のホームページに依っている。

大善寺は寺で、玉垂宮は神社である。大善寺は神社につくられた寺で、神宮寺という。神社と寺が一緒に祀られる典型的な神仏習合の神社であったが、明治二年（一八六九）の廃仏毀釈で、大善寺は廃され、玉垂宮は残った。しかし、大善寺の遺構である鐘楼や阿弥陀堂、旧庫裏は現存する。

その境内の一角に「生目神社」が末社として祀られている。瓦葺きの小さな祠は、「生目八幡宮」と書いた幟の奥に鎮座していた。いかにも末社である。

玉垂宮末社の生目神社

⑫ 久留米市の生目八幡宮（福岡県久留米市山本町耳納一三一四）

同じ久留米に「生目神社」があったが、石碑は古くて読めず、聞く人にも会えなかったので、書くことができない。

しかし、二年後のある日、思いついて久留米市役所に電話して問い合わせた。すると、ここも宮崎由来の生目神社であることが分かった。『久留米市史』に、わずか三行ではあるが、生目神社のことが書かれているという。それを紹介すると、

久留米市の生目八幡宮

神社は、正式には「生目八幡宮」といい、祭神は平景清である。ここに分霊されたのは一七九〇年ごろのことで、寛政の時代である。江戸中期の終盤にあたる。

「活目神社」とする資料もあるが、同市史では「生目」であるという。

⑬ 宗像市の生目八幡宮（福岡県宗像市土穴二ー一二ー一）

この神社の境内に入る前に、道路からも見えるようになっている案内板があった。それを見たが、ほかの生目神社には見られない「由緒」が書いてあった。全文を引用する。句読点は筆者が付け替えた。

当社は往古より八幡宮と称して、悪七兵衛景清日向国に配流せられし時、此地に着船し、眼病に罹り、当社に祈願せしに其功あり。景清自ら十一面観音を彫刻し、当地に船頭寺を建立し、当八幡宮の本地とす。後、船頭寺、廃寺せしかば、其本地仏のみ今に存す。当社は俗に生目八幡と称す。また古、御船上社と称し、此辺までは入江なりしよし

ここで「船」の字には、「舩」の字が用いられていた。また、十一面観音は、日本では奈良時代から広まり、病気治癒などの現世利益を祈願して、頭が一一あるこの仏像が造られた。

つまり、日向に配流される景清がこの地に立ち寄って目を悪くした。そこでこの神社に祈願したら効き目があったので、景清は、十一面観音を作ったり、船頭寺を建立して八幡宮の本地とした。

この説明は、景清が日向に行く途中で眼病になったが、この神社で祈願し治ったと言っているのである。「目の神様」たる景清を「目の神様」にしたのはこの神社であり、宮崎の生目神社の世話ではないぞ、という暗黙の主張がみえる。説明板の最後には「神祇会福岡県支部編纂神社誌より」と記されている。

この神社の祭神は、応神天皇、仁徳天皇、神功皇后、平景清であるが、この神社を、宮崎の生目神社を勧請した神社と見ることはできないように思われる。

宗像市土穴の生目八幡宮

⑭ 飯塚市の曩祖（のうそ）八幡宮と末社の生目神社
（福岡県飯塚市宮町二―三）

曩祖とは聞き慣れない言葉である。ところがこの言葉、ちゃんと『広辞苑』に載っている。「先祖」という意味である。曩には「先」の意がある。これが八幡宮とつながるとどういうことになるのか。「先祖から受け継がれた八幡宮」という意味である。とは、帰宅後、この神社に電話して分かったことである。また「納祖」という場合は、この神社が年貢を納める場所になっていたことから来ているという。

祭神は、応神天皇、仲哀天皇、神功皇后、武内宿祢（すくね）らである。子安神としての信仰も厚い。

東面するこの神社には、三か所の入り口がある。すべて階段になっているが、一番左側が飯塚天満宮参道で菅原道具が祀られ、上がると天満宮の前に「飛梅」と名付けられた梅が葉を茂らせていた。何でも

飯塚市の嚢祖八幡宮

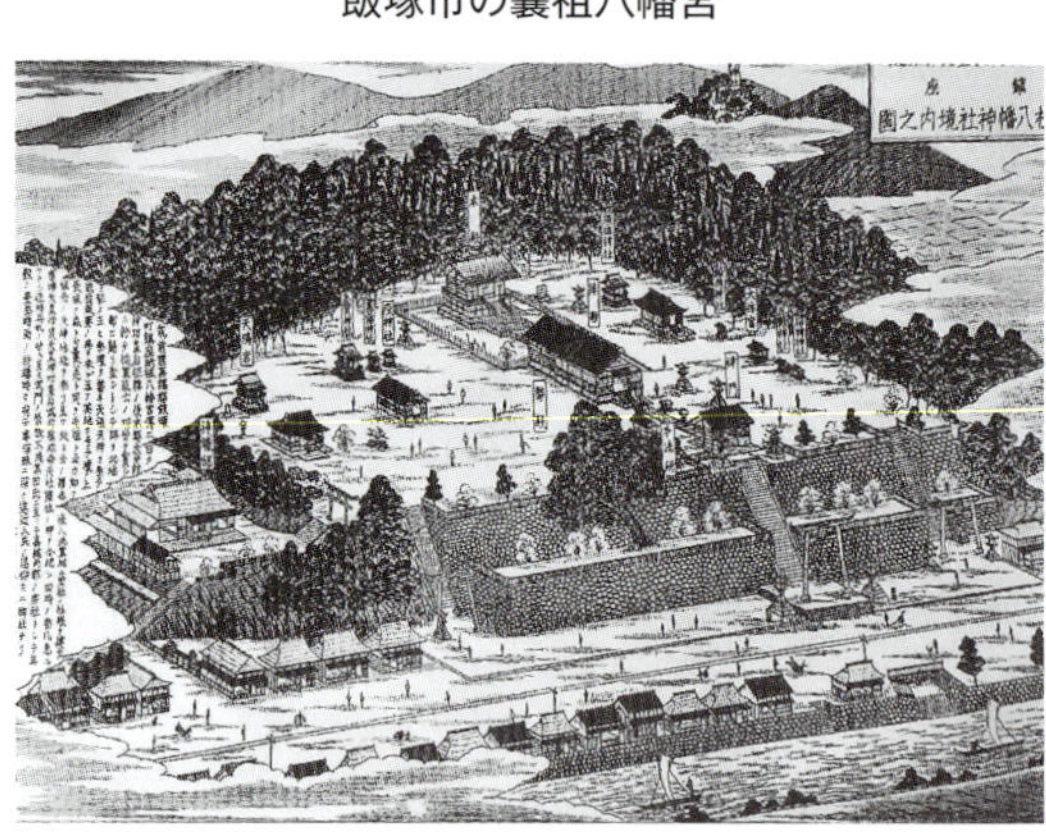

嚢祖八幡宮の絵地図

「今から七〇年前」に太宰府天満宮からこの地に株分けされた梅だという。

中央の階段上がり口に鳥居があるが、その神額には「納祖」が使われ、階段手すりの幟は「嚢祖」になっている。階段を上がると「納祖八幡宮」本殿が正面にある。この本殿が一番大きい。この参道を上がった右手に社務所が置かれている。

一番右側は「祇園宮」の参道である。鳥居の神額には「須佐宮」と刻まれている。この「須佐」は「須佐之男命」のことである。祇園さんと須佐之男命は切っても切れない関係にある。祇園神社あるいは祇園社は、明治の廃仏毀釈で、八坂神社と言われるようになった。有名な京都の八坂神社の祭神は素戔嗚尊（すさのおのみこと）（旧午頭（ごず）天王）である。祇園祭で有名。

ここを上がると、正面に「祇園宮」があり、その一番右手に勧請された「生目神社」の小さな社が建てられている。小さめの鳥居が建てられ、その奥には石造りの生目神社が鎮座している。宮崎の生目神社を勧請した神社である。鳥居や社殿が小さいので、やっぱり「末社」という気分になってくる。しかし、社務所の方の話では、「氏子さんたちのおかげで掃除もよくしていただき、月参りもよくしてもらっている」ということだった。

ここで貴重な絵を写真に収めることができた。納祖八幡宮周辺の絵地図である。三つの階段が並んでいる様子、その前の道路と人家（商家であろう）、その先を流れている遠賀川。川に浮かぶ船。神社のすぐ前にあった遠賀川は、このあともっと遠くに移され、川であったところは市街地に変貌したという。

⑮ 嘉麻(かま)市の若八幡神社と末社の生目八幡社（福岡県嘉麻市山野一六二〇－一）

若八幡神社末社の生目八幡社

嘉麻市北部の山野(やまの)に「若八幡神社」がある。祭神は仁徳天皇らである。記紀によれば、仁徳天皇は、八幡神、すなわち応神天皇の第四子である。創建は天喜元年（一〇五三）と古いが、この神社は、宇佐神宮大宮司(だいぐうじ)と縁が深く、一時期は神宮寺を持ったこともある。

この若八幡神社の本殿の脇に小さな祠が祀られている。大きな台石二段重ねの上に碑文を刻んだ立方体の石碑が載り、さらにその上に、上に行くほど小さくなる三段重ねの台が載って、最後は石造りの社が置かれ、しめ縄が巻かれている。そしてこの祠の隣に置かれた縦長の御影石には「生目八幡社」と刻まれ、「生」の字の上には、生目神社の社紋が描かれている。これが勧請された生目神社の全てである。

碑文を刻んだ石碑の全文を示す。原文は漢字カタカナ混じり文である。西暦を補っている。

明治時代に眼病が流行した時　山野住人西田卯七が宮崎の生目神社を勧請し明治二十二年（一八八九）
当宮の境内に祠を建立し御加護を祈願した　風雨に浸食された為　平成元年（一九八九）　孫西田直妻
富子祠を再建する

どんな小さな祠であろうが、それによって生きてきた人々の思いというものが、ここにはある。そんな実感を抱かせた小さな神社であった。

⑯ 田川市の生目神社（福岡県田川市大字弓削田二三六一）

カーナビに導かれてこの神社付近に来ると、ここだよと言わんばかりに、大きな看板が立っていて、真っ赤な地に真っ白な字で「生目神社」と書いてあった。

その看板のすぐ後ろには、コンクリート三段の台座があって石灯籠が載せられている。そこから鳥居のあるところまでは砂利道である。砂利道が終わるところに鳥居がある。

鳥居の柱二本のうち、右の柱には「皇風洽六合（りくごう）」、左の柱には「明徳侔太陽」と書いてある。鳥居の建立が昭和一〇年（一九三五）一一月であるから、時代の空気を映し出しているが、「皇室の風は天地四方（世界）に広がり、その明らかな徳は太陽にも等しい」ということだろうか。

田川市の生目神社

そこから階段を一〇段ほど上がると大きな狛犬が置かれている。

さらに進むと「生目神社由来記」なる看板があった。全文を引用する。西暦を補っている。

「慶応元年（一八六五）の春、村中　突然　眼病流行し、為に失眼する者さえ出る有様にて、村中大きに恐れを成せり。時に、春日大明神の祀官、重藤摂津守将清　或夜の夢に、吾は日向国生目の神也、此の地に吾を祀れば、眼病直ちに治まり　村中安からんと、夢三夜に及ぶ。是れ神宣なりと　村人に告ぐ、村人大いに恐れ畏み　佐竹武七郎他二人、日向に出向かひ　生目の神を勧請し　清地天目山を宮処と定め　御鎮祭せり。此の頃より　眼病治まりて村人大いに安堵なせり。」

「由来記」は、このあと中国の天目山を説明するが、ここでは割愛する。

社殿は奥まったところに鎮座し、境内には「景清祭発祥之地」と刻んだ御影石の石碑があり、また「御神詠」の歌を全部を書き込んだ石碑もあった。文字は金色に塗り込まれていた。この「御神詠」は個人が平成二三年（二〇一一）に奉献したもののようだった。

また「天目山生目の霊水」と書いた水汲み場があったが、水は出ていなかった。境内の奥には小さな祠があって、なぜだか七福神のうちの福禄寿（ふくろくじゅ）のような神様を祀っていた。

田川はかつては筑豊炭田の中心地として栄えたところで、先述の目立つ「生目神社」の看板の横には鉱害被害記念碑が建っている。石炭採掘による地盤沈下が起きていたようである。

なお、福岡県行橋市には「大祖大神社・須佐神社」があり、ここに末社として宮崎の「生目神社」が勧請されていたが、生目神社の管理人がいない、建物も壊したはず、ご神体は宮崎にお返しした、階段の下から通行止めになっている、との通りがかりの女性の話を聞いて、境内に入ることなく引き返した。

4. 大分県

⑰ 宇佐市の生目神社（大分県宇佐市上矢部一〇二八）

大分県宇佐市は、八幡神のふるさとである。宇佐八幡宮には八幡神が鎮座している。その宇佐市に生目神社が勧請されているのである。宇佐市街から御許山（おもとやま）に向かっているときに、生目神社の前を通過する。これに気づいたときにはちょっとびっくりした。御許山登山の帰途に寄ってみた。

宇佐市の生目神社

参道入り口の左手に「生目八幡」と刻んだ石塔があり、右手には「馬城（まき）神社」と刻まれている。その向こうに石灯籠があり、「元禄一六年（一七〇三）に寄進」されたことが刻まれている。徳川家康が江戸幕府を開いてからちょうど百年後のことである。

中に入っていくと、鳥居があって、その右上が欠損している神額には「大山積（おおやまつみ）」と書かれている。階段を上がって行くと神社があるが、瓦屋根を葺いた木造の真四角形の建物で、壁は四面ともにない。奥にトタンで三面を囲った別の建物が接続してあり、これが本殿なのであろう。

平成二三年（二〇一一）三月に地元の上矢部自治区が建てた案内

板がある。冒頭に「生目神社」。その次に「御祭神　藤原景清公霊」とあり、景清が源氏に捕らえられ、「源氏の栄達を目にすることを厭うとともに復讐を断念するため、自分の両眼を抉ったところ、その志を賞した頼朝から日向国を与えられた」と書かれている。

そして「御由緒」として「村社大山積神社　祭神　大山祇命」と「生目神社　祭神　景清公霊」が並列して書かれている。つまり、この神社は、地元の氏神であった大山祇命を祀るとともに景清公も祀っているのである。

続けてこう書いている。

> 昔この村のある女性が目の病気になり、日向の宮崎郡生目宮（現在の宮崎市）へ参詣して、眼病が治ることを祈願した。その結果、大変な霊験をさずかって目が見えるようになったので、その女性は宮崎の生目宮より御分霊をいただいて帰り、社殿を建て心を込めて祭りをした。

ここまでの疑問点は、参道入り口には「八幡神社」と書いてあるのだが、応神天皇を祀らない神社を八幡神社と称してもいいのかということである。

じつは、この神社にはほかにも疑問がある。境内に「御霊水」と名付けた湧水があって、その周囲に幾つかの石を積みあげているのだが、中央に文字を刻んだ石が二つある。

湧水の真上には「景清大明神録記」とあって、景清が「両眼を切取り自ら僧となり琵琶法師として天台宗に属し」諸国を巡回した、と書き、景清が琵琶法師になったと書いている。景清が琵琶法師になったという記述は、あとで行った高松市にもあった。

その奥には「御神歌」と題するものがあり、「かげきよきいき目を照らす水かがみのちの世までもくもらざりけり」と歌が紹介してあり、最後に「平景清」と書き入れている。

まるで歌の作者が景清であるかのように受け取られかねない。

歌自身も本当は「かげ清く照らす生目の水鏡　末の世までも曇らざりけり」である。また、この「御神詠」の作者は、江戸時代に日田代官を務めていた池田喜八郎季隆（すえたか）である。

⑱ 豊後高田市の生目神社（大分県豊後高田市臼野）

大分県国東半島の北の付け根に位置する豊後高田市。その臼野という所に生目神社はある。入り口の鳥居は氏子の人たちが平成二八年（二〇一六）に建立したものである。

豊後高田市の生目神社

鳥居から林の中に入っていくと、祀られているのは涅槃像のように見える自然の岩で、高くなった頭部には別の大きな岩が乗せられて、しめ縄が張ってある。不思議な眺めであった。

そばに「生目神社の由来」と書いた説明板が置かれている。それを要約して引用する。

「中世以降、眼病の神として座頭を通じて津々浦々に普及していたのが、平家の武将　藤原景清公を祀る生目神社（宮崎）である。

今より六百六十年程前、源平合戦の最後の地、長門の壇の浦の戦いにおいて破れた……平家一門は全国に散々に逃亡し、命を長らえたのである。

このとき、景清公は日向（宮崎）に落ちのび、困居待機して居りしが、源氏の追討を逃れんがため、自分に正眼あれば難を逃れざるにより、右眼を取り出し、住居近くの氏神に持参し、『世の中の眼病に苦しむ人々へご利益を与えてください』とお供えして無事をお祈りしたのである。

しかし、源氏の武士は許さず、景清公を捕らえて鎌倉に連行され、頼朝公へ面会したり。頼朝公は景清公の清き心を知り、この志を以て源氏に仕えよと言いたれば、景清公は撫然として聞き入れず、小刀を取り出し、己の左眼をくりぬき、『何の役にも立たない身なれば、このまま放免してください』と申し出たのである。この意を通し、幾分の領地が与えられ宮崎に帰したのである。景清公はかくして両眼を八幡宮へ奉納し、神の霊験によって世の中の眼病に苦しむ人々への幸福を祈りながらこの世を去ったのである。」

真玉町の生目神社は、今より一三〇年前、当地在住の某氏が眼病を患い、苦悩の末、宮崎の生目神社へ参拝し、わずか一〇日で全治し、帰宅の際、御分霊をいただき供養し、石碑を建てたとの由来である。

先の引用文冒頭に「中世以降、眼病の神として座頭を通じて津々浦々に普及していた」という表現がある。その特に「座頭を通じて津々浦々に普及」という部分には少し説明が必要である。

明治四年（一八七一）に太政官布告により廃止された「盲官」という制度があった。「目の見えない人がつく官職である」。それには序列があって、最高位を検校（けんぎょう）といい、別当、勾当（こうとう）、座頭の順になる。これらの人々は「琵琶・管弦」、「按摩（あんま）・鍼治（しんじ）」を生業（なりわい）としていた。琵琶を弾きながら日本中をまわる琵琶法師によって、景清の名と景清を祀る生目神社が有名になっていったということなのであろう。

説明板の文章はまだ続く。

その中で別府や中津の生目神社は参拝者が多い。ここへは、大阪や東京からの参拝者が後を絶たないようである。鳥居の周りには何本もの幟があって、見ると、横浜、北九州、京都、東京などの人々から奉納されているのである。説明は、例の「御神詠」を紹介して終わっている。ここでの景清の動静はほかの生目神社とはかなり異なっている。

⑲ 別府市の生目神社（大分県別府市南立石生目町一〇七七）

東九州自動車道を別府に向けて南下し、別府ＩＣで降りると下り仮になって一気に別府市街地に向かっていく。その途中の道路沿い左手にいきなり「生目神社」と書いた案内板が目に飛び込んできた。参道がありＩＣから近いのである。道路のすぐそばに一の鳥居があった。二の鳥居、すぐ後ろに三の鳥居とならぶ。

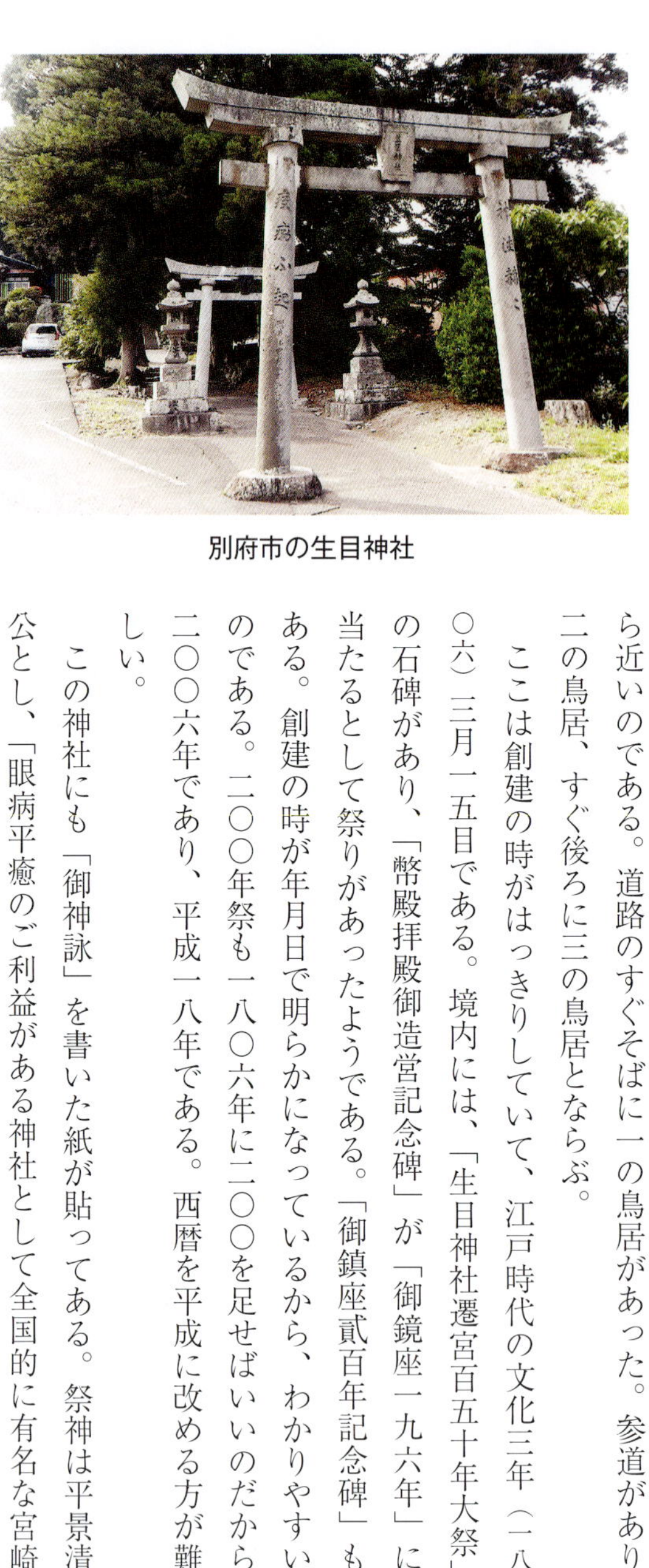
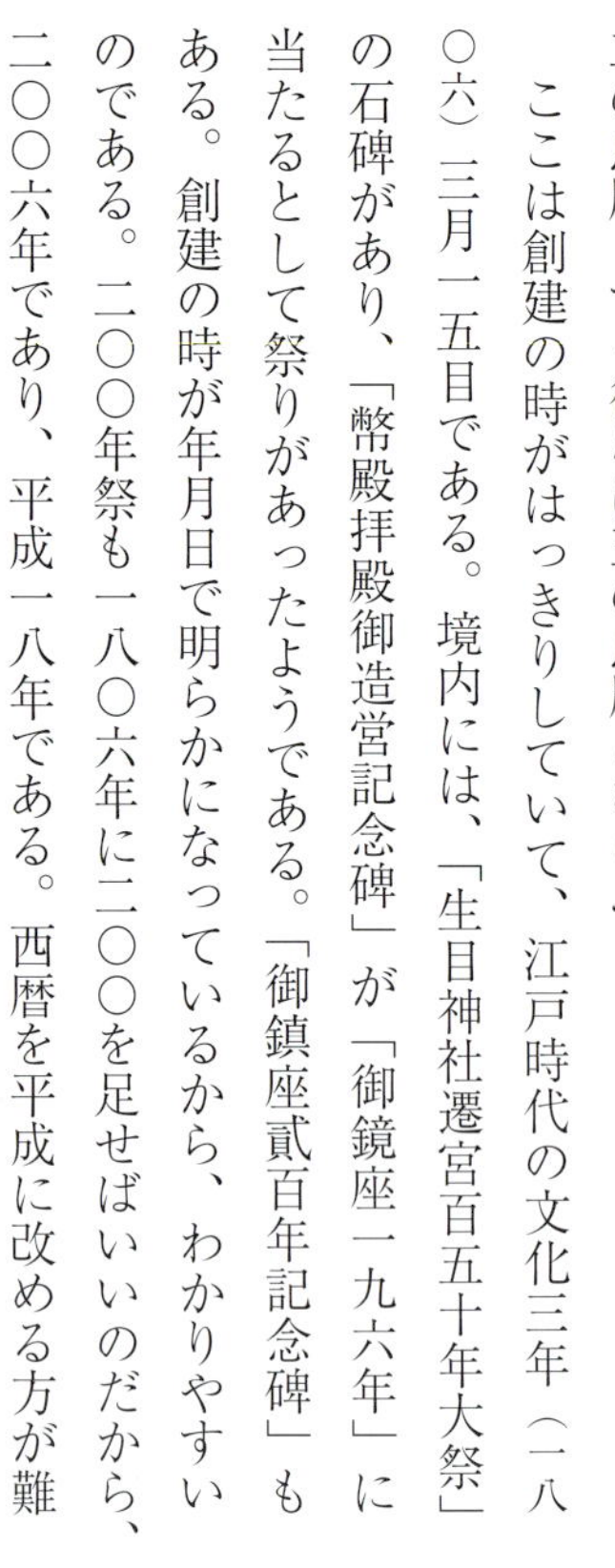

別府市の生目神社

ここは創建の時がはっきりしていて、江戸時代の文化三年（一八〇六）三月一五日である。境内には、「生目神社遷宮百五十年大祭」の石碑があり、「幣殿拝殿御造営記念碑」が「御鏡座一九六年」に当たるとして祭りがあったようである。「御鎮座貳百年記念碑」もある。創建の時が年月日で明らかになっているから、わかりやすいのである。二〇〇年祭も一八〇六年に二〇〇を足せばいいのだから、二〇〇六年であり、平成一八年である。西暦を平成に改める方が難しい。

この神社にも「御神詠」を書いた紙が貼ってある。祭神は平景清公とし、「眼病平癒のご利益がある神社として全国的に有名な宮崎市の生目神社を勧請した神社です」とその来歴をはっきりさせている。住所に「生目町」の文字が入っているのも、神社が地域に溶け込み、受け入れられていることを示している。

5. 香川県

⑳ 三豊市の生目神社（香川県三豊市豊中町笠田笠岡一九一－一）

三豊市の生目神社

別府からいきなり香川県三豊市である。この行程は長かったし、疲れた。

三豊市を走る国道一一号、その豊中町笠田笠岡の交差点の角に「生目神社」と書いた石柱がある。大きいのですぐ分かる。明治一八年（一八八五）に建てられているが、道標であろう。そこに入っていくと、要所に白い案内板があり、迷うことはない。着いたところは小さな山の頂上だった。

鳥居の神額に生目神社と書き込まれ、その後ろに、狛犬が置かれている。その奥に拝殿があった。狛犬と手水舎（ちょうずや）の間には、弧を描いて多くの薄い石板が並べられている。見ると平成二〇年（二〇〇八）に本殿新築があり、同二三年には拝殿改修が行われ、同二九年に御手洗改修が実施されたことが分かる。これらの工事に、誰がいくら寄附したかが書かれている。

現在に近いこの年代の新しさが、この神社の隆盛を語っているように思えた。手水舎新築工事も平成二八年に行われている。これらの碑から、この生目神社の宮司は〇(おお)さんであることが分かるが、この方は近くの熊岡八幡宮の宮司が本職である。

境内をまわっていると、石碑に「北海道空知(そらち)郡」と刻まれたものもあったので、ここに参拝に来る人は、北海道にも及んでいるのだと知った。

一応見た気になって道路を下っていくと、畑仕事をされている二人の男性の姿が目に入った。車を止めて声を掛ける。神社のことだと分かると一人の方が近くの家を指さして、「あそこで聞いたらもっとよく知っている人がいる」という。そこに行った。

畑仕事中の酒井貢さんが手を休めて話し相手になってくれた。

これは、生目神社探しの旅が終わって約三か月後のことになるが、撮ってきた写真を何回も眺めていると、「酒井惣市」という名前の人が、別々の二枚の写真に写っているのに気がついた。話し相手になってくださった酒井貢さんと関係があるのではないかと思ってしまった。

ここの神社の創建は、なんでも今から一八〇年くらい前の話だという。江戸時代後期である。昔からの言い伝えでは、宮崎(この頃は日向国)の人が旅をしているとき、何か困ったことがあったけれども、この地の人が助けたという。それが縁で生目神社が建立されたらしい。酒井さんが住んでいる地区でも、十数年前に団体で宮崎の生目神社にお参りしたことがあるという。

神社の祭りはいろいろある。正月の祭りでは飴湯が出、春三月と秋九月の大祭では、春はうどん、秋はおまんじゅうが振る舞われる。毎月第二土曜・日曜は月次祭(つきなみさい)で、白雪粉(はくせこ)や和菓子が振る舞われる。酒井さんのつぶやき。「香川は雨が少ないので溜池が多い。雨は香川を避けて降る」。ここの生目神社の周りにもたくさんの溜池が見られた。

酒井さんは、携帯電話で千秋（ちあき）さんという方を呼び出された。その千秋隆さんは、生目神社の鍵を保管している人である。軽トラに乗った千秋さんの誘導で再び生目神社に向かった。生目神社の管理は三自治体・五つの講の五人で行っているという。千秋さんは、会社員を退職後に地元に戻り、今は順番が回ってきて生目神社の役員をされている。

拝殿入り口には鍵がかかっていた。賽銭泥棒がいるらしいのである。中に入るといろいろなものが展示されていた。「生目神社御由緒」という宮崎の生目神社で誰にでも配られているのと同じ印刷物、山陽放送の女性アナウンサーと思しき人の願い事、ここの生目神社の役員と思われる五人の男性に囲まれて座る宮司さんと思しき人の写真、平成一八年（二〇〇六）一一月に宮崎の生目神社に参拝したときの記念写真（酒井さんが言ってたのはこれではないかと思いました）。

千秋さんからは「御神米」と書いたお菓子をいただきました。千秋さんは筆者を高松に向かう道路にまで案内してくれました。

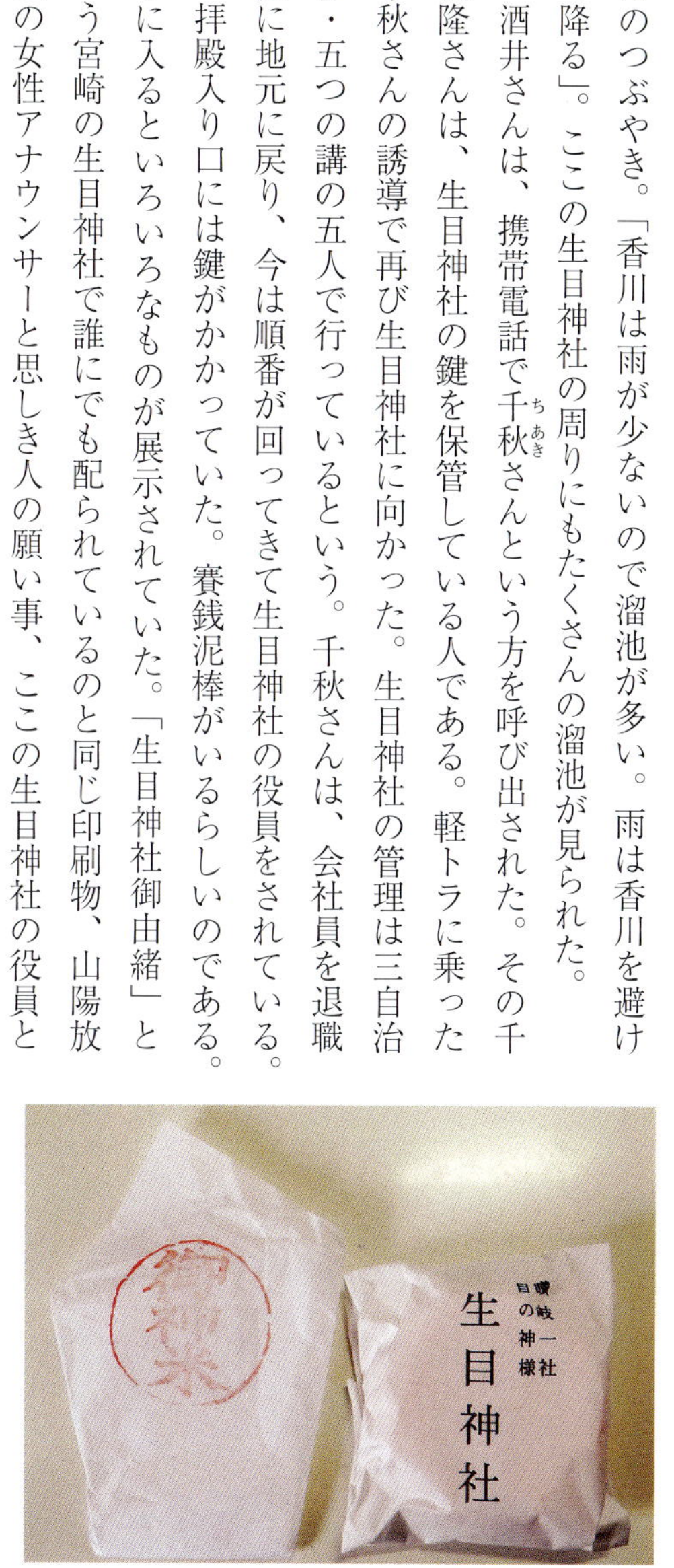

「御神米」の菓子

㉑ 高松市の祥福寺の鎮守・生目神社（香川県高松市西春日町一六二六―一二四）

高松市の栗林（りつりん）公園から南東三キロメートル弱の山裾に祥福寺がある。正式には護国山祥福寺といい曹洞宗永平寺系の寺である。現在の住職は二五年前に群馬県から移住してこられた方である。この寺の境内の北端に

祥福寺の鎮守・生目神社

「生目社」と刻んだ小さな社があった。その手前に説明板があったので、その全文を引用する。

「祥福寺鎮守のお社」　生目神社

祭神　品陀和気尊（応神天皇）　説明板は「応神」の神を「仁」としている

　　　藤原景清公

本社　日向国宮崎郡生目村大字生目亀井鎮座　↓亀井山が正しい

由緒　当社は古来、生目八幡宮（活目とも書く）と称えておりましたが、明治維新に至って生目神社と改称せられました。俗に「いきめ様」とも称されます。

霊験　古より眼疾に霊験あらたかなりとして崇敬者の祈念殊に厚く、病気平癒、無病息災、また、眼を開くことより転じて海運の社としても信仰を集める。

神詠　かげ清くてらす生目の水鏡、

　　　　末の世までもくもらざりけり

（この神詠を怠なく毎朝三回奉称祈念すれば眼疾の患なしと言い伝えられます）

社はネットの写真で旅の出発前に見たものとは異なっていた。あとで寺の奥さんに聞いたところ、二〇一八年の台風で屋根が吹き飛ばされたので、残った石の土台の上に新しく石造りの社を乗せました、ということだった。

旅が終わって帰宅した後、住職さんに問い合わせてみた。「お寺の鎮守ということは分かるのですが、それがなぜ宮崎の生目神社なのですか」。しかし、二五年前に移ってこられたこともあって、「そのわけは何にも受け継いでいません」という住職さんの答えであった。

奥さんとの会話中、奥さんからあたらしい情報を得た。高松市内にもう一つ生目神社があるというのである。奥さんは、高松市内の地図を持ってこられ、その位置を示された。

㉒ 高松市の円光寺近くの生目神社（香川県高松市仏生山町甲五四九）

高松市の生目神社

祥福寺を出て円光寺を目指していた筆者の目に道路標識の「屋島」という字が飛び込んできた。平景清が「しころひき」を演じて大見得を切った「屋島の戦い」の、あの屋島である。思わずからだがブルブルと震えた。そこは交差点であったので、止まっている間に屋島の文字を写そうとシャッターを切った（デジカメは常に助手席に置いている。写真はきれいに撮れていた）。

ここの生目神社は、社があるだけである。床屋さんと民家との間の幅約二メートル、奥行き約四メートルの空間が全てである。

薄い板木に「生目八幡宮」「(大)祭　七月第四土曜日」と書かれたものが右端の柱に架けてあった。拝殿の間というべき空間には磨りガラスの戸があり、中は見ることができなかった（中には木像と鏡があることが次に示す由緒書で分かる）。しめ縄が社の幅いっぱいに張ってあり、「生目さん」と書いた由緒書があって、こう書かれている。

屋島合戦の『しころ引き』で有名な悪七兵衛景清は、源平合戦で敗れたのち、視力を失い、琵琶法師となって諸国をさまよったと伝える。そして最期のとき、『自分を神にまつれば眼病に効き目を表すであろう』と言ったということで、目の神様として人々から信仰されている。内部には『かげきよさま』と呼ばれる古い木像と神鏡がまつられている。

仏生山歴史街道推進協議会
仏生山地区コミュニテイ協議会

また、左手の柱の前には石が置かれ、こう書かれていた。

生目八幡宮敷地寄附者　名前　川田義夫
世話人 中尾サワ

6. 愛媛県

㉓ 松山市の生目神社（愛媛県松山市浄瑠璃町乙一五二）

浄瑠璃町は松山の繁華街からはやや距離があるところで、周りには寺も多い。ここの生目神社は住所の番地が分からない状態で行ったので少し苦労した。はじめ浄瑠璃寺をめざして行ったが、分からないので、思わず近くにおられたお遍路さんに「生目神社はどこですか」と聞いてしまった。雰囲気から、お遍路さんだと思ったが、後の祭り。結局、お寺の奥さんが出てこられて、近くであることが分かった。しかも県道筋には案内板が出ていたのだ。

探し当てた道はちょっと難路だった。坂がきついのである。普通の車では上れなかった。五〇㍍ほどバックして、広い場所があったのでそこに車を止めた。

入り口には三メートルほどの大きさの自然石に「生目神社」と彫ってある。そこに小さな鳥居があって、その真下には「車止」と書いた白い金属板が置いてあった。拝殿の前に「生目神社の由緒・沿革」と書いた説明板があったので、これも全文引用する。

［主祭神］　須佐之男命・奇稲田姫命
［配神］　景清分霊
［境内神社］　大山積神社（大山積命）、阿波島神社
［例祭］　四月十五日・九月十五日

松山市浄瑠璃町の生目神社

社伝によると、嘉承元年（一一〇六）疫病鎮護のため、小倉小太郎が須佐之男命、奇稲田姫命を勧請し素鵞神社として祭祀し、永禄一二年（一五六九）から午頭天皇宮と呼ばれ、明治になり再度、素鵞神社にもどり、明治四二年（一九〇九）に関屋より現在の生目山に移転され、生目神社と名付けられたということです。

鎌倉時代の平家の侍大将だった平景清は屋島の合戦に敗れ宮崎に逃れました。しかし、源氏の繁栄を見るのが口惜しくついに自分の眼をくりぬいて岩に打ち付け盲目となりました。岩にくっついた眼はいつまでもぎらぎらと光っていたが、そのうちに岩に眼の跡が残り人々は恐れ拝みました。ところが不思議なことに眼を患っていた人の眼病が治ったのです。それより後、生目神社として祀りました。

このことを聞いた当地の庄屋さんは、日向（宮崎県）から御神体

（景清の短刀といわれている）を勧請して当地に祀ったのが、ここ生目神社のはじまりということです。
須佐之男命と奇稲田姫命を祀った神社が、のちに生目神社となっていく経過はあまり腑に落ちるものではない。生目神社の創建としては他と比べて随分と遅い感がある。また、景清の眼に関する表現は、この神社独特のものである。

㉔ 伊予市の廣田神社の末社・生目八幡宮（愛媛県伊予市上三谷三一六六）

廣田神社の末社・生目八幡宮

この廣田神社を探すとき、松山市に住んでいる「いとこの子」がいなかったら、見つけることができなかったかもしれない。それほど分かりにくい場所だった。

参道が始まるところに大きな石碑があって「廣田神社」と刻んである。裏にはこの石碑の建立が「大正四年（一九一五＝筆者）七月」であることが書かれている。幅三メートルほどの参道は、奥に見える神社の拝殿の前まで続いていた。

廣田神社の拝殿の右手に小さな祠が作られていて、それが末社である生目神社であった。

愛媛県神道青年会の資料によれば、鎮座が天明八年（一七八八）とされているから、勧請された生目神社としては古い方であろう。この祠は、高松市祥福寺の境内にあった生目社が台風被害を受ける前の祠と形がよく似ていた。

祠の前には「生目八幡宮」と彫られた細長い自然石（石碑）があるのだが、すぐそばに榊（さかき）の木が何年か前に植えられ、それが大きくなりすぎて、石碑を見えなくしているのである。石の裏に書かれた「明治三十二年（一八七九＝筆者）十一月建」も見えにくい。神社の隣に往んでおられるご婦人の示唆がなければ、気づかずに終わった可能性が強い。

7. 宮崎県

宮崎県日向市の生目神社

㉕ 日向市の生目神社（宮崎県日向市平岩平尾一〇一三七）

最後に訪れたのが宮崎県内の神社であった。日向市平岩の「生目八幡神社」である。日向工業高校正門からほぼ南へ直線距離で約一・三キロメートル。

拝殿もその前にある鳥居も鉄でつくられているという珍しい作り方であった。台風被害に耐えられるように鉄骨にしたという。境内の脇に由来を説明する文章が書かれていた。全文を紹介する。題は「生目さん（新田（にった）八幡神社）の由来」である。

ここ新田八幡神社は、全国的に広がっていた八幡信仰の頃、平岩前田の豊作祈願の神として建立されたものと思われます。のちに壇ノ浦の戦（文治元年〈一一八五〉）で敗れた平家の武将平景清を祀り、眼の神様「生目さん」として親しまれています。

平景清については、次のような伝説があります。壇ノ浦の源平合戦に敗れた平景清は日向に下り、神社・お寺を建立して各地を巡礼しているうちに平尾にやってきました。そして、人情豊かな平尾の村人達に接し、過ぎた昔の事も捨て、心の安らぎを得てここに居を定めた後、平和に暮らしていました。ところが、人伝えに源氏の繁栄ぶりを聞いた景清は、「この目さえなければ見聞きする事もあるまい」と両目をえぐり出して投げ捨てました。驚いた村人達が、その生目を八幡さんに祀ったと伝われています。

以後、「生目さん」とよばれるようになり、敬って親しんできました。

また、景清の目の傷を活(いか)したのが谷間の清水であったとも言われています。

景清は、建保二年（一二一四）平尾で亡くなりました。

明治のころ、一人の修験者(しゅげんじゃ)がここ生目さんを参詣し「おこもり」した時、その霊感に驚き、『宮崎よりこちらが本家である。こころして大事に祀るように……』と言い残して去ったと伝えられています。

生目さんの縁日は、旧暦の十月二十五日です。

平成十六年十月吉日

平尾とは神社があるところであるという。景清は平尾に住み、平尾で亡くなった。「生目よりこちらが本家である」という主張は、宮崎市の生目神社には受け入れられないことだろう。

二、二回目の生目神社探し（二か所）

二〇二〇年（令和二）二月、自宅のパソコンでグーグルマップを開き、同年一月に行った福岡県みやま市周辺を見ていると、「生目八幡宮」という場所があるのに気がついた。これは、知らなかった生目神社である。この神社は、去年、探したけれどもどうしても行き着くことができなかった福岡県八女市の「生目神社」とそう遠くない。

二〇二〇年四月上旬、孫の用があって福岡市内で一週間滞在していた（世間は、新型コロナウイルス問題で大騒ぎになっていた）。その帰りに、八女市とみやま市を訪れる計画を立てた。八女は一〇か月ぶりの訪問である。

㉖福岡県八女市の生目神社（福岡県八女市立花町北山三九六三）

車が九州自動車道八女ICで降りると、八女市内を走ったが、ほとんど去年の記憶が残っていない。かろうじて矢部川の橋を渡り堤防道路になったところに来て記憶がよみがえった。その堤防道路もすぐ離れ右折し、「遊の里」（地鶏炭火焼）という看板が出ているところで左折した。その道に入ってミカン畑の山に入ろうとして車を止めた。去年の二の舞をやろうとしていることに気づいたのである。

近くで畑仕事をしていた男性に尋ねた。男性の話は、グーグルマップで確認していた地図とは違っていたので、お礼を言って、心の中で却下した。引き返す道で農作業中の男性がいたので尋ねた。お宮はあるという。その道に入っていった。行った先にお宮があったが、生目神社ではなかった。引き返す際に年配の別の男性に会った。尋ねた。その人も生目神社をご存じではなかったが、引き返して別の家のインターホンを押すと、六所宮の老婦人が顔を出された。その方が生目神社をご存じだったのである。

「遊の里」の看板から入るのではなく、もっと先の「小路（こうじ）」の公民館から入ります、といわれた。公民館には何の表示もなく、造りは普通の民家であった。また、そばの家のチャイムを鳴らした。若い女性が現れた。生目神社はご存じなかったが、山を登ったところにお宮がある。そこに行く道筋をかなり細かく教えてもらった。この説明がなかったら行き着くことはできなかったろうというくらい、それは具体的であった。しかし、山道は落ち葉に埋もれていて、土も濡れて、走りやすい道ではなかった。中間的なところで平坦面が現れたので、これが「北山公園」かと思ったが、そこにいた男性に聞くと、神社はもっと上だという。また荒れた山道を進んだ。こうして山の頂上で、石の階段と何かの屋根を見つけ、そこで車を止めた。タイヤがすっかり汚れていた。

そこから見える風景を眺めると、ミカン山が南に広がっている。あの頂上のミカン山は、去年、立ち往生した所だと気づいた。直線距離で数百メートル。去年は、あながちとんでもないところに来たのではなかったのだと気づいたが、あのとき、こちらの階段や建物には気づかなかった。

八女市の生目神社

なんとも不思議な光景であった。鳥居がない。神社名が分からない。階段を上がると、八本の鉄柱の上にトタン屋根を乗せただけの建物があり、下部を除いて壁がない。吹きさらしである。中に長椅子が左右に二脚置かれている。拝殿とか本殿とか神社お決まりの建物はない。それらしきものは、大小いくつかの岩の塊だった。これは大分県豊後高田市の山で見かけた生目神社と同じ風景だと思い出した。祭神の本体が大きな岩。そこにしめ縄がかけられ、岩の前に二つの陶器の花瓶が置かれ、シキミのような枝葉が挿されていた。ところがその奥に祭られているのは、どうやら一体の小さな仏像である。

シキミの葉の新しさを見ると、決して粗末には扱われてはいないようである。

ただ、これは本当に生目神社なのか、下に降りて確認した方がいいと思い、もう一度、適格な道路情報を教えてくれた女性の家を訪ねた。「この地区の区長さんとかおられますか」。すぐ近くの常寂寺の住職さんがそうだと教えられ、行くと、奥さんが出てこられた。やはり、あの場所が生目神社だった。

ここで、少し本筋を離れる。

立花町北山の地元で初めて「生目神社はあります」と教えていただいた老婦人は「六所宮」の宮司（松尾さん）の母親であった。この老婦人がおられた建物は六所宮ではなく自宅であり、六所宮は、自宅のそばにある階段を上がっていった先にある。正式名称かどうかは分からないが、「中津総宮飛形六所宮」という名称がゼンリン地図には書いてある。

六所とは六柱の神が祀られているからのようであるが、六柱の神とは、忍穂耳命（おしほみみのみこと）（スサノオとの誓約（うけい）によって生まれた天照大神の子。正式名称は正勝吾勝勝速日天之忍穂耳命（まさかつあかつかちはやひあめのおしほみみのみこと）。葦原中国（あしはらなかつくに）に降臨したニニギノミコトの父）、大国主命（おおくにぬしのみこと）（スサノオの子もしくは六世の孫。別名大己貴神（おおなむちのかみ）。出雲大社の祭神）、伊邪那美尊（いざなみのみこと）（イザナギとともに国生み・神生みを行った女神）ほか三神のことである。

六所宮の南東方向約三キロメートルほどの位置に、飛形山（標高四五〇メートル）があり、そこに飛形神宮がある。六所宮と飛形神宮は一体で、宮司も六所宮の宮司が兼ねており、飛形神宮にかけた電話は六所宮につながる。この飛形神社の祭神の一つに「筑紫君磐井とその祖神一系」があり、筑紫君磐井の話は六世紀前半に遡る。教科書にも載っている有名な話である。その概要を『日本史用語集』（全国歴史教育研究協議会編・山川出版社発行）から引用する。

磐井の乱　筑紫国造磐井が新羅と結び、五二七年に起こした反乱。近江毛野を将とする朝廷の「任那」救援・新羅征討軍六万人を阻止。一年半後に物部麁鹿火に鎮圧された。この乱の平定により、ヤマト政権の西日本支配と外交の一元化が完成。福岡県八女市の岩戸山古墳は磐井の墓と考えられる。

『日本史年表第5版』（岩波書店）は、「磐井は火（肥）や豊の兵を動員し、毛野臣の軍を阻む」とし、記紀の記述を元に「磐井は惨殺」されたとするが、八女市の資料（『筑後国風土記』の記述）によれば、磐井は豊前国に逃れたとする。また八女市北部にある岩戸山古墳は磐井が生前に造った自分の墓ともいわれている。

奈良に誕生したヤマト政権と戦った九州の勢力があり、その中心には磐井という人物がいたことが語られる。この事実は、お茶の町八女から古代史の一大勢力八女へと、その印象を大きく変えるものであった。

㉗　福岡県みやま市の生目八幡宮（福岡県みやま市高田町田尻一三五〇）

ここでは、奇跡的な人間関係というものを味わった。

行き先は、みやま市の「生目八幡宮」であったが、その住所は分からなかったので、カーナビは、みやま市高田町田尻で済ませ、番地は勝手にセットしていた。現実に田尻が近くなってくると、どう行けばいいのか分からなくなってきた。

　こういう場合、近くにいる人に声をかけることにしているが、それは保育園に息子さんを迎えに来ていた若いお母さんだった。「この近くに生目八幡宮という神社がありますか」と聞くと、女性はその神社が分からなかった様子で、携帯で祖母だという人に聞いていた。あとはその方と女性がいろいろやりとりをしていた様子だったが、結局、「わたしについてきてください」という女性の車を追うことになった。ものの五分もあっただろうか。大きな道から入り込んだ小さな道路脇の広場に車は止まった。そこには彼女の祖母がおられ、近所の方と談笑されていた。お二人の自宅のすぐそばだった。

　若いお母さんが案内してくれた場所、彼女のおばあちゃんがおられた場所こそが、じつは生目八幡宮の入り口だったのである。冒頭の「奇跡的な人間関係」とは、このことを指している。偶然に声をかけた若い女性のおばあちゃんが待っておられた所が生目八幡宮の入り口。これは奇跡ではないのか。初めに違う人に声をかけていたら、とその偶然性に驚く。誰かに導かれて、ここに来た、という印象が強く残った。そしてそのことはまだ続くのである。

「この道を入っていけば、駐車できる場所があるから、そこに車を止めて行きなさい」というのが、おばあちゃんたちの筆者への指示であった。畑に通ずるその狭い坂道に入ると、通りがかりの家に男性の姿が見えたので、「上に生目八幡宮があるんですよね」と聞くと、その方は「助手席に乗せてください」といい、乗り込んでこられた。なんとこの方がその神社の世話をされている方だった。神社の当事者を乗せたのである。畑の中の道は短い距離ではあったが、その方が乗られないかぎり、分からないような道だった。歩いていくと、てっぺんらしき場所に生目八幡神社があった。

　拝殿と本殿があった。開けられた拝殿は床が畳敷きになり、正面には賽銭箱とお酒が供えられ、その両

みやま市の生目八幡宮

脇にはふすまが張ってあった。拝殿の奥の壁に「御神詠」が張られていたのだが、ちょっと、おやっと思った。「かげ清く照らす生目の水鏡　末の世までも曇らざりけり」が御神詠なのだが、前半が後半に来ているのである。「末の世までも」以下の部分も写真がはっきりしていなくて、はっきりとは読めなかった。

本殿は、いかにも本殿らしく造られていた。

拝殿の前は平坦面であったが、一番東の奥まったところにかつては階段があったらしいが、今は土や落ち葉に覆われていて、使用されていない。

筆者を案内してくださったのは、宮本明さんという人だった。宮本さんは「ここあたりは宮本や黒田が多いのです」。ついでに言えば、談笑されていた二人の女性は、どちらも黒田さんであった。

宮本さんにお聞きしたいことは、みやま市役所から別途自宅に届いていた資料の記述との関連であった。その資料に「北　生目八幡神社」という項があり、「海津（かいづ）北に鎮座される生目神社は」「天保年間に……佐戸……家……に眼病を患う人が居て……諸国の社を拝し廻り宮崎に祭祀された生目大社の分霊を海津北阿蘇神社の傍に奉祀して」とする記述がある。天保年間は一八三一～四五年の間で、江戸時代後期である。

この記述と、実際に筆者が行った、みやま市高田町田尻一三五〇番地の生目八幡神社は別物かという疑問が生じたのである。結論を言えば、別物であったから、みやま市には、いずれも宮崎の生目神社を分霊した生目神社（八幡宮）が二か所あることになる。このうち、みやま市高田町海津の阿蘇神社の末社である生目八幡神社には、結局行かなかったことになる。

田尻の生目八幡宮は、いわば個人的に建立された神社である。当地の汚れた堀で遊ぶ子供たちがトラホーム（クラジミアを病原体とする伝染性慢性結膜炎。悪化すれば失明もある）に罹患するのを見て、宮本さんの曾祖父・宮本時二郎さんが、宮崎の生目神社の分霊をいただき、自宅の山のてっぺんに祀ったものであるらしい。創建は、石灯籠の建立と同じの明治三四年（一九〇一）であるという。宮本さん方は、江戸時代には庄屋役をされていたらしいことも、別の宮本さんから聞いた話だった。


ほぼ一年がかりで二回行った「九州、四国の生目神社探し」は終わった。

しかし、ここに記した生目神社以外にも、宮崎市の生目神社を勧請した生目神社はあるに違いない。全部を追うことは困難であるにしても、「宮崎生まれの目の神様信仰」が他の地域に広がっていく様は、強い感動を覚えさせる。


日向国の生目神社ははじめ八幡神としての応神天皇を祀り、やがて生目地区に四つの八幡神社が誕生したのだが、景清が祀られるようになって以来、生目神社は「目の神様」としての中心神社となって、県外にまでその信仰を広げていったのである。九州・四国に勧請された生目神社は、その信仰の具体的な姿である。

こうなると、景清は、伝説の人であるかどうかという問題を超えて、「目の神様」としての影響を周囲に及ぼしてきたのである。これはこれで否定できない事実である。

三、三回目の生目神社探し（九か所）

終わったと思っていた、三回目の生目神社探しを、大分県と福岡県で行った。今回は筆者の妻も同行した。二〇二〇年（令和二）九月二八日から三〇日までの間で、きっかけは、グーグルマップだった。一度「豊後大野市の生目神社」と打ってみたら、豊後大野市以外も含め、五、六か所の生目神社が画面に現れたのである。

豊後大野市三重町内田の生目神社

結局、三日間で九か所の生目神社に行くことになった。

㉘ 大分県豊後大野市の生目神社
（豊後大野市三重町内田三五六七－一）

まずは豊後大野市役所に行き、三重町内田の生目神社の細かな番地を聞いた。それを頼りにナビに住所を入れ現地に向かうのである。迷ったかなと思いつつたどり着いた所は、行き止まりの一軒の家の前だった。ブザーを押して、出てこられたご婦人に生目神社に行きたい旨を伝えると、すぐ下に川が流れていて、その川の反対側だった。「あそこはねえ、今でもお客さんが多いんですよ」と教えてくれた。

道路脇に「生目神社」の看板が出ていて、矢印が書かれている。森の中に入るのである。しかし大した森ではなく、すぐに生目神社はあった。だが、この神社、両脇と祭壇側の壁は、全部ブロック塀であった。高さが一・七メートル、幅が一・三五メートル。天井もコンクリートが張られ、入り口には橙色の布が垂れ下がっている。

祭壇自体もブロックが三段に積まれて、一番上の段には仏像（?）らしき人物が赤色の衣類に包まれている。その隣に、白地に黒く「生目神社」と書いた板が置かれ、また「生目神社大祭」の月日が「三月十五日」と知らせている。中段には真ん中にお盆があり、そこにコップと皿とおちょこが置かれ、その外側に陶器の壺があり、榊のような葉が差してある。

このブロック製の建物の外には石灯籠が一対置かれ、建物は木々に囲まれている。

この生目神社が、宮崎市のそれとどんな関係にあるのかは、分からなかった。

㉙ 大分県豊後大野市の生目神社（豊後大野市三重町向野百枝一〇四八－二）

ここの生目神社もすでに市役所で情報を得ていたので、ナビを使い向かった。着いたところに「生目神社参道入口」という看板が出ているので、その細い道に入っていったが、すぐに民家の前に出た。細道の右手に車を止められるほどの草地があり、そこに止めて、止めたことの承諾を得ようと声を掛けたが、返事がない。留守なら仕方がないと思い、そのままにして参道に入った。コンクリートを張った坂道は木の葉っぱに覆われ、木の枝・折れた竹が散乱し、歩きにくい。

坂を登りきって平坦地がある。そこにコンクリート製の鳥居が建っていた。鳥居の中心に額束（がくつか）が置かれ、「生目神社」と書かれている。また左右二本の柱には、どちらにも「奉納」とだけ書かれ、裏から見ると右

豊後大野市三重町向野百枝の生目神社

手（正面から見ると左手）には「三重向野　願主　穴見武廣」と書かれている。裏から見て左手には「平成九年　西暦一九九七年六月吉日施工　㈲三重石材センター」。

しかし、その平坦地にも、そこから続いている階段上にも、積もり積もった木の葉や枯れ枝があり、青い竹が倒れこんでいる。その階段を登っていくと、てっぺんに石造りの祭壇が置かれていた。

まずは広い台座の両端に石灯籠が左右一対に置かれ、その広い台座の中央にさらに二段の台石が積まれ、その上に「お墓のような」感じで祭壇が作られている。そのてっぺんには「生目神社」と刻んだ装飾石が載っている。それがむき出しに置かれているので、雨ざらし、日ざらしなのであろう。

この祭壇の中にも外にも雑草が茂っている。祭壇の背後には竹や何かの照葉樹が密着している。この祭壇の一角に一つの石碑が置かれていた。そこに書かれた一文を紹介する。

／の部分で行が変わっていることを示す。

碑　（碑文の上に横書きで「奉納」とある）

平成二年七月二日豊肥地区大水害／により向野橋が流失したため橋梁整備／工事及び大野川河川災害復旧工事による／向野橋架替に伴い生目神社を現在地に／移転したものであります

平成五年四月　神田康昌

車を置いたことは別に問題ではなかったようだ。帰途に下り坂の途中で、屋根付きの小さな建物があり、「生目清水」と太い字で書かれ、その下に小さく「向野辰ノ口」とある。この辺りの地区名なのであろう。ブロック製の水槽のパイプからは透明な水が豊富に流れ落ちていたが、飲んではいけないようだった。

豊後大野市の二つの生目神社について、同市役所文化財課に、その由来をお聞きした。応対された方は、内田の生目神社の存在は知っておられたが、向野の生目神社はご存じなく、また昭和六〇年（一九八五）発行の『三重町史』にも二つの神社の存在は記述されていないという。宮崎市の生目神社を勧請したのではないかとの、筆者の期待は満たされなかった。

㉚ 大分県竹田市の生目神社（竹田市大字竹田二一六一）

豊後大野市から竹田市に車で移動した。竹田市に入って、竹田郵便局があったので、「近くに生目神社はありませんか」と問いかけると、なかなか回答に窮されているようだった。昼食時間にもなっていたので、郵便局の隣にあるうどん屋さんに入った。

そこでまた生目神社のことを訊くと、どうもご主人がご存じのようで、紙とマジックを持ってこられて、地図を書いて説明をされ始めた。すぐ近くのようだった。分かりやすい説明であった。教えられたとおりに行くと、道路が二股に分かれており、右の方に入るとそこに、稲荷大神（稲荷社）、生目社と書かれた小さな神社があった。

入口には鳥居があって、鳥居の額束（がくづか）には「生目社」とだけ書かれ、「稲荷社」とは書かれていない。右手の鳥居の柱には「平成一四年（二〇〇二）五月吉日」とあって、結構新しい鳥居である。鳥居の左右には、一対とおぼしき石灯籠が置かれている。

竹田市大字竹田の生目神社

鳥居の後ろに拝殿が置かれているが、その建物の前に、一つの石段があってそこに賽銭箱が置かれ、石段に固定されている。賽銭箱の上から鈴が下げられ、それに鈴の緒がついてぶら下がっている。拝殿の左右と前には壁がなく吹きさらしである。拝殿の最前部に四本の柱があるが、その中央の二本の柱の左手に「稲荷大社」、右手に「生目社」と書かれ（生目には「いきめ」のふりがなが打ってある）、そう書いた上に右目の開いた眼球と睫毛が描かれ、左脇には赤い字で「目の神様」と書かれている。

拝殿の一番奥に、紫色の幟と赤色の祭壇らしき場所が設けられているが、ここが本殿の扱いを受けている所なのだろうか。

拝殿の裏側は岩山になっていて、崖である。

拝殿の左手に岩山の下から湧き出す湧き水があって、そこに屋根付きの囲いが作られ、上部に「山川名水」と名付けられている。湧き出している水は透明で、底が透けて見える。そこに水の案内がしてある。その文章を紹介する。

生目神社の御神水（文字の色は青色である）、次の行に赤い大きな文字で、「山川名水」。さらに青い文字に戻って、こう続く。

生目様の御神水は神社横の城下町を囲む丘陵岩壁からしみ出ていて、岩下に小さな泉を造っている。この水で目を洗うと眼病が治るといわれるが、これは生目様に結びつけて後から言われるようになったようで、昔から（の）口伝えではないらしい。しかし、こうしたことがこれから先に言い伝えとなり、新たな伝承として引き継がれていくことになるかも知れない。御神水の効能の真意は定かではないが、その澄んだ岩清水は上水道が整備されるまで、当地区における貴重な飲料水として利用されていた。（中略）平成二年竹田大水害の折竹田市民から大いに感謝されたのは記憶に新しい。

平成十四年五月　　　　　　　　　　　　　　　　　　　　氏子一同

帰宅後、竹田市文化財課の方から話を伺った。なんでも、神社庁は、稲荷社は山川稲荷神社として神社扱いになっているが、生目社はそうはなっていず、正式な神社とは見なされていないようである。ところが、グーグルマップの地図を見ると、稲荷社の名は掲載されておらず、生目神社と掲載されている。そして、この生目社は、明らかに宮崎市の生目神社を勧請したものであることが、竹田市提供の資料の上からも確かめることができた。

おそらく『竹田市史』と思われる、その六九ページ「山川生目社（山川稲荷社）」の記述（西暦を補う）。「本社は宮崎県宮崎郡字生目垂（ママ）井山にあり、祭神は応神天皇と藤原景清である。景清は、屋島の戦で平家に与して戦功をたてたが、のちに頼朝を刺そうとして失敗し、日向の国に配流の身となって、自ら両眼をえぐり取って失明した。この目を祀ったのが生目神社だと言われている。……天保年間（一八三〇～四三）、竹田在住の伊東正助俊晴が宮崎の本社に参拝して、この山川に勧請したという。稲荷谷の平尾家が、眼病を患った家族のために分霊をいただいたものを譲り受けたとの説もある。」

㉛ 大分県竹田市の生目神社（竹田市直入町大字上田北一〇八〇－二）

竹田市の中心街から遠く離れた上田北の道路に生目神社の案内が出ている。車を道路脇の空き地に止めて、神社へと続く道をたどった。踏み分け道のような道である。途中に、神社の建物とおぼしき、やや大

竹田市直入町の生目神社

きめの建物があったが、中は空洞である。何も手が加わっていない感じがある。ここで祭りでも行われたのだろうか。

そこを横目にして先に行くと、数段の階段があって、瓦屋根を葺いた小さな社があった。柱は四本で、前が開いているが、両脇と奥は水色の波打ったトタンのような素材で囲まれている。三方を囲まれた空間の中央に石の屋根を乗せた四角形の石があり、中央がくり抜かれて木の板がはめ込まれている。これは一体何なのだろうか。その前部に透明なガラス瓶、鳥居をかたどった鉄らしき小物、一対の小さなおちょこなどが、さびて汚れて置かれているが、この光景は寂しかった。

ちょっとこの辺りに住んでいる方に話を聞いてみようと、一番近い民家を選びブザーを押した。年取ったおばあさんが出てこられた。

「ここの生目神社は随分寂(さび)れていますね」と言うと、おばあさんは「昔はねえ、近所の人がよくお世話をしていたんですよ。最近は、人がいなくなって、神社に上がる人がいないんですよ。わたしがここに嫁に来たころは賑わっていたんですが、それももう六〇年前の話ですかねぇ。わたしは六〇年間ここにいますが、今は人が少なくてねえ」。少子高齢化の波は田舎ほど深刻な事態を招いているのかもしれないと思った。

その日の調査はこの四つの生目神社で終わり、車で日田に向かった。江戸時代に、九州の天領を管理する代官所が置かれた町である。つまり、日田代官所であるが、江戸時代後半に西国筋郡代と改称された。

あの池田喜八郎季隆（すえたか）とその曾孫の池田岩之丞季秀（すえひで）が勤務した場所である。その夜は、日田の宿での温泉と食事を楽しんだ。

翌日は郡代のあった豆田町に行き、「天領日田資料館」を訪ね、その辺りの古い町並みを歩いた。町筋が古いままに残されていることが印象に残った。

日田から国道二一二号を使って福岡県豊前市に向かった。途中の中津市耶馬溪に「青の洞門」があることが分かり、そこにも立ち寄った。小学生のころからその名を知っていて、今回が初めての訪問であった。中津に入って立体交差する国道一〇号に乗り換え、福岡県豊前市を目指した。

豊前市大字中村の角田八幡宮

㉜ 福岡県豊前市の生目（いくめ）神社（豊前市大字中村五六七）

豊前市の生目神社は国道一〇号の左側にあるということは分かっていた。ただこの中村は市域の最北端と言ってもいいような所である。国道一〇号を走りながら、なかなか中村という地区名が現れなかった。走るうちに、道路の左下に神社が見えたので、ここだと思い、左折した。その左折箇所に「中村」の標識があった。

鳥居には「八幡神社」、境内の案内板には「角田（すだ）八幡宮」。創建は貞観（じょうがん）元年（八五九）、「角田荘八ケ村の産土（うぶすな）の氏神と定む」としている。八幡宮というからには応神天皇は必然である。案内板は祭神を、仲哀天皇、神功皇后、応神天皇、仁徳天皇、比咩大神（ひめおおかみ）の五柱である。仲哀天皇と神功皇后は夫婦、応神天皇はその子、仁徳天皇は応神天皇の子、比咩大神は天照大御神と速須佐之男命との誓約によって生まれた、速須佐之男命の三女神で、福岡県宗像市の宗像神社が祭る三女神でもある。

角田八幡宮の棟札には古い物が多く、正応二年（一二八九）から慶応三年（一八六七）までの一〇枚が豊前市有形民俗文化財の指定を受けている。

ところで、角田という地名はすでに記述している。第三章「宇佐宮領荘園」の四「本御庄十八箇所」において、豊前国の角田庄という荘園が記述され、その現在地が「福岡県豊前市角田付近」としている。その角田八幡宮の末社が生目神社なのである。

境内の奥に小さい社があり、これが生目神社である。屋根も柱も神座も真っ赤に塗られている。そこに由来が書いてある。

生目神社の由来

いつの頃か不明だが、角田八幡宮の神官は大変な徳を備えた人物であった。海を渡ろうとすると、海水が一気に引いて陸になってしまったり、裏を流れる角田川を渡ろうとすると石が現れたり、仙人のような人物だった。

ある日、地元の人々が、崇拝している氏神、角田八幡宮のご神体を見せてほしいとお願いした。神官もご神体は見たことがない。一度、自分も見てみたいと心が動いた。そこで恐るおそる本殿の扉を開いてみた。その夜から神官の両眼はつぶれてしまった。徳のある神官もさすがにバチが当たってしまった。それでも、あまりに徳のある人物、可哀相だし不自由だろうと、神様は片目だけをあけてくださった。それからというもの、神官も、神様にはおよばない事を悟り、村の人の為にさらに尽くすようになった。神官が亡くなった後、村人はこの小さな社殿を建てて祀った。社は生目神社と呼ばれ、目の病気に御利益があると伝えられています。

平成十五年十一月　角田八幡神社氏子総代会

宮崎の生目神社に伝わる伝承とは異なる伝承があることを強調しているようにも思える。海を渡る話は、まるで『旧約聖書』の「海が割れる話」にそっくりである。また、神官ともあろう者が、禁忌を破ることがあるだろうか。

豊前市役所文化財課の話では「生目神社が成立してから、ずっと後に広まった伝承ではないだろうか」ということだった。

中津市の日霊神社の末社・生目神社

㉝ 大分県中津市の生目神社（大分県中津市字北門通五四九）

福岡県豊前市から大分県中津市に南下した。中津も以前は豊前国に属していたのである。その中津城の一角に日霊（ひるめ）神社があり、その末社として生目神社がある。

主祭神・天照大神を祀っているのが日霊神社である。江戸時代までは「神明社」とも言ったが、現在はどちらの名称も使われている。

『日本書紀』神代上第七段は、本文と三つの「一書に曰く」からなるが、その第一の「一書に曰く」冒頭に次の表現がある。「稚日女尊（わかひるめのみこと）、斎服殿（いみはたどの）に坐（ま）しまして、神之御服（かむみそ）織りたまふ」。この稚日女尊が天照大神の別名で、つまり日霊神社の祭神は天照大神である。

天正一六年（一五八八）に黒田如水が中津城の築城をし、慶長五年（一六〇〇）の関ヶ原の戦いのあと、細川忠興が入城。中津川沿いの現在地に、伊勢神宮の内宮を勧請して日霊神社が鎮座したという。小さな神殿は清潔に保たれ、すがすがしい。社紋は「山桜」であろう。社殿に架かった二つの提灯に「山桜」の絵が心地よい。

その日霊神社（神明社）のすぐそばで、神明社の建て方とは九〇度右回りに建てられているのが生目神社（生目社）である。その前に、石造りの鳥居があり、その額束に「生目社」と書かれている。神殿は、両脇と後ろが壁になっているだけでなく、前部も中央だけが開いていて、その外側は木の壁である。その木壁に紙が貼ってあって、こう書かれている。長くなるので、文意が通るように、まとめて書く。

生目神社（北門の生目様）

日本一の目の神様と信仰される眼病祈願の生目八幡宮（明治維新後、生目神社と改称）が勧請され、昔から中津や県内はもちろん全国各地から多くの人が、眼病治療の祈願に訪れている。（後略）

ここに書いてある「明治維新後、生目神社と改称」とは、宮崎市の生目神社のことであろう。この叙述は、宮崎市の生目神社を念頭に置いても何ら差し支えがないのである。

祭壇の造りはしっかりしていて清潔である。社殿の中には、目、メ、め、と、同じ「め」の文字をいくつも書いた紙が貼ってある。その数は、おそらく書いた人本人の年齢を表しているのであろう。

㉞ 大分県速見郡日出町の生目神社（日出町大字川崎一〇五七）

カーナビの案内が終了したところは、下り坂の途中だった。しかし、神社らしきものは見当たらない。車を道路の端に止めて、周囲を探したが、神社はない。近くの民家を訪ねインターホンを押したが二軒ほどで反応がない。そこで別の家に行ったところ、その家から人が出てきた。用件を話すと、「それなら引っ越している。小学校の前だ」との返事。一五〇メートルほど移動したところに、真新しい生目神社があった。それは、今回の旅で一番整った神社だったと言える。

ところで、豊前市中村の角田八幡神社の末社である生目神社がそうであったように、この日出町川崎の生目神社も、地元の読みでは「いくめ」であるという。

川崎小学校の運動場の前にその生目神社は建っていた。運動場の東手には川崎幼稚園がある。運動場と幼稚園の南側には舗装道路が東西に走り、道路に接して広い駐車場が設けられ、駐車場の南側に生目神社があって、道路側から見ると背を向けた格好である。

神社には二つの建物があり、北側に、小さめで、縦に長い建物があるが、これが本殿。それに接して南側に大きい建物があるが、こ

速見郡日出町の生目神社

ちらは拝殿で、両者の間には階段があるという。

拝殿は、入母屋造りで建てられており、合計一六本ほどの柱が建物全体を支え、正面には三段ほどの階段がある。建物四面それぞれの壁の下の方は、正面を除き、板張りで、中央の部分はアルミサッシのガラス張り、上の方はまた板張りになっている。拝殿の正面からは、庇（ひさし）の部分が突き出していて、そこに注連縄が張ってあり、庇の奥には鈴が架けられ、「生目神社」と書いた神額がある。

屋根は瓦の色も鮮やかで、入母屋には破風（はふ）が施されている。今回見た神社の建物と比較しても遜色がない。この拝殿の前には、拝殿と同じ高さで阿吽（あうん）の狛犬が設置され、そこから七段くらいの階段があって、

降りたところに鳥居がある。その左の鳥居には「昭和三年（一九二八）五月七日」の日付が刻まれている。右には「奉納」の文字。

その鳥居の前に「生目神社移転新築記念碑」なる石碑があった。冒頭に「生目神社経緯」とある。以下その文章を記す。／の部分は改行箇所。

信者の願いにより安政三年丙辰三月大分県管下豊後国／速見郡川崎村字満願寺九八七番地（満願寺交差点北側台地）／満願寺境内に無格社として日州より祭神平景清を勧請し／石祠を建立その後木造社殿に建て替え、氏子・信者により／改修・修理、祭典を行い地域の神社として護られてきた／今回交通安全の観点から県道日出眞那井杵築線拡幅／改修歩道設置及び川崎橋架替に伴い境内地約半分買収／対象となり、宮司・区関係者。神社庁と協議した結果／別途神社用地を確保し、新築との結論に達し／此の地を境内地と定め、都合十七回協議を重ね移転新築／したことを刻す

尚、境内地に祭られていた英彦山・尺間神社石祠／鳥居等を移築した

平成二十三年五月吉日

辻ノ尾　区長　河村公司

この案内板を読んだとき、思わず、「景清さん、よかったですね」という言葉が、わたしの心の中でふっと浮かんだ。千年の歴史の果てに、景清の名前は生目神社とともに、大分でも生き続けているのである。境内の一番奥には「天岩戸神社御神木」という石碑があったが、それがどの木なのかは分からなかった。またもし天岩戸神社が宮崎県高千穂町のそれであるなら、天照大神が何らかのかたちで祀られているのかも知れない。

㉟ 大分市大字羽田(はだ)の生目神社（大分市大字羽田六七九）

日出町から九州自動車道速見ＩＣにあがり、別府ＰＡで休み、大分ＩＣで降りた。大分には友人がいる。友人の住所も羽田である。

その友人と近くのコンビニで待ち合わせ、友人の案内で神社に行った。

入り口の鳥居の額束には「大分大明神」と書かれ、右の柱には「安政五年」（一八五八）、左の柱には「戊午五月良□」とある。江戸時代後期のものである。

また大きなスペースを使って書かれた案内板には、「大分社（元　豊後國一の宮）」とあって、神社名を「大分社」としているが、読みは「おおきたしゃ」である。しかしそのすぐ後で「元郷社　通称おおいたしゃ」と書く。江戸時代までは「大分宮」「大分大明神」と言っていたという。

大分社の祭神はイザナギ、イザナミを含め五神が祀られている。

大分市大字羽田の生目神社

また、一〇の末社が神殿の裏に並べられている。その名を先の案内板に書かれた順序で書き、語末の「社」の字を省く。猿田彦（道祖神）・青莚(せいえん)（畳表の神）・宮地獄（海運）・金刀比羅（航海安全）・天満（学問）・秋葉（防火）・生目（眼病）・龍王（雨・水の神）・武内（武運隆盛。武内宿祢のことであろう）・大将軍（農耕・牛馬）。

これらの末社は、基本的には石の台座に載せられ、石や金属の屋根に覆われ、神殿は、木あるいは石で造られ、注連縄が張られている。台座の前には一つの花立てがあり、何かの葉が活けられている。

生目神社も石で造られている。いつごろ、この大分社の末社に列することになったのかは、定かではないし、宮崎の生目神社を勧請したものであるかどうかも判然としない。

㊱ 大分市野津原町の生目神社（大分市大字下原一四八四）

大分市野津原町の生目神社

野津原の中心地を過ぎると、道路は山に入って上り坂になる。野津原支所で教えられたうどん屋さん「笑楽庵」があり、そこで聞くと「もうすぐ行けば生目神社がありますよ」ということだった。

信号のない交差点に来ると、「原村太師堂」、「繭観音・馬頭観音」と書いた案内板があって賑やかである。しかし、どっちに行けばいいのか分からず、右折して入っていった。坂道を登っていくと「間違っているな」と思いつつ、ある民家に飛び込んだ。やはり間違っていた。元の交差点に戻る。そこへ急な坂道を軽自動車で降りてきた老婦人の連れがおられたので、訊くと、その賑やかな案内板のすぐ脇に生目神社の入り口があった。素手では入れそうもないので、竹の棒を見つけて、その細い道に入っていった。「昔は賑やかだったんですが」とは老婦人の一人の方の言葉。

確かに階段があるが、枯れ葉に埋もれ、竹も倒れこんでいて、心細い。階段の途中に石造りの鳥居があったが何も書かれていない。さらに階段が続き、その奥に社があった。

竹林の中の社である。すべて木造であるが、正面の左右の壁は波形のトタン板で覆われている。正面の中央は吹き抜けである。その上面に「生目神社」と書かれた板が架かっている。奥の壁も左右の一部が吹き抜けになっているので、社の向こう側も竹林であることが分かる。床には板が敷かれている。祭殿にはほこりをかぶった赤い布が飾られている。その下に、枯れて茶色く変色した植物があり、賽銭箱がある。プラスチックの焼酎瓶が転がっている。

赤い布の脇の壁には、二枚の板が張り付けてある。「昭和三六年八月一日　生目神社拝殿大修理奉祝祭霊社掌（?）□田千秋」。もう一枚は字が薄くて読めない。

帰り道に野津原支所に寄り、『野津原町史』の「生目神社」に関する部分のコピーをもらった。原文を一部省略したりしている。西暦を補っている。

生目神社は河野ケサが日向生目神社の信者として明治二十九年（一八九六）六月三日現地に祀った。その後、生目様を信仰していた奈須宇三郎が目の病に罹り、熱心な信者となって日向に参詣し「千人の信者をつのる」ことを約して願掛けをしたという。明治四十四年（一九一一）四月十六日には神社の社が建てられ、上棟式には今市の白家神楽と獅子舞が盛大に挙行された。……その後社殿は、昭和三十六年（一九六一）八月一日と四十六年九月十五日の二度にわたり改修工事が行われた。……大正七年（一八一八）九月には石段百十一段と鳥居も完成し、各地の信者も急増した。……当時は旧暦七月二十六日には……原村総出の「生目様盆踊り」が賑々しく行われていた。……青年団の弓張提灯を縄で張り巡らし、老若男女が入り乱れて深夜まで踊りの輪が繰り広げられていた。お接待には、黄粉（きなこ）

のついた「やせうま」（大分県の郷土料理）が皆に配られ、その味には今なお郷愁を覚える人も多い。

主に九州・四国を扱ってきたが、各地に勧請された「日向國生目神社」の報告は以上で終わりである。一回目の旅では、一日の休養を含むが、九日間を要し、その延長距離は二〇四八キロメートルに及んだ。東京と宮崎の間を往復した計算になる。この間、一〇年の歳月が流れた。今の日本について一つ心配なことがある。今の日本の状況についてである。

各地の生目神社をとり巻く状況もそうだが、少子高齢化の波が容赦なく襲っている。日本を襲うこの波は、日本という国が続いてきたその根っこを、一番先端の方から崩し始めている。この人口減少という現実にほとんど手が入れられていないのである。子どもが少なくなる、学校が少なくなる、人間が年取っていき、若者が減っていく。各産業の場で働く人々がいない。働いていても家族を養っていけるだけの収入が得られない。人々は何のために働いているのか。

もう四十年以上も続くこの問題の責任は、いったい誰が取るのか。日本という国は、この現実の前で、手をこまねいて見ているだけで、何の行動も起こしていない。日本が、日本の文化が、科学が、滅びてゆく。それは、われわれが滅びていく道筋なのではないのか。

参考・引用文献

宇佐神宮由緒記　宇佐神宮庁
広辞苑第六版　岩波書店
日向地誌　平部嶠南
国史大辞典　吉川弘文館・昭和五四年～平成五年
日本史年表第５版　岩波書店・二〇一七年
日本史用語集　山川出版社・二〇一五年
日本歴史大事典　小学館・二〇〇〇年
和名類聚抄郷名考證　増訂版　吉川弘文館（池邊彌（わたる）著）・昭和五六年
古建築のみかた図典　東京美術・昭和五七年
日向国史　上巻　名著出版・昭和四八年
宮崎県史　通史編　古代２　宮崎県・平成一〇年
宮崎県史　史料編　中世１　宮崎県・平成二年
宮崎県史　史料編　中世２　宮崎県・平成六年
宮崎県の地名　平凡社・一九九七年
角川日本地名大辞典福岡県　角川書店・昭和六三年
角川日本地名大辞典大分県　角川書店・昭和五五年
角川日本地名大辞典宮崎県　角川書店・昭和六一年
角川日本地名大辞典京都府　上巻　角川書店・昭和五七年
福岡県道路地図　昭文社・二〇一五年
大分県道路地図　昭文社・二〇一五年
福岡県百科事典　下　西日本新聞社・昭和五七年
大分県の歴史　山川出版社・一九九七年
大分県史　近世篇Ⅲ　大分県・昭和六三年
野津原町史　大分県野津原町史
久留米市史　福岡県久留米市
延岡市史　国書刊行会・昭和五六年
宮崎市史・続編（上）　宮崎市・昭和五三年
大貞八幡宮薦神社　薦神社
大漢和辞典　大修館書店・平成元・二年
字源　門川書店・昭和三〇年
日本国語大辞典　小学館・二〇〇一年
郷土資料事典「京都府」　人文社・一九九七年
郷土資料事典「愛媛県」　人文社・一九九八年
郷土資料事典「福岡県」　人文社・一九九八年
郷土資料事典「大分県」　人文社・一九九八年
日本人名大辞典　講談社・二〇〇一年
日本古代中世人名辞典　吉川弘文館・二〇〇六年
狛犬事典　戎光祥出版・二〇〇一年
新編生目郷土史　宮崎市生目地区振興会・平成一一年
宮崎郡生目村是　生目村・明治四三年
宮崎交通七〇年史　宮崎交通株式会社・平成九年
近松門左衛門集３　小学館・二〇〇〇年
覚一本平家物語　岩波書店・一九九一年、一九九三年
覚一本平家物語　小学館・一九九四年
長門本平家物語　国書刊行会・明治三九年
延慶本平家物語　勉誠社・平成二年

完訳 源平盛衰記　勉誠出版・二〇〇五年
現代語訳 吾妻鏡1〜6　古川弘文館・二〇〇七〜〇九年
謡曲百番　岩波書店・一九九八年
謡曲大観　明治書院・昭和四年
（平成一六年影印判七判）
平家物語の形成と琵琶法師　砂川博著・二〇〇一年
定本柳田國男集 第五感　筑摩書房・昭和三七年
定本柳田國男集 第七巻　筑摩書房・昭和三七年
八幡神の遺法　「八幡神の遺宝」実行委員会
宮崎の神楽　山口保明・鉱脈社
宮崎の神楽と特殊神事　宮崎県神社庁・鉱脈社
日本名刹大事典　雄山閣・平成四年
日本石仏事典 第二版　雄山閣・昭和六〇年
日向国神祇史料 四　永友宗年編輯・大正一三年謄写
日向見聞録　永良司宗義・明治三年写し
扶桑略記　吉川弘文館・昭和七年
古事記　岩波書店・一九八五年
日本書紀　岩波書店・二〇一六年
寺社縁起（日本思想体系）　岩波書店・一九八二年
大日本地誌体系（新編鎌倉志・鎌倉攬勝考）　雄山閣・昭和四年
大日本地誌体系（三国地志）　雄山閣・昭和七年
太宰管内志　白水社・昭和一七年
日向社寺明細記㈠ 磐戸神社　日野 巌・昭和六年
宮崎の謡跡 景清と桜川　永原順子・平成三一年
宮崎の庶民信仰　根井 浄・令和元年
六十六部廻国供養塔　岩田書院（長宗我部光義・押川周弘（かねひろ）著）・二〇〇四年
檍郷土史　檍振興会・平成二年
新編 日向路の山頭火　山口保明・鉱脈社・二〇一三年
日本九峰修行日記　杉田直・昭和一〇年
日向延岡藩領宮崎郡における村役人と地域社会　大賀郁夫・研究論文
大芭蕉全集 第一巻　大芭蕉全集刊行会・昭和一〇年
芭蕉俳句全録　聚英閣・大正一一年
校本 芭蕉全集　富士見書房・昭和六三年
日本俳書体系3　日本俳書大系刊行会・大正一五年
日向俳壇史　日向文庫刊行会（杉田作郎著）・昭和五七年
徒然草　兼好法師
みやざきの文学碑 増補改訂版　宮崎県芸術文化団体連合会・平成七年
北方町史　北方町役場・昭和四七年
まいづる第四号　佐土原地区郷土史同好会
まいづる第三二号　佐土原郷土史同好会
urawa0328.babymilk.jp/miyazaki/hisamine.html　久峰観音〜芭蕉の句碑〜
https://basho.halfmoon.jp/basyou/.htm#miyazaki　芭蕉句碑全国総覧
www.ne.jp/asahi/lapis/mine/column/bessi/yogo　別子で使われた鉱山用語

http://iko-yo.net/facilities　旧別子銅山産業遺跡の基本情報
野田泉光院　未来社（宮本常一著）・一九八〇年
八幡宇佐宮神領大鏡　到津文書
建久図田帳　日向文化研究所・昭和三八年
日向五郡帳　日向文化研究所・昭和三八年
市長室の窓から　清山芳雄・一九八〇年
医学用語辞典　中央法規出版・二〇〇六年
日本荘園大事典　東京堂出版・一九九七年
荘園史用語辞典　東京堂出版・一九九七年
宇佐宮神領の成立過程と展開　橋本操六・大分県地方史研究会・一九九九年
宇佐宮領豊前国常見庄について　中山重記・大分県地方史研究会・一九八一年
出羽国村山郡における代官と村　堀　亮一　論文。記入なし
黒北発電所　九州電力
技術情報「石造レンガ造建築物延命保存調査業務報告 ｐａｒｔ１」
「黒北発電所」の歴史　宮崎市文化財課・二〇一八年
日本の樹木　山と渓谷社・二〇〇六年
石が語るふるさと　宮崎県教職員互助会・平成五年
ふるさと日向の文学碑　宮崎県教職員互助会・平成一三年
延岡郷土史年代表　延岡市文化連盟ほか・平成一〇年
八幡宇佐宮御託宣集　重松明久著・現代思潮社・昭和六一年
宇佐八幡神話言説の研究　村田真一著・法蔵館・二〇一六年
八幡宮寺成立史の研究　逵日出典・続群書類従完成会・平成一五年
八幡信仰史の研究　中尾幡能・吉川弘文館・昭和五一年増補版
パンフレット「両子寺」両子寺
パンフレット「薦神社」薦神社
パンフレット「真木大堂」　真木大堂
https://www.city.miyazaki.jp/culture/art/2132.html（宮崎国指定重要文化財）
日田市史　日田市・平成二年
松浦武四郎紀行集（上）評伝松浦武四郎・同年譜　冨山房・昭和五〇年
松浦武四郎紀行集（中）西海雑志上・中・下　冨山房・昭和五〇年
新版　松浦武四郎自伝　北海道出版企画センター・二〇一三年
日本石仏事典　第二版　庚申懇話会編・雄山閣・昭和六〇年
芭蕉発句全講　Ⅱ　明治書院・平成七年（阿部正美）
全国八幡神社名鑑　新人物往来社・二〇〇四年
匠家必用記　立石定準・宝暦六年
鳥居　谷口博幸・河出書房新社・二〇一四年
神社と神々　かみゆ歴史編集部・二〇一八年
宇佐神宮史　史料編　宇佐神宮庁・昭和六一年
宇佐市史　宇佐市史刊行会・昭和五〇年
日本の神社大全　㈱デアドスティーニ・ジャパン二〇一七年
鳥居⛩大図鑑　藤本頼生編著・グラフィック社

あとがき

本著の準備を始めて、はや十年の歳月が流れました。この間、何があったのか、その詳細な記憶は私の中には残っていないことが多いことを考えると、長いばかりがいいことでもないように思えます。七九歳という高齢のせいかもしれません。

この間、大分県宇佐市の宇佐神宮には三回訪れました。宇佐神宮にゆかりの深い御許山（おもとやま）登山に出かけたとき、その往路に生目八幡宮を偶然に見かけたときはとても驚きました。復路にそこに寄ったことはもちろんでしたが、その神社が八幡神を祀るというよりも、むしろ「目の神様」としての平景清を祀っていたのが印象的でした。その経験が、私を、九州・四国の生目神社巡りに駆り立てたのだと思います。

生目神社をできるだけ偏見なく理解するためには、そのありのままの姿を正確に捉えることだと思い、いろんな角度からの視点に立って考えました。生目という場所、宇佐神宮が歩んだ荘園の歴史、鎌倉時代に祀られた主祭神景清をめぐる伝説と芸能のありよう、生目神社を参詣する道の歴史、実際に生目神社を参詣した歴史上の人物、九州・四国の生目神社を尋ねて感じたことなどなど。

書いたものの中で筆者が特に危機感を抱いているものがあります。それは「第Ⅴ章　生目神社の参道物語」の冒頭に書いた宮崎市生目台東5丁目の山中にある、ちっぽけな石の道標のことです。

山は生目台には属していませんが、そのせいか、道路の山側には木が植栽され、入れないようにしてあるし、山に入り込んでも台風による倒木が足の動きを妨げます。ここに道標があるのだということをご存知ない方々も大半ではないかと思います。江戸時代に作られた一つの文化財としての価値を認め、むしろ、ほどほどに「入りやすい場所」として道路を整備する必要もあるのではないでしょうか。それを切なく思うのです。そうでないと、時間が経つにつれ、そこに道標があるという認識は人々の心の中から消え去っていくのではないか、そして道標の存在そのものが多くの人々の心の中から消えていくことを恐れています。

最後に、この本を出版するに当たり、多くに方々にお世話になりました。
熊本県の田部勝司さん、同じく寺崎彰さん、森川弘士さん、香川県の千秋（ちあき）隆さん、著者と従姉妹（いとこ）半（はん）の関係にある愛媛県の大野雅裕さん、大分県の三重野優子さんと福岡県の三重野英子さん姉妹、延岡市北方町の小野信彦さん、すでに故人となられた谷口富男さん、大分県の宇佐神宮の皆さん、宮崎市の西立野康弘さん、宮崎市の生目神社の関係者の皆さんほか日常業務をこなされている日高章雄（あきお）さん、様々な資料を紹介していただいた宮崎県立図書館の皆さん、出版にこぎ着けていただいた鉱脈社の川口敦己さん・杉谷昭人さん、伏して御礼申し上げます。

この本が、できるだけ多くの皆さんの目に触れますように。
そのことを念じて、わたしも、景清さんへ、深甚の祈りの気持ちを捧げます。

[著者略歴]

甲斐　嗣朗（かい　しろう）

1945（昭和20）年、宮崎市生まれ。宮崎大学教育学部卒業。県立高校の地理教諭として、6校で36年間、教壇に立った。

2006年（平成18）定年退職。

2017年度～2022年度までの間、非常勤講師を勤める。

具体的には、2017年度に高鍋高校（7か月）、2018年度に鵬翔高校（7か月）、2020年度に本庄高校（10か月）、2022年度に宮崎北高校（11か月）。

○著書
①『東臼杵郡山林事件はいつ起きたか』明治宮崎 南の受難・北の抵抗
2009年7月、鉱脈社発行。第十五回日本自費出版文化賞で「入選」に。
②『とこしえの森巣之浦・大平』若き営林技手落合兼徳の生涯
2011年9月、鉱脈社発行。
③『南半球世界一周102日間の船旅』～第78回ピースボートわたしの乗船記～
2014年8月、文芸社発行。
④『日本人になったエジプト人サイエット』
2022年5月、文芸社発行。

○共著
『みやざき新風土記』（1980年3月鉱脈社発行）
「畑地かんがいと台地農業」を執筆
『みやざき新風土記』増補改訂版（1984年11月・鉱脈社発行）
「手づくりの里・綾」を執筆
『角川日本地名辞典45宮崎県』（昭和61年10月角川書店発行）
「トンネル」を執筆
『ビジュアル版にっぽん再発見45宮崎県』（1997年3月・同朋舎発行）
「日向市」「門川町」「（旧東臼杵郡）北郷村」を執筆